中華文化思想叢書

老北大講義
中國金石學概論

馬衡　著

出版說明

　　自一八九八年建校以來，北京大學作為中國第一所國立大學，當仁不讓地成為一座重鎮。我們很難在「重鎮」的前面加上合適的定語，如果掛一漏萬地勉強做一下嘗試，那麼，如下關鍵字應該無法忽略：教育、學術、思想、文化傳承；如果再在這些嚴肅的字眼前做個補充，我們應該謹慎地加上——心目中。

　　因此，這句話完整地表述出來，或許是這個樣子的——北大是我們心目中一座教育、學術、思想和文化傳承的重鎮。

　　從語法的角度來看，離中心詞越遠的形容詞，它的定語功能越弱，因此，這個「心目中」的限定作用其實很讓人懷疑——難道事實不是這樣嗎？難道北大只是無數人在心中塑造的神聖殿堂嗎？

　　確實如此，在我們沒有條件走入北大的課堂，在我們沒有聆聽教授們的傳道、授業、解惑，甚至在我們沒有閱讀這套《老北大講義》之前，它只不過存在於我們渴求學業、探求人文理想的心目中。如今的我們很難跨越時空觸摸「五四」時期的紅樓，也再無可能聽到黃侃擠兌胡適的精彩言辭——但好在，校址課堂可以變換，教授先生可以逝去，但這套《老北大講義》，仍然使這座學術思想的重鎮觸手可及般呈現在我們的面前，而不僅僅再讓我們於心目中憧憬和描摹。事實上，又有什麼比文字著述能流傳得更遠更久，同時又能連綴百年與今日、先賢與遺產呢？

　　這套《老北大講義》，就是這樣與我們「心目中」的那座殿堂如此接近，它來自於塑造這座重鎮所需的基石——現在我們依然無法用準確的詞彙總結出給神殿做基石所必要的成分。好在北大建校百年後的

大洋彼岸，美國史丹佛大學明確拒絕了國務卿萊斯重回母校任職的申請。一位教授這樣闡述他的理由：萊斯為之服務的政府破壞了正義、科學、專業、正直等基本的學術價值觀，史丹佛不應該再讓她回來。美國人在現代文明中體會到「學校」的本質精神，而早在百年前社會思想紛雜的亂世中，北大的學者便在這個基礎上加上了「勇氣」二字，因為，他們面對的是啟蒙。

正是基於勇氣之下的正義、科學、專業、正直，老北大的講義直到如今，依然在現代學術和思想史上具有無可替代的價值。原因似乎很簡單：它只為良知負責，而不摻雜任何功利；原因卻也很複雜：能夠做到這一點，並不是僅有願望和堅持那麼容易。因此，我們很難想像，這套《老北大講義》，是如何能夠穿越百年風雲，在思想的多次變革和社會的動盪過後，依然能夠熠熠閃光。

或許所有的答案早在蔡元培先生的一句話中：「循思想自由原則，取相容並包之義。」這是北大的立校之基，是北大的教育準繩。但是，如果我們拋開了學校與教育的因素，就會清晰地看到現代學術與思想發軔的源頭。正是本著這種精神，這套《老北大講義》呈現出大多數人意想不到的面貌：

其一，它涵蓋了文學、史學、藝術、哲學甚至更多的邊緣學科。而我們大概很難想到那些目前幾近符號化定格的先賢竟會如此「跨學科」，在某個非專項的細小考證上侃侃而談；

其二，在同類學術問題的思考上，各教授的觀點未必一致甚或相左。課堂上也經常有明譏暗諷、互相貶低之類的掌故。但這並不妨礙落了下風的一方以獨立的精神和學術的品格堅守自己；

其三，在當時的情況下，教授們對西方現代哲學思想或歷史觀念的瞭解並不很深，哪怕對本國正在發生的白話文運動也多有不成熟的看法，但這並不妨礙以客觀踏實的精神大膽探求；

　　其四，即或放在今天，我們依然看到著述中鮮活的思路和治學原則。或許其所述內容業已陳舊，但其字裡行間跳動的思想卻是今天的某些所謂巨著中缺少的靈魂。

　　正因為如此，《老北大講義》不僅僅是小小課堂的教學工具，更是現代學術和思想發軔的第一媒介。因為有了李大釗的《史學要論》，才有了馬克思主義唯物史觀在中國的首次公開而正式的傳播；因為有了胡適的西方哲學講義，才有了國人對西方文明尤其是現代思潮的進一步瞭解；因為有了錢玄同和劉半農的漢語研究，才有了推動白話文運動的基本依據……

　　當我們無法親臨北大課堂，當我們無法回到那個大師輩出的年代時，這套《老北大講義》像是一座橋梁溝通了時空，輕易地在我們腳下搭建了一條通往中國學養源頭的路。

　　然而，對這些珍貴思想文化遺產的整理和推廣，看似輕易簡單，實則困難重重。在首批推出的著述中，我們不得不仔細考慮作者的成就與影響，也不得不考量每一本書的內容價值，甚至還得兼顧品種的豐富性和學科的完整性，因此，難免有遺珠之憾。

　　此外，有些影響較廣的著述，此前亦有各種單行本見於市面。編者雖然力求呈現出更多的新品種，填補文化傳承上的空白，但考慮到這是國內首次完整地以「老北大講義」的概念進行編纂出版，所以，我們也在嚴謹衡量的基礎上推出了這類「舊作」。

　　以往，老北大講義有很多著述僅有存目，出版本十分罕見。但讓我們十分快慰的是，在此次編選的過程中找到了一些孤本，不日將陸續付梓——在興奮與欣喜之餘，我們也不免懼怕，如果再不出版，它們，這些凝聚一流學者畢生心血的思想學術經典，恐怕後人再難讀到了。

　　正因如此，我們希望這套書的出版，能夠延續我們「心目中」的

那座殿堂，否則，很難說再過百年後，北大是不是一座空中樓閣，會不會只是個在口頭傳頌的一段傳奇。

關於作者與本書

　　馬衡（1881-1955），浙江鄞縣人，字叔平，我國著名的金石考古學家、書法篆刻家。吳昌碩去世後他被公推為西泠印社第二任社長，「遙領社職」，並從一九二四年起，多次參與故宮博物院的文物點查、維護工作，曾任故宮博物院院長長達十九年，在戰亂中親自主持故宮文物的南遷、西運，確保了故宮萬餘箱文物毫髮未損，更在關鍵時刻拒運文物赴臺，使故宮能以今日的面貌存在。

　　馬衡畢生致力於金石學的研究，精於漢魏石經，其治學上承清代乾嘉學派的訓詁考據傳統，注重對文物發掘考古的現場考察，主持過燕下都遺址的發掘，對中國考古學由金石考證向田野發掘過渡有促進之功。郭沫若認為：「馬衡先生是中國近代考古學的前驅。他繼承了清代乾嘉學派的樸學傳統，而又銳意採用科學的方法，使中國金石博古之學趨於近代化。」

　　馬衡在學術上成就眾多，貢獻巨大：他確定了殷墟甲骨年代，測定了先唐十五等尺長度，肯定石鼓為秦刻，系統研究了我國古籍制度，對漢熹平魏正始石經之研究成果達到後人難逾之高度，深入探討了中國書籍制度之變遷……郭沫若評價他：「凡德業足以益人者，人不能忘之，馬先生雖頗自計，然其所成就，已應歸於不朽。」

　　這本《中國金石學概論》，是其任教北大時的講義。一九一七年，馬衡任北京大學附設國史編纂處徵集員，並於次年任文學院國文系金石學講師。北大研究所國學門成立後，任考古學研究室主任兼導師，並在歷史系講授中國金石學。

　　張中行回憶馬衡先生授課情形：「他在北大是名譽教授，開『金石

學』課，我聽了一年。他個頭兒在中人以下，裝束和舉止都整飭，說話慢條斯理，都有根有據，沒有一句是出於靈機一動。」

　　而作為講義的本書，不僅探討了金石學的定義、範圍與歷史，同時也指出了金石學研究的方法與材料的搜集、保存、流傳等處置方法，堪稱全面的學科導論性文獻，具有統領學科的巨大價值，被譽為近代金石學的開山之作。

目次

卷二 中國金石學概要（下）

卷三 銅器

卷四 度量衡制度

卷五 石刻

卷六　石經

卷七　書籍制度

卷八　序跋雜文

中國金石學概要（上）

緒論

第一章
金石學之定義及其範圍

　　金石者，往古人類之遺文，或一切有意識之作品，賴金石或其他物質以直接流傳至於今日者，皆是也。以此種材料作客觀的研究以貢獻於史學者，謂之金石學。古代人類所遺留之材料，凡與中國史有關者，謂之中國金石學。

　　凡甲骨刻辭、彝器款識、碑版銘志及一切金石、竹木、磚瓦等之有文字者，皆遺文也。其雖無文字而可予吾人以真確之印象者，如手寫或雕刻之圖畫，明器中之人物模型及一切凡具形制之器物等，皆有意識之作品也。

　　由上所言，既名金石學，而範圍乃不僅限於金石者何歟？蓋有故焉。試先述其名稱之由來及學科成立之概況。

　　商周之時，所謂金石者，皆指樂器而言，非今之所謂金石也。其以金與石並舉，而略同於今之定義者，蓋自秦始。《史記‧秦始皇本紀》所載群臣奏議及始皇二世詔書，多曰金石刻，或曰金石刻辭。其意蓋欲以文辭托之不朽之物質，以永其壽命，故合金與石而稱之曰金石刻或金石刻辭。後世稱此類刻辭，謂之金石文字，或竟簡稱為金石。

　　五代以前，無專治金石學者。昔傅山問閻若璩，「此學始於何代何

人」，閻舉七事以答之。王鳴盛為錢大昕作〈潛研堂金石文跋尾序〉，又續舉十一事。李遇孫輯《金石學錄》，其第一卷中皆輯自經典、《史》、《漢》以及唐五代者，並閻氏王氏所舉者計之，亦不過四十餘事。此四十餘事中，不皆屬於考證。其有可以訂訛補缺者，亦皆一鱗片甲，不能成家。有宋一代，始有專攻此學者，歐陽修《集古錄》為金石有專書之始。自是以後，呂大臨、薛尚功、黃伯思、趙明誠、洪適輩，各有著述，蔚為專家。鄭樵作《通志》，以金石別立一門，儕於二十略之列。而後金石學一科，始成為專門之學，卓然獨立，即以物質之名稱為其學科之名稱矣。

　　宋以來之為此學者，大致分為二類。其一可名為古器物之學，不論其為金為玉，不論其有無文字，凡屬三代、秦、漢之器物，皆供賞玩者是也。其一可名為金石文字之學，不論其物質之為何，苟有鐫刻之文字，皆見採錄者是也。故此二者之範圍，最初僅限於器物及碑碣，其後乃漸及於瓦當磚甓之屬。至於今日，古物出土之種類，日益滋多，殷墟之甲骨，燕齊之陶器，齊魯之封泥，西域之簡牘，河洛之明器等，皆前人著錄所未及者。物質名稱雖不足以賅之，而確為此學範圍以內所當研究者。故今日之所謂金石學，乃兼古器物學、金石文字學而推廣之，為廣義的學科名稱，非僅限於狹義的物質名稱已也。

第二章

金石學與史學之關係（缺）

分論

第三章

歷代銅器

　　考古學家謂人類進化之階，由石器時代進而為銅器時代，更進而為鐵器時代。中國當商周之時，銅器最為流行，是為中國之銅器時代。今日流傳之古銅器，十之七八為其時之物，文字花紋製作皆工細絕倫。吾人觀其藝術之精，即可想見當時冶鑄術演進之程序矣。古籍中於金工之事記載詳備者，當推《考工記》一書（《考工記》雖以補《周禮・冬官》之缺，猶不失為東周時之書）。《記》言：「攻金之工，築氏執下齊，冶氏執上齊，鳧氏為聲，栗氏為量，段氏為鎛器，桃氏為刃。金有六齊：六分其金而錫居一謂之鐘鼎之齊，五分其金而錫居一謂之斧斤之齊，四分其金而錫居一謂之戈戟之齊，參分其金而錫居一謂之大刃之齊，五分其金而錫居二謂之削殺矢之齊，金錫半謂之鑒燧之齊。」此言分職及合金之品數也。六職各條，則言諸器製作之法也。又篇首云，「巧者述之守之，世謂之工」，則言百工之事世繼其業也。分工則其藝專一，世業則其術精進，無惑乎商周時代銅器之多且精也。降至秦漢，世工之制雖侵廢止，而銅器時代之積習尚未盡除，故尚方服御諸器猶相沿用銅。至於後世，銅之材料漸缺，以之鑄錢猶虞不足，遑論鑄器。故始而嚴禁以銅鑄器，繼而毀器以鑄錢矣。今傳

世諸器，商周為多，秦漢魏晉次之，六朝以後最少者，職是故也。

其名稱類別，僂指難數，今括其大要，約分六目：一曰禮樂器，二曰度量衡，三曰錢幣，四曰符璽，五曰服御器，六曰古兵。次第述之如下。

一　禮樂器

《禮經》所記禮樂諸器，漢儒箋注已不能無誤。後世治禮者，以意為圖，失之愈遠。宋人若呂大臨黃伯思輩，搜羅古器，探索源流，審釋其文字，考訂其形制，據《禮經》以定名稱，憑實物以正箋注，於是遠古法物，始與經文相發明。有清一代，通儒輩出，循是以求，益加精進。漢代經師之失，賴以訂正者尤多。較之全憑箋注臆定形狀者，相去豈可以道里計哉？

禮器之總名，古人概曰尊彝。有合稱尊彝者，有單稱尊或彝者。分言之，則烹煮之器曰鼎，曰鬲，曰甗，黍稷之器曰敦，曰簠，曰簋，酒器曰尊，曰罍，曰壺，曰卣，曰觥，曰盉，曰爵，曰觚，曰觶，曰角，曰斝，曰勺，脯醢之器曰豆，盥洗之器曰盤，曰匜，載鼎實之器曰匕，曰柶，承酒器之案曰禁，盛冰之器曰鑑。其名稱往往見於器中，讀其銘辭即知為何器。

其為用也，則有宗器，有旅器，有媵器。

宗器用之宗廟。凡曰作宗彝，作祭器，或器名之前著其祖考之名，或稱尊彝、寶彝而有蒸、嘗、享、孝等字者，皆是也。

旅器用以征行。古者天子諸侯之出，必奉主車，每舍有奠告之禮，《禮記・曾子問》言之詳矣。《春秋・左傳》曰，「犧象不出門」，《禮記・曲禮》曰，「祭器不逾竟」，則凡師田之禱祠，不得不別作祭器以供之，是謂旅器。

　　《易·旅卦》之〈釋文〉云，「羇旅也」，孔《疏》云，「失其本居而寄他方謂之為旅」，是旅有行義。故虢叔簋直銘之曰「鑄行簋」，公父匜曰「鑄行匜」。他若史宂簠曰，「作旅匡，从王征行」，曾伯霥簠曰，「余用自作旅簠，以征以行」，虢仲簋曰，「以王南征伐南淮夷，在成周作旅簋」，皆明言征行。旅之為字，異文尤多。有从辵作遜者（曾伯霥簠，陳公子甗），有从車作旟者（仲叔尊，毛公敦，舊釋旅車二字，非），有从車从止作旟者（伯貞甗），有从从从車作旟者（旅車卣），有从从、从辵者（單从鼎，芮公鼎，舊釋从，疑亦遜之省），有省旅著車者（車卣）。辵也，止也，車也，皆有行義。證以銘辭，求之字義，其為行器明矣。

　　媵器用以媵女。《說文·人部》：「佚，送也。呂不韋曰，『有佚氏以伊尹佚女』。」又〈貝部〉：「賸……一曰送也。」蓋以人送嫁謂之佚，以物送嫁謂之賸，古者佚、賸本一字也。鄬子簠曰，「用鑄其簠以賸孟姜秦嬴」，魯伯厚父盤曰，「作仲姬俞賸盤」，其字正作賸。又有作朕（壽鼎、薛侯匜、魯伯愈父鬲），作偺（季良父簠），作媵（芮公鬲）者，皆佚、賸二字之省變。凡此諸器，無不著女姓者，尤為以物送嫁之明證。

　　以上三者，皆禮器之用也。

　　與禮器並重者，則有樂器。樂之八音，金居其首。傳世之器，種類不多。今就所見者約略舉之，惟鐘、鼓、錞、鐸等數種而已。尚有非金屬之樂，如塤，如磬，亦附述於後。

　　古之禮樂器，祭祀與燕饗共之。故鐘鼎之銘難言祭祀，亦有兼及燕饗者。如邾公華鐘云，「以恤其祭祀盟祀，以樂大夫，以宴士庶」，先獸鼎云，「作朕考寶尊鼎，朝夕饗厥朋友」，明燕饗與祭祀同器也。亦有不言祭祀而獨舉燕饗者，所見惟許子鐘、邾公牼鐘、子璋鐘、簠鼎、趙曹鼎、欨敦等數器，是或專供燕饗之用者歟？

鼎　鼎本象形字。商器有作父己寶鼎，其字作🦴，象三足兩耳碩腹之形。《殷虛書契》（卷八第七頁）有🦴字（卜辭皆以鼎為貞，與許說合），猶不失其形狀。其後漸趨整齊，由🦴而變為🦴（《書契》卷七第三十九頁，與鼒鼎字🦴略同），🦴（同上），🦴（師奎父鼎）、🦴（毛公鼎），最後乃成小篆之鼎（🦴之變為🦴，猶🦴之變為🦴）。其為卦也，巽下離上，有烹飪之用，孔〈疏〉所謂就用釋卦名也。於字則象其形，於卦則明其用，二者本不相涉。許氏引《易》以解字形，謂「象析木以炊」，求之六書，轉不可通。

古人製器，本以應用，故鼎之大小雖無定，而形制則皆有足有耳。足者，虛其下以待爨也，圓者三足，方者四足。三足為鼎之常制，故古人多以鼎足表三之數。耳者，所以貫鉉而舉之也，故多在唇上。其在唇外者，則謂之附耳，《爾雅・釋器》所謂「附耳外謂之釴」是也。所以附耳於外者，為其可以容蓋也，故附耳之鼎，皆莫不有蓋（凡禮器之無蓋者，則覆之以布，是謂之冪）。漢鼎多短足附耳有蓋。蓋有三耳，仰之則成三足。其制自六國時已然。夫鼎足本為炊而設，短則不能置薪，不幾等於虛設乎？然由此可以推知灶之設備，蓋至晚周時始完，其先之所謂灶者，不過指炊爨之所而言，炊爨時仍各於器下置薪，不似後世之指炊爨之具也。

鬲　亦鼎屬。《爾雅・釋器》：「鼎款足者謂之鬲。」郭《注》云：「鼎曲腳也。」《史記・蔡澤列傳》索隱云：「款者，空也，言其足中空也。」今驗之於器，足皆中空，始信司馬貞之說較郭璞為有據。所以必空其足者，取其近火而易熟也。其制三足，略與鼎同。腹碩而口較斂，不皆有耳，此為異耳。

其字亦象形，許君謂「象腹交文，三足」。單伯鬲作🦴，召仲鬲作，其形最肖。

甗　甗之上體似鼎而無底與足，下體似鬲，中著以箅。有上下各

為一器者，有合成一器而不能分者，有以機鈕連屬二器俾可開合者。其制多為圓形，然亦有如方鼎之制而下承以四足者。《考工記》〈陶人注〉引先鄭云：「甗，無底甑。」《說文·瓦部》：「甗，甑也。一曰穿也。」（段玉裁改為一穿，然算不止一穿，其義仍未安。）是其為用正如今之蒸籠，所以承水升氣於上也。三代以後，形制微異。濰縣陳氏藏漢漁陽郡孝文廟甗鋆，上器如盆，有蓋，下器如洗而腹較深，中有算，不作上鼎下鬲形。銘文稱為銅甗鋆。吳大澂《恒軒吉金錄》有平陽甗，制如孝文廟甗鋆之下器，銘文稱為鬵甗。端方《陶齋吉金錄》有晉釜，上下二器，與孝文廟甗鋆同，銘文稱為銅釜。則漢晉之制大略相同矣。

《說文》於鬲部收鬳字，曰「鬲屬」，於瓦部又收甗字，曰「甑也」，其實鬳、甗為一字。鬲之重文作䰛，則甗當為鬳之重文明矣。惟見於商周器銘者又皆作獻（從虍，從鼎，從犬，鄭大司甗省鼎、憲甗省虍獨不省犬），無作鬳或甗者。《殷虛書契》（卷五第五頁）有𤮖字，釋作甗，正象器形。是又最初之象形字矣。

據《考工記》言「陶人為甗鬲」，是鬲甗皆為陶器，後乃有以銅製者（古器本不皆用銅，今所見禮器皆銅者，蓋以銅仿製之耳）。但今出土陶鬲甚多，而陶甗則未之見。

鼎、鬲、甗同為煮器，用各不同。舊說鼎用於肉藏，鬲甗用於粢盛。今驗之器銘，鼎蓋兼有二者之用。有曰鬻彝（史頌鼎），鬻牛鼎（智鼎），膾鼎（趙亥鼎）者，用於肉藏者也。有曰饙鼎（弢叔鼎），䜭鼎（䜭鼎）者，用於粢盛者也。鬲則曰䜭鬲（白浅父鬲），饙䜭（戲伯鬲），甗則曰用鬻稻粱（陳公子甗），皆只供粢盛之用。《儀禮·士喪禮》，「夏祝鬻餘飯，用二鬲於西牆下」，《世說新語·夙惠》，「陳元方季方炊……忘著箄，飯落釜中成糜」，是皆以鬲甗煮粥飯之證也。

䜭鬻二字，舊釋不一。且有以銘中直稱作䜭（尚鼎），作鬻（斿

婦鼎），而疑為器名者，尤為非是。

𩰫，蓋齎字。《說文・皿部》：「齎，黍稷在器以祀者。」前人以齎盛非鼎實，遂不敢確定。今知鼎之為用，兼飪粢盛，則𩰫之為齎，復何疑義。

鬺字，王靜安謂從匕肉，從爿，從鼎，有匕肉於鼎之義，引申而為進為奉。歷鼎應公鼎之「夙夕鬺享」，即《詩・周頌》之「我將我享。其說是也」。

鼎稱𩰫鼎、鬺鼎，猶壺稱醴壺（鄭楙叔賓父壺），盤稱頮盤（魯伯愈父盤），就其用以言之也。所謂作鬺、作𩰫者，偶未著其器名，非即以之名器，是猶旅器之曰作旅（燹王彝），剩器之曰作剩（穌冶妊鼎）耳。亦有非鼎而以鬺名者，如敦曰作寶鬺（來獸敦），作尊鬺彝（尨姑鼎敦），作鬺彝（史頌敦，宗婦敦），簠、壺、角、盤、鬲、甗，皆曰作鬻彝（宂簠、宗婦壺、日辛角、宗婦盤、王作鬻母鬲、婦姑甗），或為黍稷器，或為酒器，或為盥洗器，皆與匕肉無涉。其中如史頌敦、婦姑甗及宗婦敦、壺、盤之銘，皆有同文之鼎，其銘辭不差一字。意其時並作諸器，即以同一之銘辭被之，而於鬺字之下著器之共名。其後沿用既久，亦間有用專名者，如伯雝父敦曰「作寶鬺敦」，樹仲敦曰「作鬺彝尊敦」，遂成進奉之義矣。

敦　敦為盛黍稷之器。其制似盂，或斂口，或侈口。下有圈底，或綴三足，或連方座。旁有兩大耳（耳或下垂如珥）。上有蓋，是謂之會。蓋亦有圈，卻置之可以為足。

又有自來圖錄家所稱為彝者，考其形制，亦皆為敦。自《博古圖》以敦之小者列入此類，後世相承，遂有彝之一目。此事自陳介祺潘祖蔭諸人辨之，而王靜安始著其說於《古禮器略說》。

簠、簋　簠、簋之用與敦同。《說文・竹部》「簠，黍稷方器也」。「簋，黍稷圓器也。」今驗之古器，適得其反。簠侈口而長方，簋斂口

而橢圓，與鄭說相近。可知漢世諸儒已不能詳其形制。甚有外方內圓、外圓內方，互異其說者。不有原器，烏從正之。至其兩耳四足，有蓋可以卻置，則簠與簋初無區別。

簠有以筐名者，所見不下五六器，銘辭有以筐葉均者，有非葉均者，頗疑禮器之簠簋，與筐筥為同類。《詩‧國風‧采蘋》，「維筐及筥」，毛《傳》云：「方曰筐，圓曰筥」。其說解亦與簠簋同，故簠得稱筐也。近新鄭出土古禮器甚夥，中有簠六而無簋。有一器類長方形之盤，底平口侈而四隅略圓，兩端有聯環，兩側亦各有一環，銘七字，曰「王子嬰次之炭盧」。《說文‧皿部》，「盧，飯器也」。又（凵部），「凵盧，飯器，以柳為之」（《方言》十三作「筤簇」，《儀禮》〈士昏禮〉鄭《注》作「筥筤盧」）。其器外花紋作編織形，花紋上下又作繩形以周匝之，所以象柳或竹編制之狀，其為飯器，蓋無疑義。第常器用柳，而此則以銅仿製之耳。既為飯器，則其用與簠簋同矣。王靜安據《隸續》所錄魏《三體石經》筥之古文作𥮉，以為金文中籩鼎、𥯤鼎、𥮉侯敦等器籩之或𥮉，即筥國之筥。飯器之盧，亦即筐筥之筥。是則簠簋與筐筥，名異而實同也。

黍稷宜溫，故敦與簠簋皆有蓋。蓋亦用以盛，故皆可以卻置。審其製作，可以知其用矣。

尊、罍　《禮經》稱盛酒之器皆曰尊，猶之飲酒之器皆曰爵也。若就其專名言之，則尊為盛酒器之一種。其形圓而碩腹侈口。有樸素類觶者，有有棱似瓠者。大者容五六升，小者容一二升。王靜安謂「有大共名之尊，有小共名之尊，又有專名之尊」是也。其碩腹頸者謂之罍，容量大於尊。《博古圖》所收，有容一二石者、有容二三斗者，亦無一定之制。按《詩‧卷耳疏》引《五經異義》述毛說云：「大一石」。《爾雅‧釋器》郭《注》云：「大者受一斛」，皆就其大者而言。若山罍、大罍則皆受五斗（聶崇義〈三禮圖〉張鎰引阮諶說），《爾雅‧釋

器》又謂「小罍謂之坎」。知罍本有大小之等差，因其名物而異耳。

　　犧尊象尊之說，自來未有定論。魏王肅於魯郡得齊大夫子尾送女器，有犧尊，作犧牛形。梁劉杳又謂晉時發齊景公塚，得二尊，形亦為牛象。二子皆憑實驗，非逞臆說，自較墨守陳義者為可信。近代收藏家尚有犧尊，其器作牛形，鑿背內酒，與魏晉所出者正同。又有鴞尊、鳳尊以首為蓋，以頸受酒。

　　尚有作饕餮食人狀者，其制尤奇。是皆於《禮經》無徵者也。

　　壺　壺之字象器形，《殷虛書契》（卷五第五頁）作🙰，金文作🙰（虞司寇壺）。小篆作🙰，上𠀤象蓋，下象耳腹之形。黃伯思《東觀餘論》云：「壺之象如瓜壺之壺，《豳》詩所謂『八月斷壺』，蓋瓜壺也。上古之時……因壺以為壺。」按《詩》毛傳云：「壺，瓠也」。《莊子‧逍遙遊篇》說瓠云：「何不慮以為大樽。」《釋文》引司馬云：「樽如酒器。」知古者有以瓠為酒器者矣。

　　又有所謂罍者（仲義父罍），制為壺而名為罍。《說文》（缶部）：「罍，瓦器也。」《玉篇》《廣韻》皆云：「似缾有耳。」《詩‧小雅》：「缾之罄矣，維罍之恥。」亦謂缾為盛酒器之小者。《積古齋鐘鼎彝器款識》載史賓釿。其字作紪，阮元云：「即《說文》之『鈃』字。」蓋罍、缾、鈃，皆壺屬也。漢謂之鍾，其方者謂之鈁。名雖不同，而形制猶與三代無甚差別。蓋自名稱紊亂之後，而壺之名遂為有喙有鋬之盉所專有矣。

　　卣　卣制如壺，差小而有提梁，以盛鬱鬯，故俗謂之提梁卣。

　　《說文》無卣字，《周禮‧鬯人》又假脩為之：「廟用脩」。鄭《注》云，「脩讀曰卣。卣，中尊」。《殷虛書契》（卷一第十八葉），「鬯六卣」作🙰，金文（毛公鼎、伯晨鼎、師兌敦、錄伯敦、吳尊）「秬鬯一卣」作🙰。惟盂鼎作🙰，與經典卣字略同。故王靜安以為卣之本字，即《說文》之卤。殷虛卜辭（《戩壽堂殷虛文字》第二十五頁），又有「鬯

五卣」，字作🖼，下從皿。𠙵即皿之省，從𠙵與從皿同義。知祀伯敏父壺之🖼，亦即迺字也。《說文・乃部》，「🖼氣行貌。從乃🖼聲，讀若攸」，而不以為酒器。今可據殷周之遺文，以補許書之缺義。

　　觥　《詩》屢言兕觥，而傳世之器不能正其名。清阮元《積古齋鐘鼎款識》錄子🖼兕觥，並略記其形制云：「器制如爵而高大。蓋作犧首形，有兩角。」王靜安著《古禮器略說》，認阮氏此器為角而非兕觥。以為兕觥者，自宋以來冒匜之名而不能辨別。《博古圖》以下之所謂匜者有二種。其一器深而有蓋，其流侈而短，蓋皆作牛首形，俗謂之虎頭匜者，即兕觥也。並立六證以說明之。余以為王氏定俗稱虎頭匜者為兕觥，其說良確。而認阮氏之器為角，則殊不然。《積古齋款識》中記其形制甚略，而題詠中則特詳。其〈復與諸友分賦商周十三酒器為堂上壽得周兕觥詩〉云「蓋流作犧首，斜然額角長」，知此器有流。蓋之當流處作牛首形，如俗稱虎頭匜之蓋。又云「左右各有缺，雙柱居其旁」，則知此器有雙柱，故曰「器制如爵而高大」也。竊疑古之兕觥，蓋有二種，一為盛酒之觥，一為飲酒之觥，非如王氏說兼盛酒與飲酒二用也。《詩・卷耳》，「我姑酌彼兕觥」。酌謂以勺挹取之，是為盛酒之觥。《詩・七月》，「稱彼兕觥」。稱，猶舉也，稱觥與舉爵揚觶同，是為飲酒之觥。俗稱虎頭匜者，不可以舉，盛酒之觥也。阮氏之器，其形類爵，飲酒之觥也。二者之器形雖異，而其蓋皆作牛首形，且必在當流之處。其前後皆斜然而曲（與王氏所引《詩・小雅・周頌》「兕觥其觩」之說亦合）。二者初無異也。其所以名為兕觥者，亦以其蓋得名，非以兕牛角為之也。《西清古鑒》之亞角，傳世之父丙角（此器形制及銘文全與《西清古鑒》亞角同，而花紋小異，不知即一器否），亦皆有流有蓋，蓋作雙角之牛首形，與阮氏之器同，惟無雙柱為異。皆飲酒之兕觥也。

　　盉　盉之名不見於《禮經》，而傳世之器有自載其名曰盉者。《說

文·皿部》：「盉，調味也。」故呂大臨謂整和五味以共調。董逌則指為〈少牢饋食禮〉羊鑊、豕鑊之鑊，謂《禮經》改盉為鑊，其說尤誤。端方得銅禁於陝西，所陳皆酒器。有尊一、卣二、爵一、觚一、觶四、角一、斝一、盉一、勺一、柶六。王靜安據此定盉為和水於酒之器，所以節酒之厚薄者，並論其形制曰：「其有梁或鋬者，所以持而蕩滌之也。其有蓋及細長之喙者，所以使蕩滌時酒不泛溢也。其有喙者，所以注酒於爵也。」今從王說，定為酒器。

　　爵　爵有共名，有專名。《五經異義》引《韓詩》說，「一升曰爵……二升曰觚……三升曰觶……四升曰角……五升曰散……總名曰爵，其實曰觴。」（節《詩·卷耳》疏）所謂總名爵者，言飲器皆得以爵名也。所謂一升曰爵者，飲器之專名也。一升之爵，其形二柱三足一耳，前有流，後有尾，《說文·鬯部》所謂「象爵之形」也。端方藏銅禁所陳之爵，尾與流之下皆有觚棱，古物陳列所有一爵，合二柱以為一，《博古圖》之招父丁爵，〈寧壽鑒古〉之雷紋爵，並無柱，諸女爵方形四足，則皆爵之異制矣。

　　爵之所以有二柱者，非以為觀美也。清程瑤田曾據《考工記·梓人》之文，以求其製作之精意。以為兩柱齊眉，謂之鄉衡。鄉衡而實不盡，則梓師罪之，即指二柱而言。二柱蓋節飲酒之容，驗梓人之巧拙也。其說近似。宋呂大臨謂反爵於坫，殆不然也。

　　觚　觚之制圜而侈口，有四棱，故謂之觚。亦有形制同而無棱者，則失其命名之旨。此孔子所以有「觚不觚」之歎也。

　　觶　觶之制似盛酒之尊而小，或圓或橢，樸素無文。

　　古飲器多不載器名。近出王義楚器三，形制完全為觶，而銘文一曰鍴，其二皆曰𦉜。王靜安以為《說文》觶、觛、卮、𦉜、𦉞五字實即一字，鍴、𦉜固即《說文》之𦉞，亦即《禮經》之觶。其說是也。飲器之自載器名，此為僅見。

　　角、斝　角與斝之制，皆三足一耳，與爵略同。角口羨而無柱，上多有蓋。斝口圜而有柱。

　　《禮經》之言酒器，以角與斝連文，或角與散連文。《韓詩》之說五爵，亦有散無斝。《殷虛書契》（卷五第五頁）據字以訂正許書斝字之說解及經典散字之形誤（見《殷虛書契考釋》）。其說是也。

　　勺　《儀禮・士冠禮》：「實勺，觶，角柶。」注：「勺，尊升，所以𣂁酒也。」《考工記・梓人》：「梓人為酒器，勺一升。」《注》亦云：「勺，尊升也。」（按二尊升字並當作尊斗。）《說文・勺部》：「勺，挹取也。」蓋勺之為用，所以酒於尊而注於爵，或又以為飲器、挹取而飲之。端方所藏銅禁，酒器中有一勺，出土時在卣中。又藏贖弘觥（《陶齋吉金錄》誤作匜）亦有一勺，其銘與觥之器蓋同文。皆足證明其為酒之用也。其名又謂之斗。《詩・行葦》：「酌以大斗。」《釋文》：「字又作枓。」《說文・木部》：「枓，勺也。」與勺為尊斗之說亦合。漢有神爵四年成山宮銅渠鈄，其形如今之勺，其字又從金作鈄，亦𣂁酒之勺也。

　　古酒器有二種，有盛酒之器，有飲酒之器。盛器通謂之尊，即王氏所謂小共名之尊也。飲器通謂之爵；即《韓詩》說之五爵也。尊、罍、壺、卣、盉，皆尊也。爵、觚、觶、角、斝，皆爵也。觥則有尊有爵。勺本𣂁酒之器，又可以為行爵。

　　飲酒之多寡，禮各有其宜。故器有大小之別。舊說容量之數，分歧不一。古人製器又不必盡符定制。今就傳世之器比例其大小，則《韓詩》之說較為允當。此不過就其大要而言。至形制同而容量不同者，仍往往有之。

　　豆　《說文・豆部》：「豆，古食肉器也。从口象形。𣅜（小徐本如此），古文豆。」今傳世之器其形與篆文同。一，象蓋，○，象腹，𠈌，象足。周生豆作𣅜，大師盧豆作𣅜，並小異而大同。惟古陶器有

作豆者，無蓋形，則與許君所舉之古文同。

豆之制有二類，甲類如〈考古圖〉所錄之齊豆是，乙類如《博古圖》所錄之劉公鋪是。二器皆有器名，一若甲類者謂之豆，而乙類者謂之鋪矣。但又不然。《博古圖》又有疑生豆，銘曰作羞豆，形制為乙類，是甲乙二種皆得謂之豆也。近代著錄之父丁豆，周生豆，大師虘豆三器，不知其形制何若，惜無由證之。又鋪之為器名，於經傳無徵，邊為豆類，而器銘反不著，皆不能無疑也。傳世之豆，以瓦豆為多，亦分甲乙二種，知銅豆本非常制也。

又肉几之俎，壽州曾有出土。聞有傳世小銅俎，其制亦如几，末之見也。

盤、匜 古者祭祀燕饗，皆有沃盥之禮，昭其潔也。盤與匜相需為用，以匜瀉水於手，而盛之以盤。故匜有鋬有流。盤淺而巨，兩旁有耳，觀其制即可以明其用。盤在漢為洗，為銷，視盤為深而無足，中多作雙魚形。晉有澡盤，形制未詳，要亦沃盥之器也。

匕、栖 《說文‧匕部》：「匕，相與比敘也。从反人。匕亦所以用比取飯，一名栖。」是匕、栖同物也。然《禮經》於別出牲體者及匕黍稷者，始謂之匕，而扱醴者則謂之栖。古者匕以木為之，《禮記‧雜記》「枇以桑」，《詩‧大東》「有捄棘匕」是也。栖則以角為之，《儀禮》〈士冠禮〉、〈士喪禮〉角栖是也。近出魚鼎匕，銀質金書，存三十餘字。端方藏酒器中有栖六，載於《陶齋吉金錄》中（端方名之為勺，誤）。鑄金匕栖，惟此而已。

禁 古盛酒之器，多陳於禁或斯禁之上。〈士冠禮〉、〈士昏禮〉、〈士虞禮〉、〈特牲饋食禮〉謂之禁。〈鄉飲酒禮〉、〈鄉射禮〉謂之斯禁。〈少牢饋食禮〉、《禮記》、〈玉藻〉、〈禮器〉又謂之棜。其實棜即斯禁。棜本實臘之器，其形有類於斯禁，故斯禁又得稱棜。禁與斯禁之別，在足之有無。鄭玄《禮記‧禮器》注云：「禁如今之方案，隋長

局足，高三寸。」〈鄉飲酒禮〉、〈鄉射禮〉注云：「斯禁，禁切地無足者。」〈特牲饋食禮〉注云：「棜之制如今之大木矣，上有四周，下無足。」尊者用斯禁，卑者用禁，〈禮器〉所謂「禮有以下為貴者也」。端方於寶雞縣所得承尊之器，形橢長如方案而有足，即禁也。古蓋以木為之，而此以銅鑄，故得流傳至今。聞孟津所出銅器中亦有之，四周皆以銅制而空其中，或銅與木合製者歟。然未見其器，不知其說之果可徵信否也。

鑒　《說文・金部》：「鑒，大盆也。」《周禮・凌人》注曰：「鑑如甀，大口，以盛冰，置食物於中以禦溫氣。」《西清古鑒》所錄之蟠夔洗，《續鑒》所錄之蟠虺洗，一徑二尺餘，一徑尺餘，皆鑒也。何以知之，《山右金石志》著錄一器，今為霍氏所藏，形制正同，而銘曰「自作禦監」。知許鄭之說之有據矣。近新鄭所出亦有一器，人皆目為洗，是沿《西清古鑒》之失也。

鐘　鐘有大小之別。小而編縣者謂之編鐘，大而特縣者謂之鎛，通謂之鐘。《考工記・鳧氏》一篇，紀鐘制甚詳。自程瑤田為《章句圖說》，而銑間、鼓間、鉦間之解始定。阮元命工鼓鑄，而枚之為用乃明。惟旋、干之制、說者不一，雖程氏亦未能確定。《筠清館金文》載从鐘鉤，圖共形制。一端有獸形，一端為鉤。銘文二行，曰「芮公作口从鐘之句」又傳世二器，形制略同。有獸形而無文字。爵文有 ![字] 字，亦酷肖此形。據〈鳧氏〉之文曰：「鐘縣謂之旋，旋蟲謂之干。……參分其甬長，二在上，一在下，以設其旋。」是旋與干明是二物，屬於甬之鈕謂之旋、縣於筍虡之鉤謂之干。干作獸形，故又謂之旋蟲。爵文蓋象干之形也。程氏所擬之圖，雖未必盡合，而其精思卓識，實不可及。

凡甬旁設旋者側懸，無甬而上有鈕者直縣，故鐘有側縣直縣兩種。大抵鎛鐘多直縣，編鐘多側縣。鎛鐘多載全銘，編鐘則銘之首尾

多不完具。蓋編鐘十六枚為堵，編薄於一鎛，其銘當依其次第分載各鐘，合之乃全也。刻銘之處，有在兩面者，有僅刻於鉦之一面或鼓之左右者。惟楚公鐘刻於腹，收鐘、釱編鐘刻於甬，則不多觀耳。

後世釋氏之鐘，其口皆圓而平，上皆有鈕。唐宋以來銅鐘鐵鐘之見於著錄者，皆此類也。

鼓　鼓以革製，而傳世有銅鼓，不知始於何時。《後漢書・馬援傳・注》引裴氏〈廣州記〉曰：「俚僚鑄銅為鼓，鼓惟高大為貴。」《大周正樂》（《太平御覽》樂部引）曰：「銅鼓鑄銅為之，虛其一面，覆而擊其上。南蠻、扶南、天竺類皆如此。」今所見銅鼓，正如《大周正樂》所言，多為漢以後物。或云，曾見一器，兩面作鼉紋，與冒革之狀同。周圍雕鏤精絕。雖無文字，而花紋似商周物。是或為此種製作之最古者。

銅鼓多無文字。虞喜《志林》曰：「建武二十四年，南郡男子獻銅鼓，有銘」（《御覽》樂部引）此有文字之見於記載者。近聞有晉銅鼓，有銘。其文有義熙紀年及官號人名。蓋專用之軍中，非尋常樂器也。

錞　《周禮・鼓人》「以金錞和鼓」。鄭《注》云：「錞，錞于也。圜如碓頭，大上小下。樂作鳴之，與鼓相和。」蕭監、斛斯徵皆依干寶《周禮注》，灌水振芒，以驗其用。〈宣和博古圖〉著錄十餘器，宋人已不能生灌水之制。《樂書》云：「錞于者，以銅為之，其形象鐘，頂大腹揳口弇，上以伏獸為鼻，內懸子鈴銅舌。凡作樂振而鳴之，與鼓相和。」（《御覽》樂部引）則有舌可以振搖，又與鉦、鐸之用同。今所見形制，與前人記載悉合，但多無舌，究不知灌水與振舌，二說孰是。

其器多無文字，製作皆不似商周時物。間有有文字者，亦皆隸書，且多為數目字（《荊南萃古編》所錄一器，有三代文字，不足信）。

　　鐸　鐸之制似鐘而小，銘多倒刻。蓋鐸有舌，以甬為柄，持而振之，口恒向上。故與鐘之上下位置適相反。

　　近代所出句鑃，形制與鐸相類。銘在兩銑，亦皆倒刻。吳大澂疑為鐃，王靜安則疑為鐸，且以其器出南方，據《鹽鐵論・利議篇》「吳鐸以其舌自破」，《淮南子・繆稱訓》「吳鐸（吳字今本作矣，據王念孫《讀書雜誌》訂）以聲自毀」（高誘《注》云，「鐸，大鈴，出於吳」），疑其器即吳鐸，是或然也。

　　錞、鐲、鐃、鐸，謂之四金，皆與鼓相聯為用。鐲之為物，許鄭並以鉦釋之。初以為周之鐲即漢之鉦，然《詩・小雅》「鉦人伐鼓」，已有鉦字。且傳世古器有日在庚鉦，銘曰「自作征壍」（征即鉦字，壍字不可識）。湖南近出一殘鉦，銘曰「作鉦□」。又曰「鑄此証□」（鉦下一字，左從金，右從戈，中不可辨，意即從金從成，與前一器「鉦」同）。前一器為郚君自作，文倒刻。後一器為伐郚者所作，文順刻。實皆周物。竊以為鐲、鐃、鐸、鉦，四者同物而異名，其區別僅在大小之間。《周禮》鄭注及賈《疏》以為「無舌為鐃，有舌為鐸」恐不盡然也。

　　漢有四時嘉至鉦（《四時嘉至》並漢樂章之名），新莽有地皇候騎鉦，其制並與三代同。《西清古鑒》載孝武西園安世搖鐘（《安世》亦樂名），四時嘉至搖鐘，亦即此物。即曰搖鐘，則必有舌矣。

　　又有牛馬鐸，有鈕有舌。其銘多有宜牛馬等字，皆漢以後物。晉荀勖以趙郡賈人牛鐸定樂，即此類也。

　　塤　塤為燒土之樂器，形如鵝卵，銳上平底，一面二孔縱列，一面三孔如品字，一孔在頂上，凡六孔。頂上之孔所以吹者。其形制與《世本》《爾雅注》《風俗通》所言正合。文字多以印抑之，如陶器然。亦有無文字者。

　　磬　磬為石製之樂，而《博古圖》載四磬皆為銅製，形制全不相

類，不足信也。清程瑤田著《考工創物小記》，為《磬氏為磬章句圖說》，解磬制甚詳。又著《磬折古義》，謂縣磬之形，其直中繩。全由記文及旁證以定之，惜無實物為之佐證。今出土有殷磬、周磬、漢磬。殷磬出安陽，為殷虛故物（見《殷虛古器物圖錄》），其數凡五。周磬近出孟津，為編磬。北京大學亦得五枚。又蓬萊吳氏藏一特磬，雖不知出土之地，而形制與孟津所出者同，亦為周器。漢磬上有「四時嘉至」字，故知為漢器。殷、周、漢之制雖各不相同，而所謂倨句一矩有半（即磬折）者，乃僅就其脊而言，不似《禮圖》之表裡相等也。就其孔而縣之，皆非直縣，與程氏之說亦不合。以是知程說似精，終不若實驗之確也。磬之制既無花紋，又無文字，不為賞鑒家所重，故流傳者少。《歷代鐘鼎彝器款識》錄一磬，有銘六十字，未見第二器也。其所圖之形，鼓與股之長雖相等，而大致與今日所見者無以異也。

釋氏銅磬，名為磬而制為仰缽形。有文字者較少。其最著者為唐大中銅磬；遍刻經文，今久佚矣。

二　度量衡

古之度量衡出於律。據《漢書・律曆志》，律之本為黃鐘之宮。以秬黍之廣為分，九十分為黃鐘之律。千二百黍實其龠，重十二銖。故度本起於黃鐘之長，量本起於黃鐘之龠，衡權本起於黃鐘之重。然地有肥瘠，歲有豐歉，古今培植之術有精粗，黍之大小輕重焉得一定之標準。後之考古者，欲求其說之不分歧，其可得哉。無已，則不能不借資於傳世之實物。清之為是學者，前有錢塘，著《律呂古誼》，後有吳大澂，著《權衡度量實驗考》（僅成權度二篇）。錢精於數學，而以實物證明之。吳自言不知算與律，以所得玉律琯與古圭璧較，定為黃

鐘十二寸。謂《漢志》述劉歆說「黃鐘九寸」，為新莽之制，莽以前無此說。然龠實千二百黍，亦為歆說，何獨疑彼而信此。故其較黍之輕重也，則又疑《漢志》有誤。於此知歷代度量衡之制，雖有實物猶不易言考定也。又況傳世之器，多為私家所庋藏，學者未必親見。尺度可以撫拓，似不啻親見矣，而紙有伸縮，復難憑信，此非羅列實物，參互比較，不能得其真也。今姑就所見所知者先著於篇，以俟異日搜集而為研究之資。

　　度　錢塘據曲阜顏氏所藏尺，以驗羊子戈與《考工記·冶氏》所紀之尺寸適合，遂定為真周尺。吳大澂據傳世圭璧，作周鎮圭尺。皆不過自成一家之言，是否可信，尚為疑問。其有年號文字可據者，則惟新莽始建國尺，東漢建初尺，蜀章武弩機尺，魏正始弩機尺，正倉院唐尺，宋三司布帛尺，巨鹿故城木尺及明嘉靖牙尺，萬曆官尺等數種而已（《筠清館金文》載始建國鐵尺，不云器藏何所，亦未摹其尺度。《奇觚室吉金文述》載西漢元延銅尺，較建初尺略短，其文即仿元延及建初尺為之，實偽物，不足信）。

　　新莽始建國尺，藏濰縣某氏。其制可以伸縮，斂之為六寸，舒之則為一尺。一端有環，可以繫繩。兩旁刻魚形。銘曰，「始建國元年正月癸酉朔日制」。余未見原器，僅見吳大澂《權衡度量實驗考》中摹本，長今尺（營造尺，下仿此）七寸八分半，實較余所考之新尺為長。苟非偽器，必吳氏摹誤也。

　　東漢建初尺，藏曲阜孔氏。銘曰，「慮俿銅尺。建初六年八月十五日造」（北京大學研究所有仿製者）。長今尺七寸四分。清以來考古尺度者，皆以此為標準。近人有藏古銅尺骨尺各一者，長短與建初尺近同，或亦皆漢物。

　　蜀章武及魏正始二弩機（蜀弩機後歸端方，摹於《陶齋吉金錄》中，而失摹其尺寸），尺寸刻於望山上。蜀尺與建初尺同。知蜀之尺度

猶遵漢制（《恒軒吉金錄》載蜀建興弩機亦刻分數，以三分為一小格，六分為一大格，共積三十六分。疑非依尺寸刻畫者）。魏尺較建初尺略長，王靜安云，「殆即《隋書・律曆志》所論杜夔尺」。

晉前尺拓本，出於《王復齋鐘鼎款識》，前人皆以為真晉尺。今據王靜安考訂，實即宋高若訥用漢貨泉度尺寸所定十五種尺之一，其銘辭與《宋史・律曆志》所載略同。此說可為定論，足破前人之惑。

正倉院唐尺藏日本奈良正倉院。據《東瀛珠光》所摹共有六尺，長短分四種。一種長今尺九寸三分（白牙尺甲、白牙尺乙、紅牙撥鏤尺甲），一種長今尺九寸二分六釐（綠牙撥鏤尺甲），一種長今尺九寸四分八釐（紅牙撥鏤尺乙），一種長今尺九寸五分五釐（綠牙撥鏤尺乙）。又烏程蔣氏藏鏤牙尺一，刻鏤精絕，與正倉院尺同，長今尺九寸四分弱，殆亦唐尺也。

宋三司布帛尺，曲阜孔氏所藏。原器未見，拓本亦罕覯。

宋巨鹿故城木尺凡三，其二長今尺一尺二分半，其一為木工所用之曲尺，長今尺九寸六分強（北京大學研究所有仿製者）。

明嘉靖牙尺，側有文曰「大明嘉靖年製」，長今尺一尺微弱。

萬曆官尺舊藏嘉興瞿氏。明洪武鈔之高，正當此尺一尺。以今尺較洪武鈔，長短正同。知今尺雖沿用清工部營造尺，實即明官尺也。

又古之錢幣，初造時皆有一定之尺寸，如《漢書・食貨志》所載新莽之錢貨六品、布貨十品及錯刀、契刀、貨布、貨泉等，皆詳紀其輕重大小之數。其中最易計較而又不難得者，惟貨布、貨泉兩種。貨布長二寸五分，積四布得一尺。貨泉徑一寸，積十錢得一尺。余嘗以貨布尺較新嘉量（詳後節），不差豪黍，始知《漢志》之正確。余即據以作劉歆銅斛尺，並依《隋書・律曆志》作十五種尺（並存北京大學研究所）。唐武德四年鑄開元通寶錢徑八分，則積十二錢有半，得一尺。惟開元通寶錢行用期甚長，大小極不一致，惟背有洛、並、幽、

益、桂等字者差為可據，以此五州皆於武德四年置監也。

　　量　前人之考古量者，始自嬴秦。然濰縣陳氏所藏左關釜二，左關鍴一，實皆量也。釜形如罌，小口大腹，腹有兩柄，可持而傾。今之斗斛兩旁有柄，殆亦有所昉也。字不可識，器形如半匏而有流，十所容不滿一釜。陳介祺考為陳太公和相齊宣公時所作器。惜無由見之，不能實驗其容量也。

　　秦量則陳介祺瑞方所藏最多。其制多橢圓，或長方形，一端有鋬，可實木柄，上刻始皇二十六年詔，或並刻二世元年詔。傳世一方量，底刻始皇詔。旁刻「大良造鞅」云云（十八年，齊□卿大夫眾來聘，冬十二月乙酉，大良造鞅爰積十六尊五分尊□為升）。蓋紀商君平斗桶權衡丈尺之事。於以知始皇並兼天下，一法度衡石丈尺，皆秉商君之舊。故即於舊器上增刻詔書也。

　　秦之銅版，亦刻始皇二世詔，世謂之詔版。宋董逌考為古規矩之器，實出臆斷，清吳大澂定其名稱曰秦量詔版。今驗其制，四隅有孔，中微凸起，略如覆瓦，似即施於木製之量者。蓋金量陶量，文字皆足以傳久。木量易於磨滅，故必刻金以飾之，其孔所以施丁。其微凸者，飾於橢圓器而欲其熨貼也。

　　新量以《西清古鑑》所載最為完好。五量備於一器，上為斛，下為斗，左耳為升，右耳為合、龠、與《漢書‧律曆志》所說正合。五量皆有題字，各記其尺寸及容積，與劉徽所見晉武庫中之銅斛（見《九章算術‧商功篇》注）同。尚有銘辭二十行、凡八十一字，亦與《隋書‧律曆志》所載後魏并州人王顯達獻古銅權銘合（《隋志》誤一字、奪二字，當據此正之）。此器今在故宮博物院。端方藏一殘器，亦有此八十一字之銘辭，為河南孟津出土。近見玉版一方，兩面刻，銘辭亦同。是或班行天下以為永式者。近又見一方量拓本，上有字二行，一行曰，「始建國元年正月癸酉朔日制」。一行曰，「律量斗，方六寸，

深四寸五分，積百六十二寸，容十升」。又有嘉禾、嘉麻、嘉豆、嘉麥、嘉黍等字。此器不見於著錄，意必新出土者，不知歸誰氏矣。

漢量惟陽安銅斛一器，上刻〈戊寅詔書〉。

漢以後量，未見流傳。後世斗量之以木製，或即始於後漢三國時也。

量器之斗，大率有柄，其字亦象形。故凡器之以斗名者，如酌酒之斗及鐎斗、尉斗等，皆莫不有柄。北斗七星，亦正象器形。古人命名之旨，可類推而知之。

又古盛酒諸器，皆有一定之容積。以器計之，無煩料量。故齊侯鐏（此器今存古物陳列所）銘曰，「鑄西𩰦𩰲寶四秉，用實旨酒」。假定鐏之所容一斛（《積古齋鐘鼎彝器款識》所錄一器有刻款一行曰，「文官十斗，一鈞三斤」八字，而古物陳列所一器無之，二者或同銘異器歟），則四秉當以六十四器實之。蓋言其總數，非一器之所容也。考古量者，除傳世斗斛及自紀容量之諸器外，此種盛酒之器，無論其為金為陶，皆宜取資者也。

衡　權衡之初製，必如今之天平。施紐於衡中，使兩端皆平，一端縣權、一端稱物。故傳世之權，多紀斤兩之數。其後漸趨簡易，移其紐於一端，而刻斤兩之數於衡上，即今之所謂稱也。韋昭《國語注》曰，「衡，稱上衡。衡有斤兩之數」。然則以衡紀數，自三國時已然。今所見古權，凡紀斤兩者，皆為天平制之砝碼，其不紀斤兩者，皆稱制之錘也。

權之見於著錄，亦始於秦。曩嘗見一小銅權，其銘為古文（銘辭有西里等字，與陶器同），實周代之物，其上不紀斤兩之數。

秦權以《陶齋吉金錄》及《秦金石刻辭》二書所載為最備。二家所錄，幾三十器。或圓如覆盂，或周圍有觚棱，上皆有鈕。其刻始皇二世詔與量同。或著地名，或紀八斤、十六斤之數。有以石為之者，

僅見一器耳。

新莽之權，有作環形者。按《漢書・律曆志》說五權曰：「圜而環之，令之肉倍好者，周旋無端，終而復始，無窮已也。」即指此制。其文多曰「律石」，或曰「律一斤十二兩」。有作瓜棱形者，底有大泉五十錢文。又有一權，亦作瓜棱形，文曰「官累重斤二兩」。以錢文及形制互證之，殆兩漢或新莽時物也。莽權之紀斤兩，與秦權同。

漢以後權，惟元明尚有存者。其餘不多見（《陶齋吉金錄》所載北周權一，唐權二，皆偽物），或稱之為用較廣，其文字皆在衡上。衡以木製，不能傳久，而無字之權，又不能定其時代，故吾人轉覺材料之少也。

古度量衡三者之考證，以權衡為最難正確。蓋此種實物惟秦新兩朝之權紀有斤兩，尚可較其輕重。其不紀斤兩者，則無從憑藉矣。此外有紀重明文之一切器物，苟非殘損，尚可取資。然金有時而蝕，石有時而泐，年湮代遠，重量即差，只可於依稀仿佛之間，比較其大略而已。

三　錢幣

古者日中為市，致天下之民，聚天下之貨，交易而退，各得其所。其後生產日增，需求亦繁，交易有無，不能相準，於是錢幣興矣。錢幣所以輔財物之不足，自來未有定名。曰貨，曰布，曰幣，沿交易時代物品之名也。曰貝，曰金，以本體之物質名之也。曰刀，曰錢，以所像之形名之也。曰泉，則由錢而同音通假也。宋以來譜錄家多沿新莽之稱，謂有首肩足者曰布，刀形者曰刀，圜者曰泉。清馬昂又以世所稱為蟻鼻錢者曰貝。今皆仍其名稱，分類述之，一曰貝，二曰布，三曰刀，四曰錢，五曰鈔板、銀定，而以錢範附於後焉。

貝　古代文化興於西北，距海甚遠，貝不易得，故在貿易時代，即以為貨物之輔助品。故許慎云，「古者貨貝而寶龜」（《說文》貝字解），而彝器之文又有錫貝若干朋之語也。今所見古代真貝，背上鑿穿或磨平，而與腹下洞穿者，皆是也。雖未能確定其為行用之貨（彝器文之所謂錫貝，恐已非真貝），而要之為貨貝時代之遺制，則可斷言。所以必鑿穿或磨平其背者，以其可以貫系也。只貫於系者謂之朋，猶後世之錢曰緡曰貫也。古彝器文有子荷貝形作𥁕（租癸爵），作𥁕（父乙彝），作𥁕（父丁鼎），作𥁕（父乙盤）者，即古朋字。其「錫貝若干朋」之朋作𦣝、𦣝等形，皆可以見古人系貝之狀。按崔憬《易損》注云，「雙貝曰朋」，《漢書・食貨志》注蘇林曰，「兩貝為朋」，《詩・菁菁者莪》鄭《箋》云，「五貝為朋」。王靜安〈說朋〉云，「古制貝玉皆五枚為一系，合二系為一若一朋」，其說是也。象形朋字所從之𦣝、𦣝、𦣝等形，皆貝字也。

今世傳銅幣，有蟻鼻錢者。其形上狹下廣，背平面凸，上俱有孔，或透或不透。文字約有四五種，俱不易識。宋以來即有此稱，俗又謂之鬼臉錢。馬昂目之為貝，其說良是。蓋其初用真貝，後乃鑄銅為之。自真貝至有文字之銅貝，不知經若干時期矣。

真貝出於近世，前人未有論及者。所出真貝之外，尚有以骨仿製者，略似磨背之真貝，亦有貫系之穿。此類之貝，多為古墓中之物。考其墓之時代，亦有在銅貨盛行之時者，如新鄭發見鄭伯之墓，即與銅器雜陳。知此為殉葬之貝，而非通行之貨。然以貝殉葬，必以貝為可寶，尚不失貨貝時代之遺風。故殉葬者，或以貝或以錢耳。前人考古，偏重文字，故於錢幣之源流，亦自有文字之銅貝始，不知此銅貝以前，亦有其沿革之跡可尋也。

安陽縣西五里之小屯，又出骨製之物，狀作環形，徑三分許，肉好若一，厚薄不等。或謂即骨貝之變形（由兩面皆平中有一穿之骨貝

變橢為圜，則成此形），而為後世圜金之所自仿。雲南以貝代錢，其名謂之肥（《明史》及《通志》作𧹈，《元史》作𧹧，《續通考》云，即《爾雅・釋魚》之蚆），以滇池所產之蚌殼為之，行用之制，以枚計直，一枚曰莊，四莊曰手，四手曰苗，五苗曰索（鄂爾泰《雲南通志》），其狀與此略同。臺灣高山族所用者，其形較小，貫之以緇，度其長短以定直，運肘以代尺度，以由肘至腕之長為一尺，直錢千。使殷虛遺物而果為貨幣者，不知其計直之法當若何矣。

　　用貝始於何時，載籍無徵（《易・繫辭》言「聚天下之貨」，前人有作貨幣解者，是必不然）。《說文・貝部》貝字解云：「古者貨貝而寶龜，周而有泉。至秦廢貝行錢。」許君說解雖詳，亦僅能言其廢止。而於原始之時期，終莫能確定也。

　　布　《周禮》泉府《注》：「鄭司農云，『故書泉或作錢』。」《國語・周語》：「景王二十一年將鑄大錢。」段玉裁《說文注》曰：「《周禮》、《國語》已有錢字，是其來已久。」（金部錢字注）竊以為古本作錢，不作泉。泉字始見於《周禮》，蓋始於王莽，莽之貨幣無不作泉者，前此未之有也。錢本農具，《詩・周頌》所謂「庤乃錢鎛」是也。清代考錢幣者多以為傳世空首布乃仿田器之錢為之，其說甚允。蓋空首布之制作長方形，首為方銎，以安木柄，銎之一面有穿，可以施丁於柄以固之，足如鐘鐸之于。其狀又如鏟，故俗或謂之鏟布。田器之錢所以劚土，當亦作此形。象錢之形即名為錢，猶象刀之形而名為刀也。其後行用既久，取攜不便，乃廢其空首而為平面，缺其鐘于形之足而成雙足。今所謂尖足、圓足、方足者，皆此類也。

　　諸布文字，詭異不能盡識。其可識者，又非皆合六書。意必俗體之字，隨意省減，流行於當時當地，人盡可識也。其所紀者多為地名，或干支數目之字。《貨布文字考》據此定為春秋戰國時物。於是宋以來「上古有幣」之說，不辯自明。或云：「不但上古無幣制，即《管

子》湯禹鑄金之說亦未可盡信。蓋周以前為貿易時代，本無須貨幣，觀《孟子》『以其所有易其所無』之語，知此風直至戰國尚爾。貨幣始於有周而盛於列國，且初行時不過補助貿易之缺，惟都市官府用之，因官府無物可與民間貿易，故製貨以劑之。」

布之行用期在有周之世，至秦始廢之，及於新莽，又復行之。莽事事法周，於幣制亦然。布、刀、錢，皆周制，莽悉效之。其所作貨布及十布，與周布大同而小異，惟形制狹長，首皆有穿，與「 ꜀꜀當十」金布同而差小，知莽亦有所本也。

刀　刀幣之名始見於《管子》，意即太公為周立九府圜法之一，班《志》所謂太公退又行之於齊也。其制象刀形，上有刃，下有柄。柄之瑞有環，全體作偃月形，或磬折形。考其所紀地名及今出土之地，大抵皆齊與燕趙之物。齊刀最大，燕趙次之。今所流傳者，有齊三字、四字、六字刀，有即墨刀，有安陽刀，上皆著貨字，背多有三畫文，顯系一國之制。且出土多在山東及河南東境，是齊地也。其河南及河北所出者，則為燕趙之制，較齊刀為小，文字亦簡略，不著貨字而僅紀地名，有明、邯鄲、柏人等地。

王莽之契刀、錯刀，名雖法古，而形制實與周制不同。蔡雲謂莽未見泉刀，而竊取刀匕之制為之者，是或然歟？

錢　空首布謂之錢，已如上述，然其名後為圜錢所專有。圜錢之制，其初必作環形，內外皆圜。《爾雅》〈釋器〉曰：「肉倍好謂之璧，好倍肉謂之瑗，肉好若一謂之環。」三者同制而異形。知此種制度，為古器物通行之式，錢之仿此宜也。其外圜函方者，乃後來因襲故變之制。今所見環形者，有垣字錢，有長垣一斤錢，有共字錢，有濟陰錢，有半睘錢，有重一兩十二銖錢，有重一兩十四銖錢等數種。皆圜孔，內外無郭。意皆周初之制。《漢書》〈食貨志〉曰：「周景王鑄大錢，文曰『寶貨』，肉好皆有郭。」譜錄家即以傳世之寶貨、寶四貨、

寶六貨當之。其制已為方孔而內外有郭矣。又有內外有郭而孔圓者，文曰西周，曰東周。或定為晚周之制，以為西周者河南，為考王弟桓公受封之地；東周者鞏，為西周惠公少子受封之地。故其錢皆出今之河南。若然，則晚周猶有作環形者矣。

秦始用半兩錢，沿用至漢。漢始用五銖錢，沿用至隋。中經王莽改變漢法，廢五銖錢，更造大泉五十、小泉直一等錢，與刀布並行。後又改作貨泉，與貨布子母相權。後漢建武十六年，夏行五銖錢。至唐武德四年，始廢五銖錢，而行開元通寶錢。自是以後，錢制大略相同，無甚變更。至清末，始改鑄銀圓、銅圓。

錢之文字，或紀其重，或紀其直，或紀地名。若齊刀及東周、西周錢，則著國號。後世既有年號，猶不以之鑄錢。若漢李壽之漢興，赫連氏之大夏真興，宋武帝之孝建四銖，廢帝之景和，北魏孝文帝之太和五銖，孝莊帝之永安五銖，不過稍稍改其舊制，尚不著為定例也。有唐一代，始終鑄開元通寶錢，亦非年號。其間偶以年號鑄錢，亦僅乾封、乾元、大曆、建中等數種。宋雖累朝鑄錢，而宋通、皇宋、聖宋等錢，亦非盡屬年號。自宋以後，則累朝皆鑄年號。且有當時未鑄而後來補鑄者矣。

古之圜法，子母相權，故以小錢為子而以大錢為母。後世財用匱乏之時，往往因襲此制，鑄當十、當百等錢，幾於歷代有之。惟南宋銅牌，其制最奇，面曰「臨安府行用」背曰「準貳伯文省」（張廷濟云，貳伯即壹伯，疑誤）。今所見有貳伯文、三伯文、伍伯文三種。史志失載，僅見於元孔行素《至正直記》中。蓋其時有足陌省陌之別，省陌又各地不同。故創為此制，紀其行用之地而著省字。其制殆同於鈔法也。

鈔板、銀定　古者通行之貨，一皆以錢。雖有以金銀為貨者，非常制也。後世錢法日壞，權以楮幣，楮幣漸弊，權以銀貨。故鈔與銀

皆唐宋以後之制。

唐之飛錢，宋之會子等，其初以省運輸之勞，繼則利用之以濟錢之不足。金元以後，交鈔盛行，鈔為主而錢為輔矣。

飛錢如今之會票，委錢諸司、至所在地合券取錢。其式今不可考。

宋之鈔法，有交子、會子、川引、湖會、關子等名，而板式之流傳者至罕。傳世「一貫背合同」銅印，王靜安考為南宋會子背印。惜其鈔面板式今不可考。近見一鈔板，上圖錢十枚，作兩列，五正五反，錢文左右各作一「×」字。下有文七行，曰「除四川外，許於諸路州縣公私從便主管，並同見錢七百七十陌流傳行使」。其下作負米入倉之圖，並有千斯倉三字。與金元以後鈔式全不相類，決為宋物，以南宋關子、會子、交子等並作七百七十陌也。

金之交鈔銅板，則有三合同十貫大鈔、山東東路十貫大鈔、貞祐五貫寶券、興定寶泉二貫及二貫鈔背等。其文字形式，徵之史志，可以訂誤補缺之處甚多。

元鈔板傳世較少。近年新出至元二貫寶鈔銅板，文字清晰。式與金鈔小有異同。其鈔之存於今者，有中統元寶二貫交鈔，出新疆吐魯番（見《新疆訪古錄》）；至元一百文、三十文寶鈔各一，出甘肅。

《四朝鈔幣圖錄》取金元銅板，合以元、明、清楮鈔，凡十七種，摹印精善，考證亦有可取者。傳世鈔幣略備於此矣。

銀定之傳世者，驗其文字，亦多為宋、金、元、明之物。宋金謂之銀定，元至元以後謂之元寶。其形與今之元寶微異。大者重五十兩，與今同。宋有達州大禮銀、潭州大禮銀二種。達州銀未見拓本，僅存其文於莫友芝文集中。傳世潭州銀，重各五十兩，並有年號。金元以後多無年號，惟載庫子、銀匠等名，或紀某路等地名。近巨鹿宋故城中出銀定數枚，亦無年號，是宋之銀定亦不盡有年號也。

又有黃金有文字者，出安徽壽縣。亦有出山東者。皆晚周列國時物。共文為方印，有▨、▨二種。或止一印，或數印相連。宋沈括《夢溪筆談》謂之印子金。吳大澂定名為金，考為金幣之一種。然是否當時通行之貨，則未可知也。

錢範　冶鑄器物必有範，錢幣亦然。張廷濟、鮑康、翁樹培等考訂錢範之制，言之詳矣。昔皆統名之曰範，其實宜別為範與範母二種。陰文反書者範也，陽文正書者範母也。

範有銅，有鐵，有沙土，有滑石；範母則多以銅或土為之。土範母為銅鐵石諸範之所自出，範成而母無所用之，若本始、元康、神爵等五銖及新莽契刀諸範母是也。銅範母用以模臘合土而成範，以範鑄錢。錢成而範毀，則更以銅範母作之。故銅範母之所容，自一二枚至七八枚，無甚大者（半兩圓範母容錢二十有九，則以錢小故耳），其鑄成之錢亦最精，若齊刀、莽刀、莽泉及建武五銖諸範母是也。

範之形制，各錢駢列，中設總流，旁設支流，皆與各錢相聯。以面背二範合之，而灌注銅汁於其中。鑄成出之，翦去支流之銅，而錢成矣。今之所謂聯布者，出範後未翦者也。圜錢之輪郭欹斜、文字。錯亂者，面背二範有移動也。列國之布，燕趙之刀，文字奇異，類別最夥，幾於無一同範者。鮑康云，「工人就沙土上以意刻字，旋刻旋鑄亦旋棄，故參差弗齊」，是或然也。

今傳世者，範則有空首布、圓肩方足布、方足布、尖足布、齊三字刀、寶六貨、半兩、五銖及莽泉、莽布等，範母則有齊三字刀、寶四貨、寶六貨、半兩、五銖及莽之泉、刀、布等，皆見於《古泉匯》、《古器物範圖錄》二書。而後世錢範轉無傳者，是亦一疑問。翁樹培以為唐宋以後不用此範制，殆近之矣。

四　符璽

鄭玄《周禮・掌節》注曰：「符節者，如今宮中諸官詔符也。璽節者，今之印章也。旌節，今使者所擁節是也。」三者皆執以為信之物。其中惟使者節無實物可證，僅漢武氏祠石刻畫像中圖其形制，與《後漢書・光武帝紀》李賢《注》之說相同。今就符興璽印分別述之。符之後附以牌券，璽印之後附以封泥，從其類也。

　　符　符為判合之器，《說文》所謂「分而相合」者也。其書之法蓋有二種。一曰質劑，鄭玄云，「兩書一札，同而別之，若今下手書」（《周禮》〈小宰〉及〈司市〉注）是也。一曰傳別，鄭玄云，「為大手書於一札中字別之」（《周禮・小宰》注）是也。古多以竹木為之，惟發兵之符始用銅。

　　《史記・文帝紀》，「二年九月初與郡國守相（《漢書》無國、相二字），為銅虎符，竹使符」，故向之考虎符者。必曰始自漢文帝。近出銅虎符二，長今尺三寸許，文皆篆書金錯。其一為左符，文曰：「甲兵之符，右在王，左在新郪。凡興士被甲用兵五十人以上，必會王符，乃敢行之。燔燧事，雖母會符，行殹。」文劑之制。陽陵符先出，王靜安孜證甚詳，定為始皇初並天下文字未同一以前所作。新郪符晚出，以陽陵符證之，亦為秦制（「甲兵之符」及左、右、在等字皆同。以「殹」為「也」，亦見於秦權），猶在未稱帝以前（新郪本魏地，此符當作於二十二年滅魏之後。）是虎符之興，在秦以前，特漢初未遑製作，至文帝始為之耳。後漢建武初，亦但以璽書發兵，因杜詩之奏始作虎符。兩漢事實正相同也。會符發兵之制，人多莫能詳之，賴有新郪一符，尚可考見秦之兵制。又可知甲兵之符，非紀甲乙之數，乃被甲用兵之謂也。

　　其前於此者，尚有鷹符二，虎符一。鷹符面為鷹形，背有牝牡
筍，曲其頸以為鈕，似可以佩者。其一文在周緣，其一文在背上，皆
古文，不盡可識。虎符為右半，形制大小與秦虎符相類，亦為質劑之
制。文二行，行三字，曰「齊節夫二□五□」。字狹而長，類齊鐘鼎
文。以鷹形為符，於經史無徵。《詩・大雅》，「時維鷹揚」，《傳》云，
「如鷹之飛揚」，後世官號亦有鷹揚將軍。其取義殆與虎同，皆喻其猛
鷙也。

　　凡周秦之符，知鷹符、齊虎符、秦新郪符，中皆有穿，可以貫筍
（新郪符之穿，適當必、燧、事三字之間，故此三字筆劃不完。意必錯
於筍端，合而貫之，其字乃完耳。陽陵符膠固不能剖，或亦有穿）。且
文字為質劑之式，左右完具，煞作半別者。

　　漢初虎符猶沿秦制。今傳世列侯符二，各長今尺三寸五分，一曰
「與臨袁侯為虎符第二」，一曰「與安國侯為虎符第三」。皆篆書，二
行並列，不著左右字，猶是質劑之式。其餘郡守虎符，則皆為傅別之
式，背文一行，曰「與△△太守為虎符」。剖之則左右各得半字。肋間
四字，曰「△△左（或右）幾」。則應劭所謂第一至第五也。其字並篆
書。形制大小分二類，甲類長今尺一寸八分，乙類長二寸三分。以南
郡守、長沙太守二符證之（景帝中二年始更郡守曰守。則南郡守可確
定為西漢，其制乃甲類。長沙於西漢為景帝子發封國，於東漢為郡。
若以為在景帝前，又不應稱太守，則此符可確定為東漢，其制則為乙
類）。則甲類當屬西漢，乙類當屬東漢。符陰之筍，前後各一，或圓或
方，大抵左牝右牡。亦間有符陰中空，而於其邊際作三角形之筍三，
上二下一，左牝右牡以相契合者。

　　新莽虎符，長今尺三寸六分。背文與字上有新字，郡名下著縣
名，太守為「連率」，曰「新與△△△△連率為虎符」。肋文五字，曰
「△△郡左（或右）幾」，並篆書。其符陰中空，邊際有三角形之筍

五，上三下二，左牡右牝。

晉虎符較東漢略短，昂首凸胸。通體有虎皮紋，不能容字，故於背縫凸起一行，寬二分，左右各半，以刻背文，肋間之字則移於胸前或符陰。背文與字上有晉字，「為虎符」下有第幾二字。丞邑男、驪男、始平男三符，字在胸前，曰「△△男左（或右）幾」。上黨太守左右二符，字在符陰二筍之間，並篆書。其符陰之筍，男符作長方形，其長幾與符陰等，左牡右牝，太守符則前後各一，亦左牡右牝。

又有宋高平太守右符，及涼酒泉太守左符，制與晉同，而文字又小異。與字上多詔字，詔上有大宋或大涼二字，易為字為銅字，符字下亦有第幾二字。胸前各刻△△太守四字，符陰牝牡筍各居其半。左符牡在前，牝在後，右符反是。牡筍上各刻左或右字，是殆沿晉制而略變者。其字體為篆書而略兼隸勢。又有河間太守符，與前二符同而略小，大字下一字不可辨，亦晉以後之制。

山西新出虎符八，左右皆具，首略昂起而不如晉符之甚，較晉符亦略大，長今尺三寸二分，通體刻虎皮紋，背縫亦凸起一行，符陰牝牡筍各半，與東晉以後之制同。刻文凡三處，一背縫，二胸前，三腹下，皆為隸書。凡太守符三，護軍符五，背文曰，「皇帝與△△太守（或護軍）銅虎符第幾」，胸前文曰「△△太守（或護軍）」，腹下文曰「銅虎符左（或右）」。其腹下刻字，尤為歷代所未有，其為晉以後之制可無疑義。

隋虎符又與秦漢以來之制不同，易伏形為立形，首足尾皆翹出，長二寸二分。背文七字，曰「△△衛銅虎符幾」。肋文三字，曰「△△府」。並篆書。符陰頸胸之間三字，曰「△△衛」。腹間三字，曰「△△（府名）幾」。並正書，不著左右字。筍在胸與腹之間，作十字形，左牡右牝。其數第一至第五，則猶仍漢制也。

秦符、新莽符，皆金錯。漢符銀錯，晉男符亦銀錯，太守符乃鑿

款，東晉以後則皆鑿款。又自東晉以後以至於隋，皆曰銅虎符。其曰「大△△（國號）詔與△△太守銅虎符」者，謂以詔書給予銅虎符於太守也，與漢晉符「與△△太守為虎符」之與字異義。

符之制至唐而大變。《唐書‧車服志》：「高祖班銀菟符，其後改為銅魚符。畿內則左三右一，畿外則左五右一，左者進內，右者在外。用始第一，周而復始。」匪特左右內外之制異，即左右之數亦各自不同。武后之時，改魚為龜。中宗初，又復為魚。蓋高祖避祖諱，故廢虎符之制也。今所見魚符之有紀數者，如右清道率府第二、右武衛和川府第三、右領軍衛道渠府第五、溧州第四、新換蜀州第四、新鑄福州第三，皆為左符。其九仙門外右神策軍，則為右符，不紀數，是即右一在外者也。其太子少詹事及朗州傅佩等符，則為隨身符，所謂不刻姓名傳而佩之也。其嘉德門內巡、凝霄門外左交、廷政門外左交等符，則宮殿門城門所給之交魚符、巡魚符也。武周之龜符，上下相合。今傳世者有六，皆為上甲。不知其內外判別之制如何。其中紀數者二，曰「鷹揚衛金城府第四」，曰「雲麾將軍行左鷹揚衛翊府中郎將員外置阿伏師奚繼大利發第一」，必皆進內者。宸豫門開門、閉門二符，即〈車服志〉所謂左廂右廂給開門符也。惟閉門亦用符，則不見於史志。〈志〉言隨身符刻姓名者去官納之，不刻者傳佩相付。今傳世魚符，未見刻姓名者。龜符則有阿伏師奚繼大利發及索葛達干檜賀二符，皆為諸夷蕃將姓名。意其時諸夷蕃將之宿衛者，固無不刻姓名也。魚符龜符，字皆刻於符陰。上端有一同字，或牝或牡。側刻合同二半字。首皆有穿，可以繫佩。故唐以來符與牌無別。後世或皆謂之牌。

宋之銅兵符，陝西五路，每路各給一至二十，更換給用。其制仿「木魚契」之形以為之，是仍為魚符。南宋初，改鑄虎符，刻篆而中分之。左契給諸路，右契藏之。今皆未見傳世。所見有銅牛符，而不見

於史志，文曰「癸丑寶祐春鑄」，是亦向待考訂者也。又有一銅牌，作鐘形。正面上刻皇祐元年四字，下一勑字。陰面上曰資政殿，下曰臣范仲淹。字皆衡刻。是殆刻姓名之隨身符，沿唐制也。

又有玉麟符左右各一，其制略如虎符。符陰前後二筍，左牡右牝。右符底刻第二二字，陰刻一木字。左符底刻第三二字，陰刻一水字。皆正書。按《文獻通考・王禮十》曰：「隋煬帝幸遼東，命衛玄為京師留守，樊子蓋為東都留守，俱賜玉麟符以代銅獸。」《唐六典》曰：「傳符之制，京都留守曰麟符。」意此乃隋唐之物也。

　　牌　宋以後兵符不傳，所傳皆佩牌。遼有盧龍縣界、文德縣界二銅牌。其形如錢，背刻姓名。此與宋劉光世之招納信寶錢同為出境之憑證。乃其時習俗相沿之制度，非錢幣也。西夏銅牌，或圓或橢，面背皆有文，與《感通塔碑》文字相同。金有魚符，制與唐符同。符陰同字下刻女真字一行，首尾皆有穿，則與唐略異。奉御從人銅牌，錢大昕定為金時物。又有荊王從人銅牌，其制相同，皆一時之制。元有虎頭銅牌，制狹而長。上刻虎頭，下有蒙古字一行。正靜安云，「此即《元史》所謂虎符者也」。明之符牌，傳世最夥，多為銅或牙製者。惟萬國珍及皇浦玉寶二牌，則為木製。牙牌為官長所佩，銅牌則為夜巡及官軍勇士等所佩。所以重門禁，慎出納，亦即隨身符也。

　　券　古之功臣，多賜符券。漢高祖與功臣剖符作誓，後世鑄之以鐵，謂之鐵券。其存於今者，唯唐昭宗賜彭城郡王錢鏐，及明英宗賜修武伯沈清二券而已。明券即仿唐券之式，共制如瓦，以鐵為之，詔書則以金錯之，左右各一，左頒功臣，右藏內府，有故則合之以取信。此亦質劑之制也。

　　璽印　古之璽印所以封檢。《釋名・釋書契》云：「璽，徙也，封物使可轉徙而不可發也。印，信也，所以封物為信驗也。亦言因也，封物相因付也。」秦以前無尊卑貴賤皆得稱璽（《說文・土部》：「璽，

王者印也，所以主土。从土，爾聲。籀文从玉。」今傳世古銅印，璽字多从金，从亽。意鑄金則字从金，刻玉則字从玉，以其印於土則字从土。許君主土之說，蓋依漢制而臆解，非璽之本義矣）。秦以後則天子稱璽、臣下稱印。唐以後璽又謂之寶，漢以後印或稱章，唐以後或稱記（又曰朱記），明清以來或稱關防，各隨官制而異。其通稱則皆謂之印。

封檢之制，後世久廢，人多莫能詳之。段玉裁注《說文》，至謂「周人用璽書，印章必施於帛而下可施於竹木。」（土部墨字注）不知古人封檢用泥，正適用於竹木也。近百年來封泥出土，劉喜海為定其名稱，世遂知有其物。然於用之法，尚未之詳考也。王靜安著《簡牘檢署考》，匯集舊說，證以實物，求得其制度形式，於是書契璽印之為用始明。蓋古之簡牘，上必施檢，然後約之以繩，填之以泥，按之以印。其或盛於囊者，則更約繩封印於囊外。其制蓋如今之火漆，故可封物也。自簡牘易為楮帛，而封泥之制始變而為濡朱。漢以後紙雖盛行，而官私文書猶兼用簡牘，至南北朝之終而始全廢。故自周秦至六朝，官私璽印大抵皆方寸。隋唐以後制乃漸大（唐房玄齡等議封禪之制，至請更造璽一枚，方寸二分，以封玉牒）。至於後世，幾以印之大小，別官之尊卑。蓋其用不同，而形制亦隨之而變矣。

今據傳世之物，考其形制之沿革，可分為三時期：一先秦，二秦漢至南北朝，三隋唐以來至於近世。

衛宏《漢舊儀》曰：「秦以前民皆佩綬，金玉、銀銅、犀象為方寸璽，各服所好。」（《續漢志補注》引）今所見先秦官私璽印，正如衛宏所言，但以銅製者為最多耳。其文字增省改變，與鐘鼎彝器不盡同，可識者不過十之四五。〈說文敘〉曰：「秦書八體，……五曰摹印。」豈知印文別自為體，不自秦始也。其文多著字，無作印者，尤為尊卑稱璽之明證。陰文者四緣多有闌，陽文者字細而邊寬。官印多陰

文，其方約當今尺七八分，蓋即古之方寸。亦有當今尺寸餘者，意非常制。官名可識者，有司徒、司馬、司工、司成、司祿之屬。君號之印，字尤詭異，又非盡屬地名。蓋晚周列國之臣屬，封授頻繁，《國策》《史記》諸書所載，脫略者多，其人其國，今多無可考矣。私印則陽文多於陰文，大者或同於官印，小者或僅當今尺三分許。其細字寬邊之陽文印，昔人目為秦印，以文字例之，殆昔周時物也。此類古文之官私璽印，不特大小無定，即形式亦甚繁。方形之外，有圓者，長方者，上方下圓者，折矩形者，其分歧甚於秦漢。蓋第一時期本無定制，惟其所好耳。

秦漢以降，始整齊畫一。官私印皆當今尺七八分，歷魏晉而不改。觀於著時代之漢魏晉「蠻夷印」可知矣。至南北朝而其制微異。其大小當今尺寸許者，即北齊制所謂方寸二分也（見《隋書‧禮儀志》六）。前人譜錄，概目之為漢印，然其字體隨意屈曲，或筆劃不完，正如南北朝之碑額，實與漢篆不同。今以其形制與秦漢無甚區別，仍屬之第二時期。此時期之官印，方者之外，有所謂「半通印」者，形作長方，適當方印之半，其名見於揚子《法言》（十二）及仲長統《昌言》〈損益篇〉。李賢《後漢書注》引《十三州志》曰，「有秩嗇夫，得假半章印」。蓋半通或半章，乃微官之制也。私印有兩面刻姓名中穿革帶者，謂之穿帶印。有大小相銜者，謂之子母印，形制較官印為複雜。其材則官印多以銅製，私印間有銀與玉者。其印文多出於冶鑄，亦間有刻者。惟軍中官印則多鑿文，以急於封拜，不及冶鑄也。御史、將軍、太守等印，其文多曰章。按衛宏《漢舊儀》有「丞相、大將軍、御史大夫、匈奴單于、二千石印文皆曰章」之語。清瞿中溶《集古官印考》云：「當時並不以印與章為尊卑之別，特以御史、將軍、都尉、太守等有風憲兵權之任，故改印曰章。」竊以為章者當用之於章奏，猶今人用於圖書，遂名印曰圖書也。又有印章二字聯文者，多為五字

印。《漢書・郊祀志》：「以正月為歲首，而色上黃，官更印章以五字，因為太初元年。」〈武帝紀〉注：「張晏曰，『漢據土德，土數五，故用五，謂印文也。若丞相曰丞相之印章，諸卿及守相文不足五字者，以「之」字足之』。」蓋之字、印字皆所以足五字之數也。五字印大率自太初以逮新莽，因莽之官號，五字之印為多。其餘仍多四字者。

古之印必有綬，故其上皆鑄鈕，所以繫於綬而佩之。鈕之制歷代不同，第一時期，多為壇鈕、覆斗鈕。第二時期，則壇鈕、覆斗鈕之外，有鼻鈕、橐駝鈕、龜鈕及虎豹辟邪之屬。大抵宮印有定制，私印則各出己意以為之，故奇特者尤多。

南北朝以來漸改古制，變小為大。北齊傳國璽方且四寸。「督攝萬機」木印，長尺二寸，廣二寸五分（見《隋書・禮儀志》），尤為古今所僅有。然常印猶皆方寸或寸二分耳。至於隋唐，其變小為大之制始定。由隋以迄於宋，多當今尺寸八分。金元以降又較大，明清之世，有方三四寸者。印大則不可佩，隋唐宋雖有金紫、銀青諸號，已非印綬之稱。故其印無鈕而有柄，長約一寸，居印背之中。明以來柄又漸長，約當一握。其印背多刻年月及掌鑄之官，亦有刻於側者。元明並刻字號，其防範之術又加密矣。此時期之印，皆為陽文，篆書多謬誤。隋唐印之邊，與文之粗細相等。宋印間有寬邊者，印文蟠屈略繁。金元印寬邊者多，篆文之蟠屈亦更整齊。明清印則盡屬寬邊者矣。

封泥　此三時期中，惟第三時期者皆濡朱而印於紙（朱印之事明見於史籍者，始自北朝），今所傳書牒之類，其上往往有之。其第一第二時期，則印於封泥（今所見封泥，漢魏為多），向惟見於記載，而今有其物。其制為土凷，面有印文，背有版痕及繩跡。其色或青或紫。其形或為正方，或為不規則之圓形。蓋簡牘之上，或有印齒，其填於印齒中者，則為正方。其施於囊或無印齒之簡牘者，則為圓形。《呂氏春秋・離俗覽》曰：「故民之於上也，若璽之於塗也，抑之以方則方，

抑之以圓則圓。」《淮南子・齊俗訓》曰：「若璽之抑埴，正與之正，傾與之傾。」塗也，埴也，皆泥也。古人所謂一丸泥者（《列仙傳》云：「以方回印封其戶。時人言得方回一丸泥，門戶不可開。」《後漢書・隗囂傳》，王元說囂請以一丸泥東封函谷關），即指此也。天子詔書用紫，常人用青，封禪之玉檢，則用水銀和金為之，謂之「金泥」。王靜安謂一切黏土皆可用，其說良是。

官號地名見於印章者，不若見於封泥者之多。蓋傳世印章，半皆軍中之官。而封泥則中外官職皆有之，顧獨少武職。宋沈括謂「古之佩章，罷免遷死，皆上印綬，得以印綬葬者極稀。土中所得，多是歿於行陣者」（《夢溪筆談》十九）。斯言頗得其實。故考古之官制地理者，宜取資於印章。而封泥上之印文，其裨益實較印章為尤多焉。

五　服御器

吉金之器流傳於今者，殷周之世，禮器為多，秦漢以後，則服御之器為多。其範圍至廣，類別尤繁。鼎、鍑、鐘、鈁、鋗、洗之屬，已附見於禮器條下，不復贅述。今約舉其最著者分記如下，一、鏡，二、鉤，三、鐙、錠，四、鐎斗、尉斗，五、薰鑪，六、帳構，七、筦鑰，八、渾儀、刻漏，九、車馬飾。其他殘器零飾，或闕其名，或昧其用，尚有待於考訂者，不能備舉也。

鏡　古者以銅為鑒，不知始自何時。《周禮・考工記》言，「金錫半謂之鑒燧之齊」並言其製造之法。今傳世之鏡，以漢為最早，未見有周秦者。其著年號則始自新莽，未見有西漢紀元者。鏡背多有韻文，大抵皆吉語箴銘，或四言為句，或七言為句。銘辭之首，或冠以作鏡者之姓氏，其紀年月者不過什一而已。其制多為圓形，唐以後有六出八出作菱花形者，大或徑尺，小或二三寸。大者面平，小者微凸

（沈括《夢溪筆談》曰：「鑒大則平，鑒小則凸。……量鑒大小，增損高下，常令人面與鑒大小相若」），背鏤花紋，中設一鈕。花紋分內外層，或為花草，或為鳥獸，或為神怪，狀至奇瑰，多者六七層，少者二三層。銘辭即環列於內外層之間，或一周，或二周。亦有環列方印，每印一字或四字者。其無文字者，上多飾以獅子、天馬、葡萄等形。意秦以前之鏡，必甚樸素，其制今已不傳。其傳世者，皆西域之製作，自漢武通西域以後傳至小土者，故以西域名產飾之，以志其所從來。其後讖緯之學興，而其飾乃多神話。漢迄六朝，其字皆為分隸，唐以後則多楷書。唐、宋、金、元之世，銅禁甚嚴，鑄器以鉛錫鐵代之。唯鏡則仍以銅製（《博古圖》載鐵鏡二十有三，魏武帝《上雜物疏》有金錯銀錯鐵鏡。今傳世者，銅製者多，鐵鏡不過百分之一耳）。今所見有宋湖州鑄監局造鏡（乾道八年）。金陝西東路運司官造鏡（承安三年或四年）。皆出自官鑄者。民間所造，以湖州府為多。

　　漢鏡之紀日者，多曰五月丙午。按《論衡・率性篇》曰：「陽遂取火於天，五月丙午日中之時，消鍊五石，鑄以為器。」蓋漢人信讖緯五行之說，取火德最盛之月日，以鑄取火之具。但其他銅器，如鉤，如刀，亦有用此月日者，不僅陽遂為然。然盡有是年五月並無丙午日而曰丙午者，或五月以前改元，而猶稱前元綴以五月丙午者。知當時造作，不必真用是月是日，不過習俗相沿，徒成具文而已。

　　鏡久用則黯，必待磨治之而後可復用，故古有磨鏡之業。《淮南子・修務訓》曰：「明鏡之始下型，曚然未見形容，及其挖以玄錫，磨以白，則鬢眉微毛可得而察。」（據王念孫《讀書雜誌》訂）今出土古鏡，尚有瑩潔完好者。殆皆經玄錫之挖、白旃之磨者也。

　　至其製作之妙，則有所謂夾鏡者，以指扣之，中空有聲。有所謂水浮鏡者，脫去滓穢，輕清如蛻（夾鏡、水浮鏡之名見《博古圖》）有所謂透光鏡者，向日照之，背文之影悉現於素壁。凡此工作之精巧，

物理之微妙，今雖失傳，要皆有研究之價值存焉。

　　鏡範傳世甚少。自張廷濟輩研求古器之製作，於是始見著錄。《古器物範圖錄》載拓本七事，一端皆有流。乃知鑄鏡之法，實與鑄錢無異，又鑄鏡之銅迥殊他器，質脆而易碎，碎處色白如銀，似錫多而銅少。知《考工記》所謂金錫半者，至後世而又有增損矣。

　　鉤　鉤者，古革帶之飾，管仲射齊桓公中帶鉤是也。胡語謂之師比，趙武靈王賜周紹胡服衣冠、貝帶、黃金師比是也。其字或作胥紕（《史記·匈奴列傳》），或作犀毗（《漢書·匈奴傳》及班固《與竇憲箋》），或作鮮卑（《東觀漢記》），皆師比一音之轉耳。今傳世者，多秦漢以後物。其制一端曲首，背有圓柱。有純素者，有雕鏤者，多塗以金。其雕鏤作獸首及魚鳥之形，或以金銀錯之。刻辭有云。「口容珠，手抱魚」（《長安獲古編》丙午神鉤，《陶齋吉金續錄》袖珍奇鉤，並有此銘），即狀其所飾之形，不知是何取義。文字或作吉祥語，或紀年月日，或為官號，或為姓名。有刻於面者，有刻於背者，有刻於柱底者。柱底之文，可代印章，故往往多反文。《積古齋鐘鼎彝器款識》之丙午鉤，下有張師信印四字（其在背或在柱底則未詳），明著印字，尤可證也。又有中剖為二，左右各半者，字在裡側，或陰款，或陽識。阮元謂合之以當符契，是或然也。有以玉製者，其制亦相類。

　　其尺寸之大小尤多殊異。尋常所見者，大率當今尺三四寸，或短至徑寸，皆為革帶之鉤。其長至徑尺者多無文字，腰圍所不能繫，意蓋鞍飾（《御覽》服章部引《吳錄》曰「鉤絡者，鞍飾革帶也，世名為鉤絡帶」。《類聚》及《書鈔》衣冠部所引則無鞍飾二字）。嘗見一大鉤，有一玉環膠固於其端。或云是僧徒袈裟所用者，其說似頗近之。

　　鐙、錠　鐙錠之制，上有盤，中有柱，下有底。其或著柄於盤而承以三足者，則謂之行鐙，即今之手照也。盤所以盛膏，中或有錐，則所以承炷，古所謂膏燭也。

其名之見於各器者，或曰鐙，或曰錠，或曰釘，或曰燭定，或曰燭豆，或曰燭盤，實一物而異名。鐙、錠、釘、定，蓋即一字，《廣韻》（錠字注）、《聲類》（玄應《一切經音義》七引）所謂「有足曰鐙，無足曰錠」（《廣韻》「有足」上有豆字），殆不盡然。《說文》，鐙、錠並收，而互相為訓，不言有足無足之別，明即一物也。鐙，本豆下之跗，《記・祭統》曰：「夫人薦豆執校，執醴授之執鐙。」《注》云：「鐙，豆下跗也。」就形制言之，漢以來膏燭之鐙，正如商周祭器之豆。故《廣韻》以豆解鐙錠，而土軍侯燭豆即以豆名其器也。

今傳世諸器，多為尚方所造，刻造作人之姓名及其歲月，著宮室之名與器用之數。或紀重量，或詳尺度，或載容量。其頒賜外戚家者，則增刻賜予之歲月，及受賜之人。有所謂雁足鐙者，柱作雁足形，盤中空，下有底。有所謂鹿盧鐙者，器橢圓，蓋作兩截，後半著於器，前半有鹿盧，可以開合。開之則其蓋上仰，中有一錐，以為燭盤。《博古圖》所載又有虹燭錠，器圓而斂口，下有三足，上有兩管，銘曰「王氏銅虹燭錠」。此乃承燭盤之座，而非所以然膏者。《西清古鑒》載一全器，上有覆，中有盤，下有座。覆有二管下垂，與座之管相銜接。覆與盤之間，又有屏蔽二，如門戶然，可以轉移。蓋施於燭後，使其光反射者，其制益精巧矣。

鐎斗、尉斗　鐎斗，溫器也。三足有柄，所以煮物。無足者謂之尉斗。熱炭於斗中，以尉繒帛。用各不同，視其足之有無以為別。前人概名之曰鐎斗，實未當也。《笑林》曰：「太原人夜失火，欲出銅槍，誤出尉斗。便大驚怪曰：『火未至，槍已被燒失腳』。」（《書鈔》服飾部引）是尉斗實無足，而有足者謂之鐎斗。槍又鐎斗之別名，槍即鐺也。用之於軍中者，則謂之刁斗。《廣韻》以刁斗釋鐎，孟康以鐎器釋刁斗（《史記・李廣傳》集解）。二者之容量皆受一斗（建始鐎斗銘曰「容一斗」；孟康刁斗注亦曰「受一斗」），實同物而異名也。

其明著器名者，則有漢建始鐎斗，魏太和尉斗，皆紀造作之歲月及其重量等（漢鐎斗紀容量，魏尉斗紀號數），或刻於唇，或刻於柄。太和尉斗有蓋有架，其架謂之尉人。尉人之名，）僅見於《東宮舊事》（《書鈔》服飾部引）。證以此銘，始悟其用與其形制。尋常尉斗，則多鑄錢文及魚形於其腹內。

薰爐 薰爐，薰香之器也。《說文・金部》：「爐，方爐。」「鏍，圓爐。」今器之自載其名曰薰爐者，多為圓器，如豆狀，上行蓋，下有盤。蓋多作為山巒草木之狀，而有孔可以出煙，故又謂之博山爐。意蓺香於其中，覆之以籠，以薰衣被者。籠蓋以竹為之，所謂薰籠是也。

帳構 古之帳如覆斗，支之以架，其架謂之帳構，以竹木為之。交錯接筍之處，則以銅聯之，名曰帳構銅。其狀如箭，中空，以貫竹木。首方而有筍，或旁出歧枝。其銘必備載帳之尺寸及銅構之部位，如上、下、左、右、邊構、廣構等名稱（《攗古錄目》所載帳構三，一曰上廣構銅，一曰上邊構銅，一曰下構銅）。濰縣陳氏所藏一器（陳誤為車飾）有「前右上廣」等字。綜其所紀之尺寸觀之，長皆一丈，廣皆六尺，高或八尺五寸（高度惟《寧壽鑒古》所錄一器有之），則所謂覆斗形者，不難想像得之。

筅鑰 筅鑰之屬，傳世極少。曾見一器，首屈如鉤，其柄節節相銜，可以伸縮。上有「離庫籥重二斤一兩名百一」等字，形制與今迥殊。其用若何，尤不可解。使其器無文字，幾不能知其為庫籥。無棣吳氏舊藏一器，形制與此同。有篆書五字，曰「廿一年寺二」（見《攗古錄》），吳氏不能定其名，惜不及見此器也。日本正倉院有唐鎖，其制略同今制。近年洛陽時有出土，有銀者，有銅者，唯較正倉院者為小耳。

又有前人所謂藕心錢者，外有長方形之銅器函之。其上多作獨角獸形，或有完字及千金氏等字，亦有有年號者，曰「都昌侯元延四年

王政。」疑皆筦鑰類也。

渾儀、刻漏　渾儀者，測天之器也，〈虞書〉曰：「在璿璣玉衡以齊七政。」馬融注云：「璿，美玉也。璣，渾天儀。」（《史記・天官書》索隱引）是古之璿璣玉衡，即後世之渾天儀，故《尚書・文耀鉤》曰，「唐堯即位，羲和立渾儀」也（《御覽》天部引）。刻漏者，測時之器也。孔壺為漏，浮箭為刻，下漏數刻，以紀晝夜昏明之數。自秦漢以來，測候之器代有作者。然今中央觀象臺所存之儀器，率皆宋元以來之制，前此無聞焉。一九〇〇年（清光緒二十六年）庚子之役，八國聯軍侵犯我京師，法德二國平分欽天監天文儀器。法國盜取簡儀、赤道經緯儀、黃道經緯儀、象限儀、地平經緯儀五器，運至使館，越二年而歸還。德國劫去渾儀、天體儀、地平經儀、紀限儀、璣衡撫辰儀五器，運載歸國。越二十一年，依據凡爾塞和約而始退還。今就存器略記其時代、至形制及用法，則具詳於《天文儀器志略》中。

渾儀為明正統間所造，其制實仿宋皇祐時之物而成。

簡儀為元郭守敬所創造，其器實合地平經緯儀、赤道經緯儀及日晷三器而為一器，故名曰簡儀。原器於清康熙時作廢銅充用，今器乃明正統間仿造者。

天體儀、赤道經緯儀、黃道經緯儀、地平經儀、象限儀、紀限儀六器，為清康熙十二年用南懷仁之說所造者。其上皆有「康熙癸丑歲（十二年）日躔壽星之次治理曆法臣南懷仁立法」等字。

璣衡撫辰儀為清乾隆九年所造。上有漢文滿文各一行。漢文十二字，曰「御製璣衡撫辰儀乾隆甲子（九年）造」。

地平經緯儀乃合地平經儀與象限儀而為一器。《儀象考成》云，「康熙五十二年，命監臣西洋人紀利安制地平經緯儀」，《清會典》云，「地平經緯儀，康熙五十四年制」，而一九〇〇年《司密遜學會報告書》謂系法王路易第十四贈與中國者。《天文儀器志略》云：「間嘗細為檢

閱，有與舊器不同者數事：一，表尺別用黃銅製就，嵌入儀面，非如
舊儀之就儀面摹刻；二，數目字皆用阿拉伯號碼，不用漢字；三，立
柱橫儀梁身皆未用游雲升龍為飾；四，儀柱或弧背上未刻製造年代與
製造者姓名。」以是種種，則《報告書》所言或屬可信。

　　圭表為測日景之具。明正統間製，清乾隆九年重修之。此外尚有
漢日晷，為玉製之方盤。面作平圓，周以界線。每線刻篆書記數，自
一至六十九，中有圓孔，所以植表。舊為端方所藏，見《陶齋藏石
記》。明湯若望所製日晷二，一大一小，並崇禎年製。

　　漏壺有二，一大一小，小者系趙宋時製，為元齊政樓故物。大者
為明製。庚子之役，器皆散失，各存一壺。

　　元延祐五年宣慰司陳用和所造漏壺，今在廣東（舊在省城雙門
底，今移置海珠公園）。其器凡四壺，層累置之。第一壺高六尺餘，其
餘以次遞減一尺。時辰籌植立於第四壺中，銅尺衡於壺面，遇其時則
字浮尺間。故宮博物院交泰殿中有一具，清乾隆時所造。浙江舊有三
器：一在嘉興，宋景定五年鑄；一在奉化，元至治二年置；一在上
虞，至正二十五年鑄。器皆久燬，並文字亦屬僅存矣（拓本見《兩浙
佚金佚石集存》）。

　　車馬飾　《考工記》於車工之事，言之特詳。自戴震、阮元、程
瑤田諸家考訂章句，繪圖立說，而後其制度尺寸，始有定解。然附屬
金飾，瑣屑難詳，或存其名而不能見其物，或有其物而不能正其名，
考證之事，正待來茲。顧制度變遷。三代各異。秦漢以降，形制更
殊，出土諸器，率皆零落不完，且多有花紋而無文字，或並花紋而無
之。於此而欲稽其時代，究其用途，尤非易事。近孟津發見古墓，中
有彝器及車飾甚夥，以彝器之文字定之，當為周代之物。彝器皆已散
失，車飾則由北京大學研究所購得數百件，位置不詳，殊難整理，所
謂皮之不存、毛將焉附也。今先就流傳諸物之可確定者約略舉之，車

飾如軎、轄、和鸞之屬，馬飾如銜勒之屬，前人審定，已無疑義。他若葆調、斿飾，或施於蓋，或施於旗，要皆鹵簿儀仗之屬，因亦連類及之。

軎者，車軸頭也。傳世一器，其形如筩，空其一端，本大末小，本圜而末為八棱。其本及近本之處各有界線隆起以周匝之。二界線之間有穿，兩面相對。其端有文五字，曰「孋妊作安車」。此蓋冒於軸頭而施轄於穿中者。《史記・田單列傳》：「令其宗人盡斷其車軸末，而傅鐵籠。」《索隱》引《方言》「車轄齊謂之籠」（今本《方言》籠作轊）以解之，即此物也。孟津車飾中有一軎，形制與孋妊車軎略同，而附一車轄。此皆可斷定為周代之物。《積古齋鐘鼎彝器款識》所載安昌車釭，為錢坫所藏（錢氏考為漢安昌侯張禹物）。其狀雖相似，而近本之處無穿，不能施轄，阮氏謂為車釭固未當，或謂為軎亦非也。

轄者，軸瑞之鍵，所以製轂也。程瑤田據靈山方氏所藏銅器，定為車轄。其形戴以獸首，首下為枘，首接枘處，面背並為偃月形，獸首兩旁有穿，可以橫貫，枘之末微刿，略如圭首。程氏謂偃月處與軸凹凸相函（其實直接函軎，間接函軸），其穿以貫柔革而縛於軸。考證車轄之制，可謂精確無疑。近年出土者形制尤多。有枘上作半規形以函軎者，有僅一獸首而下綴以枘者。半規形之上，或為獸首，或為伏獸形之鈕，皆有穿以貫柔革。枘之末或銳，或平，或有穿。其施於軎也，枘之末必出於軎外。其枘末有穿者，或即以柔革之一瑞縛之。車軎之兩面有穿，其明證也。程氏謂鑿不得穿通以傷軸，由於未見轄未見軎耳。孟津所出車飾，中有轄四，其一附於軎，其二為原偶而失其軎，形制並為獸首下綴枘，不作偃月或半規形，其一個為獸首而為人首，亦失其軎，為轄之最奇者。

和，鸞，皆鈴也。所以為車行節也。《詩》毛氏說，「在軾曰和，在鑣曰鸞」〈小雅・蓼蕭〉傳）。韓氏說，「鸞在衡，和在軾前」（《禮記》

〈經解〉鄭《注》引《韓詩內傳》）。《大戴禮》〈保傅篇〉之說與韓氏同。鄭氏於《詩烈祖箋》用毛氏說，於《周禮》〈大馭〉注《禮記》〈玉藻經〉解注，並用韓氏、大戴說。是和之在軾，已成定解。而鑾之所在，雖兩漢儒生亦有異說。清王念孫（《廣雅疏證》）孫詒讓（《周禮正義》）諸家，並以毛氏在鑣之解為長。宋以來著錄家稱為舞鐃者，其制上半橢圓，如兩輪相合形。中含銅丸，望之離婁然，搖之則其丸鳴於兩輪中。下附以柄，柄之端著以長方形之銮。清阮元據其形制，定為車和，作《銅和考》，謂下之方銮，即冒於車前軾兩柱之端，故有旁孔以待橫貫，使不致脫。訂正《考古》《博古》諸圖之誤。孟津所出諸器中有此物，與車飾等相雜，知阮氏之說為不誣矣。近見一器，狀如覆瓦，長約尺許，寬寸餘。兩端各有曲柄，柄末銅和下垂《西清古鑑》目為旒鈴，其實亦即軾前之和也。鑾之制如鐘鐸，上有鈕，腹有舌，與漢以後牛馬鐸同。孟津所出凡七枚，小者高寸餘，大者二寸餘，雖大小不同，實皆鑾也。

勒者，馬口中所銜，所以制馬也。今出土者甚多，以銅為之，兩節相銜，其末各有一銅環，所以施轡。其制純素無文，與今歐制無少異。孟津車飾中有勒十五枚，皆作此制，知周制即如此矣。

葆調者，編羽葆之器也，舊藏濰縣陳氏。形如今之銅鎖，一端有隸書八字，曰「主羃畢少郎作葆調」，蓋漢物也。按《漢書》〈韓延壽傳〉，「植羽葆」，顏師古注曰，「羽葆，聚翟尾為之，亦今纛之類也」。《後漢書》〈光武帝紀〉李賢《注》曰，「葆車，謂上建羽葆也，合聚五采羽名為葆」是此器乃施於車蓋，其孔所以飾羽。名曰葆調，其義未詳。或以其合聚五采，有調和之義歟？

斿飾者，施於旌旗之竿頭，所以繫斿也。余得一器，其體為筩形，長今尺一寸七分，圍徑四分半，空其中以待冒。兩旁有小穿，可以施丁。穿之上層，圍以蟬翼紋。頂上平處有旋紋。頸間綴以長方形

之銅格，可以旋轉，格間又有一小鍵縱貫之，此蓋斿飾也。按《春秋左傳》（昭十三年）：「八月辛未，治兵，建而不旆。壬申，復旆之。」杜《注》云：「建立旌旗不曳其旆。旆，斿也。」蓋古者旗旌之斿，可繫可解。觀此器銅鍵，一端綴於格間，而他端不相屬。知斿末亦必有一鍵，貫於格間，而互相為固。建而不旆者，建立旌旗而解其斿也。復旆者，復系其斿也。從來解經者多以為卷而不垂，誤矣。不有此器，烏從正之？

六　古兵

古兵之制，屢有變遷，石器時代以石為之，秦以前用銅，漢以後乃用鐵。今傳世古兵，多以銅製，皆先秦及漢初物也。是以楚子之賜鄭伯金也，盟曰，「無以鑄兵」（《左傳》僖十八年）。趙襄子之居晉陽也，因董安于公宮之銅柱以為矢（《戰國策》趙一）。秦始皇之並兼六國也，收天下之兵，銷以為鐘金人十二（《史記‧秦始皇本紀》）。《考工記》攻金之工六。所謂金者，皆銅也。惟其為銅，故能傳久。後世鐵兵，易於朽蝕，流傳轉希。

古銅兵之出土，往往有圻裂紋，戈戟尤甚，其理不可解。意金錫相和之後，加以淬鍊，故與他齊不同歟？

又其文字瑰奇，亦異他器。蓋即秦書八體之殳書，秦以前已如此矣。

今就古兵之可述者分敘於後。句兵曰戈，曰戟，刺兵曰矛，短兵曰刀，曰劍，曰匕首，鑿兵曰斧，射遠之兵曰矢，發矢之機曰弩機，盛矢之器曰箙。其他若鎧冑之屬，近日亦有出土，然皆零飾，難遽定名，姑從略焉。

戈戟　古以車戰，利用句兵，主於橫擊。《晏子春秋‧內篇‧雜

上》言崔杼之劫諸將軍大夫也，曰，「戟拘其頸，劍承其心」，又曰，
「曲刃鉤之，直兵推之」，明言戟為曲刃。自先鄭以援為直刃，而《禮
圖》所畫戈戟，悉如矛槊然。蓋漢時車戰之制久廢，所謂戈戟者，名
同而制異。鄭氏以句子戟釋戈，以三鋒戟釋戟，皆漢時之制。觀於孝
堂山石刻畫像，戈皆直刃，益信漢制如此，鄭氏之誤有由來矣。宋黃
伯思著《銅戈辨》，以為橫而不縱，始訂正漢儒之失。清程瑤田作《考
工創物小記》，於戈戟之制，更反復證明。於是戈戟之所以異及其安秘
之形，橫擊之法，征之經文實物，而無一不合矣。《考工記・冶氏》
曰：「戈廣二寸，內倍之，胡三之，援四之……倨句外博。重三鋝。戟
廣寸有半寸，內三之，胡四之，援五之，倨句中矩。與刺，重三鋝。」
程氏解之曰：「援其刃之正者，衡出以啄人。其本即內也。內衡貫於秘
之鑿而出之。……援接內處折而下垂者謂之胡。……內末有刃
者，……即刺也。」又引《說文》「戈，平頭戟也」，「戟，有枝兵也」，
謂「《說文》言枝，《考工記》言刺，枝、刺一物也」。是戟與戈形制
實相仿，內末無刃者謂之戈，有刃者謂之戟。今傳世戈戟最多。其尺
寸雖未必與《記》文盡合，而驗以程氏之言，實皆確當。蓋古兵之同
類而異名者，其區別不過毫釐之間。斧、斨、戚、戉之分，亦猶是也。

　　《考工》所記者為周制，周以前又不同。今所見有商代文字者，率
皆有援有內而無胡，援廣而內仄，內之末多有追琢之文。此殆商之句
兵，為戈戟之初制。其後由援本下垂處引之而為胡，遂由衡形變而為
三出。傳世一小戈，其胡之長僅如援廣，蓋初有胡之戈也。又一戟，
內末之刃曲而下垂，如雞頸然，殆即鄭《注》所謂雞鳴、擁頸者也。

　　胡之近內處多有三穿，或四穿，內之上亦有一穿。此蓋以內橫入
於秘，而縛繩以為固者。今出土戈戟，其內本往往有安秘之跡，木理
顯然，著於兩面，然後知黃伯思考證之精，雖鄭氏復生，亦無以難之
也。又考古器中有象形戈字，其字多作 🧍，或作 🧍。其衡貫於中者即

戈，左為援，右為內，內末或作 ⺊ 者，為縛繩下垂之形。其所从之 ⼈ 即弋，弋即秘也。首曲而下有鐏或鐓，鐓之上繫以布帛，故亦如內末之有物下垂也。此象形文字之可資考證者也。

《曲禮》曰：「進戈者前其鐏，進矛戟者前其鐓」。《注》曰：「銳底曰鐏，平底曰鐓。」今傳世者，平底之鐓多於銳底之。近人藏一鐓，有文字，新鄭出二鐓，中有殘朽之秘，皆所不經見者。

又有古兵，橫刃如援，援末不為內而為鉹、上下皆穿，以受秘。驗其文字，多為象形古文。蓋皆商代之遺物，亦用以橫擊之句兵也。

矛　矛者，直刺之兵也。三分其長，二為刃，一為骹。刃之脊隆起。脊之兩旁微陷，以通空氣，取其飲刃而易拔也。骹之中空，所以冒矜，上必有穿，可貫以丁而固之。形制大小不一，大者或長今尺七八寸，殆《釋名・釋兵》所謂丈八尺之矟或丈六尺之夷矛也。小者四寸許，或即《字林》所謂攢也（玄應《一切經音義》十一引）。

刀　古之刀必有環。環之上為柄，柄之上為刃。刃皆內向，正如古刀幣之形。《金泥石屑》載一拓本，其器出於洞庭湖中。文為一己字，當為商代或周初之物。柄有螭紋，環作方形。此古刀之僅見者。《積古齋鐘鼎彝器款識》載元嘉刀，為宋人拓本。其形制雖未詳，而銘有「長四尺二寸」之文，則當今尺三尺。其長蓋倍於己字刀矣。孝堂山石刻畫像所圖梟首及宰牲之刀，其形並同，不過大小之差。其環以繫布帛，武氏祠石刻畫像中所圖者，其下多有物下垂，可證也。曹植《寶刀賦》曰，「規員景以定環」，唐時亦有刀環之語，知唐以前之刀，皆莫不有環也。

劍　程瑤田著《桃氏為劍考》，以前承劍身，而後接於莖者為臘，臘之兩畔為兩從，人所握者為莖，莖為二物幣莖以間之者為後。後之言緱也，謂以繩纏之也。對末言之為首，首即鐔也。阮元為《古劍鐔臘圖考》亦仍其說。竊以為臘當在劍身，不當在身與莖之間。程氏既

言「臘之言鬣也」，則劍身之隆起者為臘，猶封墓而若斧者謂之馬鬣也。《考工記》之所謂臘，即《莊子・說劍篇》之所謂脊也。臘廣二寸有半寸者，謂劍身之廣，據其本言之也。兩從半之者，由脊以至於鍔也。劍身之名，《莊子》鋒、鍔、脊，三者盡之矣。若身與莖之間有物隆起而幣於身者，往往不與身等廣，不得謂之臘也。劍身之外，其名稱古多相混。程氏之解劍首曰，「對末言之曰首」是也。而即以劍鼻之鐔當之，似猶未當。按《漢書・匈奴傳》：「單于朝，天子賜以玉具劍。」孟康曰：「摽、首、鐔、衛，盡用玉為之。」顏師古曰：「鐔，劍口旁橫出者也。衛，劍鼻也。」蓋玉具劍者，以玉飾其摽、首、鐔、衛。摽者，刀削末銅也（《漢書・王莽傳》宋祁校語引《字林》）。首者，莖端之首也。鐔、衛者，身與莖之間之飾，程氏誤認為臘者也。旁出於鍔本者曰鐔，當臘而中隆者曰衛。鐔旁出如兩耳，又謂之劍珥。衛隆起象鼻形，又謂之劍鼻。衛即《說文》之璏（顏師古注：「衛字本作璏，其音同。」又〈王莽傳〉「即解其璏」注，服虔曰，「璏音衛」）。《說文》於璏訓劍鼻玉，於鐔亦訓劍鼻。蓋鐔璏同為一物，而中與側異名，致相混耳。劍鼻之飾，後世始盛。桃氏初制不如是也。

今所見古銅劍，其長僅當今尺尺餘。莖之所容，不過四指，無甚大者。近乃見一鐵劍，長幾三尺，飾一玉璏。鐵已朽蝕，玉亦破裂。是必漢魏以後之制矣。

匕首　《通俗文》曰：「匕首，劍屬。其頭類匕，短而便用。」（《御覽》兵部及《文選》〈鄒陽獄中上書〉注引）今傳世短兵，劍多而匕首少。阮元作《匕圖考》，圖一匕首之形，身似劍而短，柄上有旁枝。程瑤田《考工創物小記》亦圖一匕首，其形略同，而旁枝有二。《考工記・桃氏》注：「下制長二尺，重二斤一兩三分兩之一。此今匕首也。」今所見古劍，有長今尺七八寸者，謂之劍則已短，殆即匕首也。〈鹽鐵論〉謂尺八匕首，鄭以二尺之劍況匕首，魏文帝〈典論〉述

所作匕首，有長二尺三寸、二尺一寸者。知匕首之制，長短本無定，所以與劍有別者，僅在身之長短耳。阮氏程氏所圖，乃匕首之異制，所山旁枝，即劍鐔也。

　　斧　斧屬之器，名物甚多。《說文》云：「斧，斫也。」「斤，斫木斧也。」「斨，方銎斧也。」「戉，大斧也。」「戚，戉也。」今傳世之器，其形制凡三種：其一有內如句兵而闊刃，如幼衣斧是也；其一鋒刃兩面漸厚以至於首，頂上為方銎，身長而刃微侈，如呂大叔斧是也；其一形如幼衣斧，不為內而為銎，銎作橢形，上下相穿，其柯可以橫貫，如《考工創物小記》所圖斧是也。

　　第一類必系戚戉之屬。程瑤田以幼衣斧器小，不類大斧之戉。段玉裁《說文・戉部》戚字《注》，據《詩・大雅》「干戈戚揚」《傳》，以為戚小於戉。是此器或即戚也。許書戉為形聲字，而彝器中作戉（虢季子白盤「賜用戉」），作戉（立戉尊），則皆象闊刃之形，其所从之戉或戉，則與戈柲同物。知戚戉之安柲，實與戈戟無異也。又十二支之戌字，甲骨中多作戌，亦象斧形。疑戌、戉本一字，許氏誤也。

　　第二類傳世最多，惟呂大叔斧有銘曰「貳車之斧」。然其器非以柯橫貫，乃由頂上之銎受柄，用以平鑿，非縱鑿者，實不得謂之斧也。按《釋名・釋用器》云：「釿，謹也。版廣不可得削，又有節，則用此釿之，所以詳謹令平滅斧跡也。」《國語・齊語》：「惡金以鑄鉏夷斤斸。」韋昭注云：「斤形似鉏而小。」是平鑿者為斤，縱鑿者為斧，凡頂上為銎者皆斤也。程瑤田曰：「今木工有平木之斤，其名與奔聲相近。銎受短柄，又於短柄上為鑿受柄，如曲矩形。」此類頂上有銎之斤，其受柄當亦猶是也。

　　第三類尤不多見，是為斧斨之屬。斧斨之所以異，由其銎別之。《詩・破斧》傳云：「隋銎曰斧。」又〈七月〉傳云：「斨，方銎也。」程氏所得之器為橢銎，乃斧也。余近得一器，長今尺三寸六分，身寬

六分，刃寬一寸，由刃漸厚以至於首，則成方頂。徑一寸一分，其平面近首處一鋬，斜而不直。此鋬之下，又有一鋬在其側面，與刃平行。兩鋬皆方，旁皆有貫丁之小穿，此蓋斤與斫兩用者也。以刃貫其第一鋬，成句於矩之形，其狀如鋤，用以平鑿則為斤。以柄貫其第二鋬，其折中矩，用以縱鑿則為斫。一器兩用，尤為僅見。

明此三類之形制，而斧屬之器略可辨別矣。

矢　矢亦刺兵之屬也。其幹曰槀，其刃曰族，其旁曰羽，其末曰栝。族足入槀中者曰鋌。今所見之古矢，惟族與鋌尚有流傳，族以銅而鋌以鐵。族之形制不一，有兩刃如矛者，有三廉者，長約今尺一寸二分乃至二寸許，其制以族冒鋌，以鋌入槀。今出土鋌附於族者，尚可見。間有鑄文字者，率皆晚周古文。

殷虛近出骨族，或考為恒矢之族，禮射及習射所用者。《儀禮・既夕禮》，「猴矢一乘，骨鏃短衛」，《爾雅・釋器》，「骨族不剪羽謂之志」，皆此類也，殷虛所出，尚有珧族，數量不如骨族之多。

弩機　《說文・弓部》：「弩，弓有臂者。」《釋名・釋兵》云：「其柄曰臂，似人臂也。」孝堂山石刻畫像有弩掛於壁間。其弓弣有柄，支出於弦後，即所謂臂也，今之彈弩猶作此形，弩機當施於臂末，畫像所圖二弩，臂末並有規郭形，蓋即機也。今傳世有文字者，惟左工一器（左工弩機見《夢郼草堂吉金圖續編》）為六國時製，其餘所見多漢魏年號。形制之大小工拙，大致相同，不因時代而異制。其分析之名稱，則鉤弦之處曰牙，牙外曰郭，下曰懸刀。牙與懸刀之間，有一物以制之，則不知其名。郭之前端有一鍵，不知名之器屬之。郭身當懸刀處亦有一鍵，牙與懸刀屬之。從後曳其懸刀，則牙內陷而弦發矣。前端施鍵之處，郭身微狹，而鍵則與後鍵等長。原其意蓋以此端陷入臂末，橫貫以鍵，使臂與機成一體也。

臂、牙、郭三者分工，其上往往勒臂工、牙工、郭工（或曰師，

或曰匠）之名（沈括不知臂師之稱，以為史傳無此色目；又誤牙為耳，致更難解。蓋隸書牙與耳易相混也）。牙有柄，植立機上，宋人謂之望山，其上往往刻尺度。沈括謂為句股度高深之法，其說是也。

弓力之見於機上者，有四石、六石、八石之別。百二十斤為石，八石乃九百六十斤矣。力強則人力不能勝，故借臂之力以張之，借牙之力以發之。《漢書・申屠嘉傳》顏師古《注》曰，「今之弩以手張者曰擘張，以足蹋者曰蹶張」，此言張之之法也。華嶠《後漢書》曰：「陳愍王寵善射弩。其秘法以天覆地載參連為奇，又有三微三小。三微為經，三小為緯，經緯相將，萬勝之方。」（《御覽》兵部引）此則言發之之法也。

箙　《詩・小雅・采薇》，「象弭魚服」，毛《傳》云，「魚服，魚皮也」。孔《疏》云：「以魚皮為矢服。」《周禮》司弓矢《注》云：「箙，盛矢器也，以獸皮為之。」《國語・鄭語》曰，「檿弧箕服」，韋《注》曰，「箕，木名，服，矢房」，是古之矢箙，以魚皮獸皮或木為之，未聞有鑄銅者。清吳大澂嘗得一銅器，長今尺八寸許，寬二寸餘。上有口，下有底。一面有盧𤔲土三字，一面有北征𥬠𥂖四字。吳謂𥬠為《周禮》槀人之槀，𥂖即茍字，定其器為矢箙。

矢箙容矢之數，經無明文。《周禮・司弓矢》注云：「每弓者一箙百矢。」而《荀子・議兵篇》云：「負服矢五十個。」俞樾以為盛矢五十個於服而負之。此「北征箙」之原器不可得見，觀其墨本，形制狹小，不似容百矢或五十矢者。或如韋昭（〈齊語注〉）高誘（《淮南子・氾論訓》注）之說，十二矢為束（《詩・魯頌》毛傳以五十矢為束，《周禮・大司寇》注以百矢為束）。一箙之所容，不過一束歟？

中國金石學概要（下）

第四章
歷代石刻[1]

　　商周之世之視器也。與社稷名位共其存亡輕重，故孔子曰，「惟器與名不可以假人」。其勒銘也，自名以稱揚其先祖之美，而明著之後世，亦正所以昭示其重視名器之意。其始因文以見器，後乃借器以傳文，是故器不必皆有文也。自周室衰微，諸侯強大，名器浸輕，功利是重。於是以文字為誇張之具，而石刻之文興矣。故石刻之文，完全借石以傳文，不似器文之因文以見器也。

　　刻石之風流衍於秦漢之世，而極盛於後漢。逮及魏晉，屢申刻石之禁，至南朝而不改。隋唐承北朝之餘風，事無巨細，多刻石以紀之。自是以後，又復大盛，於是石刻文字，幾遍中國矣。

　　石刻之種類名稱，僂指難數。有就形制言之者，有就文體言之者，有概名之曰碑者，錯綜糾紛，尤難分晰。今論其類別，一曰刻石與碑之別，二曰造像與畫像之別，三曰經典諸刻與紀事諸刻之別，四曰一切建築品附刻之文。其種種細目，即分系於各條之下而敍述之。

一　刻石與碑之別

　　今人謂文之載於石者皆曰碑，其實不然。刻碑之興，當住漢季，古只謂之刻石。秦始皇帝之議於海上也，其群臣上議曰：「古之帝者……猶刻企石以自為紀。……今皇帝並一海內，……群臣相與誦皇

1　編者案：日本京都大學水野清一曾為此章作注，載日本《東洋史研究》卷三、四。

帝功德，刻於金石，以為表經。」故其東行郡縣諸刻，皆曰刻石，初未嘗謂之碑也。碑之名始於周代，為致用而設，非刻辭之具。《記・祭義》，「君牽牲……既入廟門麗於碑」，謂廟門之碑也。《記・檀弓》，「公室視豐碑」，謂墓所之碑也。廟門之碑用石，以麗牲，以測日景。墓所之碑用木，以引繩下棺（見《儀禮・聘禮》注及《記・檀弓》注）。其形式雖不可考，要之未必如今之所謂碑也。刻文於碑，為漢以後之事，非所論於古刻。然相傳古刻，亦有所謂碑者，故古刻之真偽，不可以不辨。

　　宋以來著錄金石之書，言三代時石刻者，於夏，則有岣嶁碑，盧氏摩崖，並傳為禹跡。於殷，則有紅崖刻石，傳為高宗時刻，錦山摩崖，傳為箕子書。於周，則有壇山刻石，傳為穆王刻，石鼓文，傳為史籒書，延陵季子墓字，比干墓字，並傳為孔子書。其實岣嶁碑雖見於唐宋人記載，不過傳聞之辭。今茲所傳，實出明人模刻，明郭昌宗已辨其附會。盧氏摩崖止有一字，清劉師陸釋作洛，得見墨本者云，系石紋交午，實非字跡。紅崖刻石俗稱《諸葛誓苗碑》，清鄒漢勳釋為殷高宗伐鬼方刻石，莫友芝復辨為三危禹跡。聚訟紛紛，亦無定論。趙之謙疑為苗族古書，代遠失考，似為近之。錦山摩崖或釋為箕子書，葉昌熾謂為於古無徵，半由附會。壇山刻石，宋歐陽修據《穆天子傳》及《圖經》定為穆王登贊皇時所刻，然趙明誠已疑其非是。延陵季子墓字，宋董逌謂夫子未嘗至吳，其書是非不可考。比干墓字為隸書，更非孔子所能作。宋洪適婁機並辨其謬，定為東漢人書。凡此皆文人好奇，穿鑿附會，或本無字而言之鑿鑿，或以訛傳訛而強定時代，前人考訂，具有定論。然則古刻舍石鼓外，餘皆不足信，可斷言也。石鼓之形制為特立之碣，乃刻石之一種（說見後），則古刻無所謂碑者，又可斷言也。此外則宋時出土之〈秦詛楚文〉較為可信。顧三石久佚，不知其形制若何，但據宋人所著錄，又絕非碑也。吾故曰刻

碑之興，當在漢季，古只謂之刻石也。

刻石之持立者謂之碣，天然者謂之摩崖，今與碑分述於後。

碣　《史記·秦始皇本紀》言刻石頌德者凡七（鄒嶧山、泰山、琅玡、碣石、會稽各一刻，之罘二刻），其文必先曰立石，後曰刻石，或曰刻所立石。所謂立石者即碣，《說文·石部》，「碣，持立之石」，是也。其形制今猶略可考見。《山左金石志》紀琅玡台刻石之尺寸曰：「石高工部營造尺丈五尺，下寬六尺，中寬五尺，上半寬三尺，頂寬二尺三寸，南北厚二尺五寸。」又紀泰山頂上無字石曰：「碑之高廣厚一如琅玡台，所差不過分寸。」《雲麓漫鈔》紀國山刻石（天璽元年）之形狀曰：「土人目曰囤碑，以石圓八出如米廩云。」《國山碑考》亦云：「碑高八尺，圍一丈，其形微圓而橢，東西二面廣，南北狹四之一。」《兩浙金石志》紀禹陵窆石（篆書，無年月，阮元定為吳孫皓刻）曰：「高六尺，周廣四尺，頂上有穿，狀如秤錘。」綜合諸石觀之，其形當在方圓之間，上小下大。石鼓（石鼓為秦刻石，餘別有說）十石並與此同，不過略小，前人無以名之，以其形類鼓，遂謂之石鼓（國山刻石，據諸家考證，亦有謂其形如鼓者）。董逌且附會其說，謂「武事刻於鉦鼓」，不亦妄乎？漢裴岑紀功刻石（永和二年）、上銳下大，孤筍挺立，俗呼石人子（見《金石圖說》）。天璽紀功刻石（天璽元年），第一石高三尺五寸，圍八尺九寸，其頂宛然鐘形截去上甬者。第二石高二尺三寸三分，第三石高二尺六寸二分，其圍並較第一石為小，則以石有削去之故（見《兩漢金石記》）。俗因呼為三段碑（驗其每段前後行之字數相等，知非一石所折，是必三石相累而成，全形當與國山同）。此二石雖與前述諸石形制略殊，亦可斷其為碣。至西漢之《趙群臣上壽》刻石（趙二十二年，當漢文帝後六年），熙孝禹刻石（河平三年），東漢之宋伯望刻石（漢安三年），雖未詳其形制，殆亦此類。李賢所謂「方者謂之碑，員者謂之碣」（《後漢書·竇憲傳》注），是也。

此制自孫吳之後，僅一見於高麗好大王陵刻石（甲寅年，當晉義熙十年），據鄭文焯所紀，「高約十八尺，向南背北，約寬五尺六寸有奇，東西側約寬四尺四寸有奇」，此外絕無聞焉。蓋自碑盛行以後，而碣之制遂漸廢，趙岐所以欲立員石於墓前（見《後漢書》本傳）者，亦思矯當時之習俗以復古耳。

摩崖　摩崖者，刻於崖壁者也，故曰天然之石。秦刻石中惟碣石一刻曰刻碣石門，不云立石，疑即摩崖。此後則漢之〈鄐君開褒斜道記〉（永平六年）、〈昆弟六人造塚地記〉（建初六年）、楊孟文〈石門頌〉（建和六年）、李君〈通閣道記〉（永壽元年）、劉平國〈通道作城記〉（永壽四年）、李翕〈西狹頌〉（建寧四年）、李翕〈析里橋郙閣頌〉（建寧五年）、〈楊淮表記〉（熹平二年）等，皆摩崖之最著者。其先蓋就其地以刻石紀事，省伐山採石之勞，別無深意存焉。其實唐之〈紀泰山銘〉（開元十四年）、〈中興頌〉（大曆六年）等，猶之秦封禪頌德諸刻也。人以其簡易而速成也，遂相率而為之，甚至刻經造像、詩文題名、德政神道之類，莫不被之崖壁，於是名山勝跡，幾於無處無之矣。

碑　碑為廟門墓所所用，既如上述。然則用以刻辭，果始自何時？曰，始於東漢之初，而盛於桓靈之際，觀宋以來之所著錄者可知矣。漢碑之制，首多有穿，穿之外或有暈者，乃墓碑施鹿盧之遺制。其初蓋因墓所引棺之碑而利用之，以述德紀事於其上，其後相習成風，碑遂為刻辭而設。故最初之碑，有穿有暈。題額刻於穿上暈間，偏左偏右，各因其勢，不必皆在正中。碑文則刻於額下，偏於碑右，不皆布滿。魏晉以後，穿暈漸廢，額必居中，文必布滿，皆其明證也。

碑之正面謂之陽，反面謂之陰，左右謂之側，首謂之額，座謂之趺。質樸者圭首而方趺，華美者螭首而龜趺，式至不一。宋洪適《隸續》之〈碑圖〉，清牛運震《金石圖》皆摹全形，使讀者恍睹原碑。著錄碑版之例，莫善於此矣。其刻辭之通例，則碑額為標題，碑陽為

文，碑陰碑側為題名。其變例，則有兩面各刻一文者，有文長碑陽不能容而轉刻於碑側或碑陰者。釋氏之碑，其額多為造像，如唐〈道因法師碑〉（龍朔三年）、〈懷仁聖教序〉（咸亨三年），其最著者。亦有非釋氏之碑而造像者，如北魏〈霍揚碑〉（景明五年）、東魏〈齊太公呂望表〉（武平八年）之類是也。蓋北朝佞佛，不問其當否，概以佛像被之也。後人作碑版文字，必求先例，亦已迂矣。

二　造像與畫像之別

文字之興，肇端於圖畫，六書中之象形，所謂「畫成其物，隨體詰拙」者，皆占代最初之圖畫也。其後觀象作服，鑄鼎像物，而圖畫一科，始與文字分途，巋然獨立。圖畫有像其片面者，有象其全體者。像片面者謂之平面畫，像全體者謂之立體畫。鐘鼎彝器之圖案，如雲雷、饕餮等文，商周時之平面畫也。犧尊、兕觥之屬，商周時之立體畫也。後世石刻，所謂畫像者皆平面畫，所謂造像者皆立體畫，此造像與畫像之區別也。今分敘之於下。

畫像　凡刻於平面者，無論為人物、草木、鳥獸，皆畫像也。其最先者，當推《麃孝禹刻石》之朱雀畫像，粗具規郭，刻工草率，為西漢石畫之僅見者（沂水鮑家山摩崖刻鳳皇畫像，其題字中有元囗等字，前人或釋元狩，或釋元鳳，以為西漢刻石，其實元囗等字與三月等字不在一處，絕非年號）。至東漢之季，其風最盛，凡祠宇塚墓之間，多有精美之畫像，如肥城之孝堂山，嘉祥之武氏祠，濟寧之兩城山，皆洋洋大觀。其他殘缺之石，隨在多有，頹垣斷壁之間，時時發見。《漢石存目》中之《畫存》，哀集最為完備。此外碑額碑陰之刻，如《隸續碑圖》所錄者，亦指不勝屈。神道之闕，不必皆有字，而莫不有畫。皆在山東、河南、四川諸省，尤以川省為最多。凡此諸刻之

所圖，或為古人事蹟（如武氏祠畫古帝王、孝子、列女、義士等像
是），或為墓中人事蹟（如李剛、魯峻、武氏等畫像是），或為符瑞（如
武氏祠〈祥瑞圖〉及鼉池〈五瑞圖〉等是），皆漢畫也。魏晉之際，始
不多見。近河南新出晉〈當利里社碑〉殘石，其陰之上列刻社老等八
人像，所見晉畫，惟此而已。北朝喜造佛像，而銘記之碑，往往有平
面畫像，或為佛之事蹟（如北魏正光五年〈劉根等造三級塼浮圖記〉
畫佛涅槃圖，東魏武定元年〈清信士合道俗九十人造像記〉畫釋迦降
生得道圖等，皆是），或為清信士女之像（見於造像碑陰者為多）。隋
唐以後，畫家輩出，於聖賢、仙佛、鬼神諸像之外，兼刻山水、草
木、鳥獸等圖，於是繪畫之能事始稱大備。若依時代而統計之，則東
漢之世歷史畫為多，北朝以後宗教畫為多，唐以後自然界之畫為多。

　　造像　漢武帝元狩中遣霍去病討匈奴。獲其金人，帝以為大神，
列於甘泉宮，此為佛像入中國之始。東漢末，丹陽人笮融大起浮屠
寺，上累金盤，下為重樓，作黃金塗像，衣以錦彩（見《後漢書・陶
謙傳》），此為中國造像見於記載之始。至存於今者，大抵以北魏為最
先（山西大同之雲岡有石窟凡十所，其五所為北魏文成帝時所造，見
〈魏書・釋老志〉，北魏造像當莫先於此者）。所造之像可分三種，曰
石像，曰銅像，曰泥像。

　　石像多琢於方座之上，或一佛，或數佛，或立，或坐，或有龕，
或有背光。其記文則或刻於背，或刻於龕側，或刻於座上。此外尚有
四方如柱者，有高廣如碑者。皆以石琢成，而於其各面之上截鑿龕造
像，下截刻記文及題名，其陰及兩側，成為無數小龕層累排列，各於
龕側題名。此等小龕，不必皆為佛像，有為亡人或造像人主像者，男
女分列，或執香花，或執幡幢，狀亦不一。其非採石琢成而僅就崖壁
上鑿龕造像者，謂之石窟像，或曰石室，記文皆在龕之上下左右。今
雲岡龍門諸造像是也。佛龕之直列者以上中下別之，並列者以左右別

之（左右龕又或稱箱）。其記文則記其所造之像（釋迦彌勒像為多）及求福主事，上及君國，下及眷屬。甚至一切眾生，莫不該括。或為一人一家所造，或合數十百人所造，工巨者累年而後就。像上多施彩色以飾之。作記者不必皆文士，有極鄙俚者，有上下文辭不相屬者，有闕造作人之姓名以待補刻者，有修造舊像更刻記於其後者。其題名稱謂之繁，不勝枚舉，清王昶嘗匯錄之，猶不能詳盡，然其通稱則曰佛弟子、清信士而已。

銅像小者僅二三寸，大者亦不過尺餘，其下莫不有座。座或為四足，或空其後一面。題字或鐫於座，或鐫於背。文字簡略，刻工草率。全體多塗以金，亦猶石像之施彩色。

泥像者，埏土而成，又謂之塑像。〈魏書・釋老志〉載真君七年詔曰：「自今以後，敢有事胡神及造形象泥人銅人者，門誅。」泥人即塑像也。土木之質，易就湮滅，故北朝造像，銅與石之外，未見有泥塑者。吳縣甪直鎮保聖寺羅漢像，相傳為唐楊惠之所塑（楊，開元時人，與吳道子齊名），傳世泥像莫有先於此者。元阿尼哥、劉元，皆以塑像名。其所作品，如北京天慶官等，多已不存矣。唐之善業泥，亦為塑像中之一種。其制一面為佛像，一面為文字。文曰「大唐善業泥壓得真如妙色身」十二字，陽文凸起，四周有界格。其質如堛，似搏土而火熟者。北京旃檀寺之旃檀像，則刻木所成，相傳為優填王所造，當周穆王八年辛卯。程巨夫《旃檀佛像記》述此像輾轉流傳之歷史，言之雖詳，殊難徵信。然斷為元以前之物，似無疑義。惜經清末庚子之役，此像已不知所在矣。

此三種者，石像最多，銅像次之，泥像則千百中不一覯也。

造像之風，自北朝以逮唐之中葉，號稱最盛。南朝雖有造像，不逮北朝萬一。洛陽之龍門，累累於岩壁間者，皆北魏迄唐之造像也。大河南北，造像之多莫過於此。下至五代宋初，此風未息。浙江之杭

縣多吳越時造像，山東之臨朐嘉祥多北宋時造像。至是以後，不多見矣。王昶嘗推其故而論之，謂其時「中原板蕩……干戈擾攘，民生其間，蕩析離居，迄無寧宇。……愚夫愚婦相率造像以冀佛佑，百餘年來浸成風俗」。斯言蓋得之矣。

　　唐時崇奉道教，佛像之外有造老君天尊諸像者。然北朝業已有之，如北齊姜纂所造老君像，其記文悉為釋氏之詞。蓋自寇謙之以天師佐治以後，釋道源流，轉因分析而雜糅。造像者只知求福，不論其為釋為道也。

　　畫像造像不僅為美術品，實為重要之史材。如漢人所圖周秦以前之故事，雖未必盡合，而所圖當時人之事實，凡宮室、車馬、衣冠、禮樂、兵刃之屬，無一非漢官舊儀。考古之資，孰有真切於此者。至論其藝術，則源流亦略可考見。漢畫凝重版滯，人物皆銳上豐下，衣褶簡略。六朝以後始稍由板滯而生動，由簡略而繁複。試觀晉《當利里社碑》社老等像，與漢畫像不同，而近於六朝畫像，其變遷之跡可以睹矣。蓋其時梵像西來，久已普遍，我國固有之美術與西域美術混合於無形。宋郭若虛《圖畫見聞志》論曹（仲達）吳（道子）體法云：「吳之筆，其勢圓轉而衣服飄舉，曹之筆，其體裯疊而衣服緊窄。故後輩稱之曰，『吳帶當風，曹衣出水』。」其論雖專為曹吳而發，然六朝以後之體法所以異於漢畫者，此數語實已盡之矣。

　　畫家六法，首重氣韻，其用筆設色之妙，有非刻畫所能傳者，故石刻之畫不如真跡。六朝以來，名工妙跡，縑素之外往往施於寺壁，今河北河南等省，宋元畫壁猶有存者。敦煌所發見之唐以前壁畫，多為東西各國劖削轉運以去，《石室秘錄》及《高昌壁畫菁華》所影印者，不過什之一二耳。一九二五年春，陳萬里訪古於敦煌，又發見西魏大統間壁畫，雖已殘缺，猶可窺見一斑。洛陽乾溝村新發見古墓，其中灶闕及墓門悉為磚質，以粉為地，而施彩畫於其上。北京大學所

得二磚，皆墓中闕柱。其一，繪一武士，其一，雕白兔搗藥形及嫦娥
之像，而更以彩色飾之。證以墓中之五銖錢及陶倉隸書，當為東漢末
季之物，且此類神話，尤為漢畫中所習見者。漢畫而為真跡，是誠僅
見者矣。

三　經典諸刻與紀事諸刻之別

紀事刻石者，紀當時之事實，刻石以表章之也。經典刻石者，古
人之論著，借刻石以流傳之也。自有刻石以來，幾莫非紀事文字。自
《熹平石經》以後，始有經典之刻，故傳世諸刻，經典少而紀事多也。
今依其類而列舉之，曰太學石經，曰釋道石經，曰醫方，曰格言，曰
書目，則經典之類也。曰表章事蹟諸文，曰文書，曰墓誌墓薊，曰譜
系，曰地圖界至，曰題詠題名，則紀事之類也。

太學石經　後漢熹平中，以五經文字駁異日多，詔諸儒正定之，
刻石立於太學，俾後儒晚學有所取正，是為《熹平石經》。其意蓋以輾
轉寫錄，無從是正，特刊此以為定本，法甚善也。其後踵而行之者，
魏則有《正始石經》，唐則有《開成石經》，後蜀則有《廣政石經》，
北宋則有《嘉祐石經》，南宋則有《高宗御書石經》，清則有《乾隆石
經》。

《漢石經》為靈帝熹平四年立（《後漢書‧靈帝紀》系於熹平四年
春三月，而《水經注》云光和六年。洪適云，「諸儒受詔在熹平，而碑
成則光和年也」），蔡邕等所書（〈邕傳〉云「邕乃自書丹於碑，使工
鐫刻」。〈隸釋〉所錄殘字，後有堂谿典馬日磾姓名，故洪適云「今所
存諸經字體各不同，其間必有同時揮毫者」），表裡刻之。其字體則
《後漢書‧儒林傳》序以為古文、篆、隸三體書法。酈道元《水經注‧
谷水》以三字者屬之魏。宋供適著〈隸釋〉〈隸續〉錄一字石經，其上

有堂谿典馬日磾等名，因據酈氏之說以正範書之誤，辨之最詳。於是一字石經為漢刻，其論始定。其經數則或曰五經（〈靈帝紀〉〈盧植傳〉〈儒林傳序〉〈宦者傳〉），或曰六經（〈蔡邕傳〉〈儒林張馴傳〉），或曰七經（《隋書・經籍志》）。近王靜安著魏石經考，兼考漢之經數，定為《周易》《尚書》《魯詩》《儀禮》《春秋》五經，《公羊》《論語》二傳。除《論語》為專經者所兼習，不置博士外，其餘皆立於學官，博士之所教授者也。故先儒所紀有五、六、七經之不同。其石數則《西征記》（《太平御覽》文部引）云四十枚，《洛陽記》（〈蔡邕傳〉注引）云四十六枚，《洛陽伽藍記》云四十八碑。王氏又據表裡之字數推計之，以為《洛陽記》所記之數最確。其每碑行數及每行字數，不可得而詳。惟據〈隸釋〉所錄殘字及近出殘石計之，每行約七十字至七十三字。其立石之地為太學，在今洛陽城東南三十里洛水南岸之朱圪壋村，即《洛陽伽藍記》所記之勸學里也。自漢至於北魏，石雖不免殘毀，但皆在洛陽，未嘗遷徙。至東魏武定四年自洛陽徙於鄴都，至河陽，值岸崩，遂沒於水，其得至鄴者不盈太半（見《隋書・經籍志》，然據〈北齊書・文宣帝紀〉，天保元年尚存五十二枚）。周大象元年由鄴遷洛陽（見〈周書・宣帝紀〉）。隋開皇六年，又自洛陽運入長安（見《隋書・劉焯傳》）。尋營造之司用為柱礎。唐貞觀初，魏徵始收聚之，十不存一（見《隋書・經籍志》）。經此輾轉遷徙，而石經之蹤跡遂莫可究詰矣。至宋南渡以後，殘經遺字，更不多見。洪適搜集拓本，僅存《尚書》（〈盤庚〉〈高宗肜日〉〈牧誓〉〈洪範〉〈多士〉〈無逸〉〈君奭〉〈多方〉〈立政〉〈顧命〉）五百四十七字，《魯詩》（〈魏風〉〈唐風〉）百七十三字，《儀禮》（〈大射儀〉〈聘禮〉〈士虞禮〉一百一字，《公羊傳》（自隱公四年至桓西元年）三百七十五字，《論語》（前四篇、後四篇）九百七十一字，合二千一百六十七字。今載於〈隸釋〉〈隸續〉者是也。其重刻本宋時有二。一為胡宗愈（顧炎武《金石文字

記》，朱彝尊《經義考》並引胡記及宇文紹弈跋。顧以為胡宗愈，朱以
為胡元質。按宗愈，哲宗時嘗知成都府。宇文紹弈，孝宗時嘗守邛
州。元質為孝宗光宗時人，雖與紹弈同時，不聞居蜀，當以顧說為是）
成都西樓刻本，據宇文紹弈跋云，四千二百七十字有奇，以楷書釋
之。一為洪適會稽蓬萊閣刻本，據洪自跋云，《尚書》《儀禮》《公羊》
《論語》千九百餘字（《隸釋》所錄有《魯詩》。此覆刻本無之）。今並
亡佚，清翁方綱集各家所藏舊拓本，得《尚書》（〈盤庚〉〈洪範〉〈君
奭〉）、《詩》（〈魏風〉〈唐風〉）、《儀禮》（〈大射儀〉〈聘禮〉）、《公
羊》（隱四年《傳》）、《論語》（〈為政〉〈微子〉〈堯曰〉及篇末識語）
合六百七十五字，刻之南昌學宮，然大半出於錢泳藏本。錢工於作
偽。此本之《公羊》殘字，有出於洪氏所錄之外者。疑此本為錢所偽
造。翁氏既據偽本摹刻，則亦非復舊觀矣。近洛陽朱圪墌村出殘石，
零落多不成文，字多者十餘字，少者或僅一二字，五經、二傳皆有存
者。就余所見者，《易》三字，《詩》七十三字，《禮》三十三字，《春
秋》百五十八字，《公羊》二字，《論語》三十四字，不知何經者
二十七字，都計三百二十七字。此外尚有《石經後記》一石，百五十
餘字。又碎片二十七字。《後記》中有光祿勳劉寬、五官中郎將堂谿典
之名。寬之與於斯役，為自來言石經者所未聞，即《周易》《春秋》二
經，宋人亦未之見也。

　　《魏石經》為齊王芳正始中所立，其字體為古文、篆、隸三體。其
經數為《尚書》《春秋》二部。《西征記》《洛陽伽藍記》《隋書》〈經
籍志〉所載皆同（《唐志》有《左傳》而無《春秋經》，疑誤），表裡
各刻一部。其石數則《水經注》云四十八枚，《西征記》云三十五枚，
《洛陽伽藍記》云二十五碑。今以《春秋》字數，依每碑三十二行排比
之，並篇題在內，應得二十七碑。《尚書》字數雖多於《春秋》，以每
碑三十四行計，二十七碑亦足以容之。則《洛陽伽藍記》所記之數似

為近之。其行款則《向書》每碑三十四行，《春秋》三十二行，每行皆二十字，三體得六十字，縱橫有界線，每三體作一格。惟《尚書》自《皋陶謨》以前，不作三體直下式，一格之內，上列古文，下並列篆隸二體，作品字式，每行三十七格。每碑約可容二十六行。其書人則北魏江式以為邯鄲淳書，胡三省《通鑒注》已辟其謬，況晉衛恒《四體書勢》明言「正始中立《三字石經》，轉失淳法」（見《晉書·衛恒傳》），尤為非淳所書之明證。今細審原石，雖不能定為何人所書（楊守敬據《四體書勢》考為衛凱書），然可斷言三體非出自一人之手。又古文之書體，品字式者與直下式者不同，古文又不出自一手。此與書《漢石經》者不止蔡邕一人，殆同一例。或亦如《漢石經》之具載書人姓名，亦未可知也。魏立《三字石經》時，《漢石經》固猶在也，所以復立三字者，以《漢石經》皆今文，非古文也。此以古文書於上，慮其難識，復列篆隸二體於其下。古書之有釋文，當以此為權輿矣。其變遷殘毀之跡與《漢石經》同，但在宋時所存殘字，較《漢石經》為尤少。皇祐間，洛陽蘇望得故相王文康家搨本，摹刻於石，凡八百十九字，即《隸續》所錄之《左傳遺字》是也。蘇氏此刻，就斷剝亡缺之餘，而存其完全之字，次第陵躐，不加深考，謂之為《左氏傳》，洪氏仍之。清臧琳著《經義雜記》，始從其中分出《尚書》殘字。孫星衍《魏三體石經殘字考》復以其中《春秋》殘字分系諸公。近王靜安《魏石經考》又詳加分析，辨為《尚書》〈大誥〉〈呂刑〉〈文侯之命〉六段，《春秋》宣公襄公經七段，《春秋左氏》桓公傳一段（此段二十五字一行直下，石之崩裂作一長行，似無此理，其真偽尚屬疑問），並計其字數定為五石，繪圖以證明之，而後蘇氏摹本之次第陵躐者始復舊觀。胡宗愈刻於成都西樓者亦八百十九字，當與蘇氏之本同出一源。今二本皆亡，惟存有其字於《隸續》而已。清光緒間，洛陽龍虎灘（在故城中）出一殘石，一面存字百有十，一面無字，乃《尚書·君奭》殘

字。一九二三年一月，洛陽朱圪墰村出一碑，僅存上截，一面存《尚書》〈無逸〉（十七行）〈君奭〉（並篇題十七行）九百七十八字，一面存《春秋》僖公（二一十五行）文公（並篇題七行）八百三十字，其先出之〈君奭〉殘石，即此碑之下方，文相銜接。同時又出一石，一面存《尚書》〈多士〉百三十四字，一書存《春秋》文公百有三字。其後又出殘石甚多。據餘所見者，《尚書》二百有九字（內有品字式者九十七字），《春秋》百八十二字，其下知屬於何經者三十四字。都計前後所出凡得二千五百七十六字，較宋人所見，多出二倍。又《尚書》前數碑之為品字式，尤為自來考石經者所未及知者也。

　　《唐石經》為文宗開成二年刻成，鄭覃等勘定。準後漢故事，勒石於太學。其經數為《易》《書》《詩》《周禮》《儀禮》《禮記》《春秋左傳》《公羊傳》《穀梁傳》九經，益以《孝經》《論語》《爾雅》為十二經。清賈漢複又補刻《孟子》附於其後（卷數石數具詳《金石萃編》，此不復贅）。其最後一石，詳記諸經字數，並題年月及書石校勘等人名。自立石後，凡歷七十年，至天祐中，韓建築新城，棄之於野。朱梁時，劉鄩守長安，徇幕吏尹玉羽之請，輦之入城，置於故唐尚書省之西隅。宋元祐二年。呂大忠命黎持遷於府學。明嘉靖三十四年地震，倒損。王堯典等按舊文集其缺字，別刻小石，立於其旁，紕繆殊甚。裝潢之工，往往以王堯典補字湊合於原文缺泐之處，俾成全文。清顧炎武所校即據此誤裝之本，故多不合。嚴可均《唐石經校文》最稱精審。歷代石經除最近之《清石經》外，當以此為最完矣。

　　《蜀石經》為孟蜀廣政七年其相毌昭裔所肇立。書之者為張德釗、楊鈞、張紹文、孫逢吉、孫朋吉、周德貞諸人。其經數為《周易》《尚書》《毛詩》《周禮》《儀禮》《禮記》《春秋左傳》《論語》《孝經》《爾雅》十經。宋田況補刻《春秋公羊》《穀梁》二傳，至皇祐元年畢工。歷代石經皆無注，惟孟蜀有之，故其石凡千數，歷百有七年而成。宣

和中，席貢補刻《孟子》。乾道中，晁公武又刻《古文尚書》。公武並校諸經之異同，著《石經考異》刻於石，張霽又校注文之異同，著《石經注文考異》四十卷。今石經原石，相傳久佚，而劉喜海《讀竹汀日記札記》云：「聞乾隆四十年，制軍福康安修成都城，什邡令任思任得《孟蜀石經》數十片於土中，字尚完好，當時據為已有，未肯留置學宮。任令貴州人，罷官後原石輦歸黔中。」（見李慈銘《越縵堂日記》甲集）則《孟蜀石經》原石固在人間，或成都城下尚有遺留，亦未可知也。其拓本流傳，經前人著錄及為餘見聞所及者，則有《毛詩》（卷一後半及卷二）、《周禮》（卷九、卷十及〈考工記〉）、《左傳》（卷十五、卷十六及昭公二年）、《公羊》（桓公七年至十五年）、《穀梁》（成西元年至二年，襄公十八年至十九年，二十六年至二十七年）諸經殘字。此外湮沒不彰者，恐尚不止此也。

　　《北宋石經》為仁宗時立，肇始於慶曆元年（《玉海》云，「至和二年三月，王洙言國子監刊立石經至今一十五年」），告成於嘉祐六年（李燾《續通鑑長編》云，「嘉祐六年三月，以篆國子監石經成，賜草澤章友直銀百兩，絹百疋」）。書之者為趙克繼、楊南仲、章友直、邵必、張次立、胡恢諸人。其字體為二體，一行篆書，一行真書，與《魏石經》之每字三體作一格者不同。其經數史無明文。按宋王應麟玉海曰：「《石經》七十五卷，楊南仲書。《周易》十，《詩》二十，《書》十三，《春秋》十二，《禮記》二十，皆具真篆二體。」又曰：「仁宗命國子監取《易》《詩》《書》《周禮》《禮記》《春秋》《孝經》為篆隸二體，刻石兩楹。」周密《癸辛雜識》曰：「汴學即昔時太學舊址。九經石板，堆積如山，一行篆字，一行真字。」元李師聖《修復汴學石經記》曰：「汴梁舊有六經、《論語》、《孝經》石本，其殘缺漫剝者，蓋不啻十之五六。今參政公也先帖木兒一見而病之，慨然以完復為已任，不數月復還舊觀。奈何《孟子》七篇猶闕遺焉，亟欲增置而期會拘迫，

有司請為後圖。」王前舉五經卷數，後列七經之目。周言其都數為九經
而未舉其目。李言六經之外有《論語》《孝經》，而闕《孟子》，欲增置
而未果。綜合諸說觀之，《北宋石經》實為九經。其目則《易》《詩》
《書》《周禮》《禮記》《春秋》《論語》《孝經》《孟子》。清葉名澧《北
宋汴學二體石經跋》謂宋以《孟子》升經，並《論語》《孝經》為「三
小經」，合之六經而為九。並謂宣和中席貢刊《孟子》以補《蜀石經》
之缺，殆因汴學而踵行之。其說是也。李師聖所謂闕遺而欲增置者，
謂原石闕遺，增置以補之也。清吳玉搢於吳門薄自昆家得見《孟子》，
丁晏於淮安書肆得墨本一束，亦有《孟子》，皆其明證，不得以史無明
文而疑之。九經原石在元時猶存汴學（明於弈正《天下金石志》載《金
石經碑》云：「在順天府舊燕城南金國子學。碑刻《春秋》《禮記》，今
磨滅不完。」金未聞有刻石經事，《志》不言其書體，不知即北宋《二
體石經》否？清孫承澤《春明夢餘錄》云：「九經石刻舊在汴梁。金人
移置於燕，今不復存。」亦不知何據。丁艮善疑金人但移《禮記》《春
秋》等石，餘者仍留汴學，後或移於他所。然想像之辭亦無佐證）。雖
頗殘毀，亦曾修復，不知何時亡佚。汪祚謂其亡當在元末。陳頎則見
其石磨滅破碎，罕有完者，齋廡石礎俱斷碑，隱然文字在上。朱彝尊
則謂沉於黃河淤泥之下，畢沅則謂修學時用作瓴甋。蓋自李師聖修復
之後，又漸頹圮。其損毀遷徙之跡，久已不可究詰矣。其殘石之僅存
者，有《周易》《尚書》，在開封（見〈寰宇訪碑錄〉，行數字數未詳）；
《周禮》卷一及卷五中數石在陳留；《禮記·檀弓》六十行在開封；《禮
記·中庸》五十行在開封東岳廟；《孝經》十一行在開封圖書館。其拓
本之見著錄者，則吳門薄氏舊藏之四大冊，有《尚書》《周禮》《禮記》
《孟子》，今不知尚存否。山陽丁氏所得者最多，有《易》《詩》《書》《周
禮》《禮記》《春秋》《孟子》七經。凡三千一百二十有八行、三萬三百
餘字（細目見丁晏《北宋汴學二體石經記》）。今歸貴池劉世珩家。《吉

石盦叢書》三四集所收新舊拓本，有《周禮》《禮記》《孝經》，凡五百五十餘行。

《南宋石經》為高宗御書，紹興十三年九月左僕射秦檜請鐫石以頒四方。其經數為《周易》《尚書》《毛詩》《春秋左傳》《論語》《孟子》。其字體為楷書，惟《論語》《孟子》作行楷。其《禮記》〈學記〉〈經解〉〈中庸〉〈儒行〉〈大學〉五篇，本不在太學石經之數，淳熙四年建光堯石經之閣，奉安石經，從知府趙磻老之請，搜訪摹勒以補《禮經》之闕。合諸經計之，為石凡二百。至元初，楊璉真伽謀運致諸石，造塔於行宮故址，賴杭州推官申屠致遠力爭而止。元末，肅政廉訪使除炎改學為西湖書院，碑閣俱廢。明洪武十二年，移仁和學於書院。宣德元年，吳訥屬知府盧玉潤收集，得全碑殘碑百片，置殿後及兩廡。天順三年，改建縣學於城隅之貢院，諸石悉徙以從。正德十三年，宋廷佐又命置於杭州府學。清阮元輯《兩浙金石志》時，尚存八十六石（《周易》二，《尚書》七，《毛詩》十，〈中庸〉一，《春秋左傳》四十八，《論語》七，《孟子》十一），今又亡九石矣（《尚書》一，《春秋左傳》八）。其完全拓本舊惟星子白鹿書院有之，即宋朱熹表請頒發者。近年書院毀於火，此本亦付劫灰矣。

《清石經》為乾隆五年蔣衡手書以進，貯於懋勤殿中，至五十六年始命刻石立於太學。其經數為《周易》《尚書》《毛詩》《周禮》《儀禮》《禮記》《春秋左傳》《春秋公羊傳》《春秋穀梁傳》《論語》《孝經》《爾雅》《孟子》十三經。其石數則《易》六石，《書》八石，《詩》並《序》十三石，《周禮》十五石，《儀禮》十七石，《禮記》二十八石，《左傳》六十石，《公羊》十二石，《穀梁》十一石，《論語》五石，《孝經》一石，《爾雅》三石，《孟子》十石，合乾隆五十六年《上諭》，乾隆六十年和珅《表》一石，共一百九十石。東西廡各半，以西廡起，以東廡終。在西廡者南行，在東廡者北行。其字體為真書，碑首題「乾隆御

定石經之碑」八字，為篆書。每碑兩面刻，面六列，列三十五行，行十字。今猶完好，存清故國子監。

其不立於太學之經，唐則有《石台孝經》，為唐玄宗御注御獸，天寶四載立，今尚在長安。宋則有《紹興府學孝經》，熙寧五年立，杜春生《越中金石記》考為謝景初所書，今在紹興。《宋高宗御書真草二體孝經》，紹興十四年立，後有秦檜跋，今在遂寧（臨安原刻已佚）。尚有二本，一在南海，一在陽新，亦皆高宗書。明則有《國子監孝經》為萬曆間蔡毅中所立，今在北京歷史博物館。其節錄經文者，有唐李陽冰篆書《易謙卦》二本，一在當塗，一在蕪湖。宋司馬光書《易》〈家人〉〈艮〉〈損〉〈益〉四卦，《禮》〈中庸〉〈樂記〉二篇及《左傳》晏子語，今皆在杭縣（〈家人卦〉於紹興十九年，復刻於融縣）。張栻書《論語》〈問政篇〉，淳熙十一年刻，今在桂林。朱熹書《易‧繫辭》，今在常德。

其校正石經文字而附經以行者，則有唐張參《五經文字》、唐玄度《九經字樣》，附於《唐石經》之後，今猶並在長安。宋晁公武之《石經考異》，張參之《石經注文考異》，亦皆校正《蜀石經》之文字者，惜皆與石經俱亡矣。

其他書籍之刻石者，當以魏文帝《典論》為最先，明帝以其為先帝不朽之格言，故刊於廟門之外及太學，今已與《正始石經》並亡。唐顏真卿書顏元孫《干祿字書》，宋高宗書《禮部韻略》，並毀於吳興墨妙亭。宋劉球《隸韻》、薛尚功《歷代鐘鼎彝器款識》，其初皆為石本，今有鋟版，而石刻久亡矣。石本之存於今者，有《韓詩外傳》殘石，藏滋陽牛氏，阮元定為唐刻。重摹本《干祿字書》在潼南。宋葉夢得摹皇象書章草〈急就篇〉，宋克補六百十六字，明正統間楊政刻於松江。宋釋夢英《說文偏旁字原》（咸平二年），劉敞《先秦古物記》（嘉祐八年），並在長安。此外石本書籍之流傳者蓋鮮矣。

釋道石經 中國之有佛經，相傳始於漢明帝時攝摩騰所譯之《四十二章經》。近人梁啟超辨其妄，以為中國譯經之第一人當推安世高（見《改造》三卷十二號梁著〈佛教之初輸入〉）。若然，在後漢之末，始有譯本。厥後歷魏晉以來，譯者踵相接，至隋唐之際，佛經蔚然大備矣。其刻石也，則始於元魏（清葉昌熾《語石》以為高齊宇文周時始有刻經，並辨正孫趙二氏《訪碑錄》之誤，然趙《錄》有北魏永安二年《史同百餘人造像造經記》，吳式芬《攈古錄》有東魏武定二年《金剛經》，則元魏之時固有刻經矣），盛於高齊，迄金元以後此風漸息。

其刻石之種類可分三種：一曰摩崖，二曰碑、三曰幢。

摩崖刻經以齊周為盛，以山東、河北、山西、河南為最多。如泰安之泰山、徂徠山，鄒縣之尖山、小鐵山、葛山、岡山，磁縣之鼓山，遼縣之屋騋巘，安陽之寶山，皆其最著者也。字大者尺餘，小者亦徑寸。深山窮谷，艱於椎拓，故完全之本至不易致。

經碑如《太學石經》之例，琢石為碑，分行分列刻之。此類當以房山為大觀。隋大業中靜琬刻經一藏，僅成《大涅槃》而卒，其徒導公、儀公、暹公、法公，相繼為之，藏於石室。遼聖宗、興宗、道宗，又皆賜錢續造。列置洞中，以石窗錮閉，熔鐵灌樞，自窗櫺窺之，歷歷可睹。今惟雷音一洞闢而可入，通行拓本皆自此出。此外若山東、河南，所在皆有，然殘缺者多，不若房山之完全。

經幢之制如柱而有八棱，上有蓋，下有座，大者尋丈，小者徑尺，多刻《陀羅尼經》。以唐時為最盛。清葉昌熾搜輯唐以來拓本極多，顏其居曰五百經幢館，故所著《語石》論經幢者頗詳。

此三種之外，尚有刻於他碑之陰或側者，有刻於造像者，有刻於浮圖者，有刻於楹柱者，種類甚多。其石皆不為刻經而設，是為附刻之經。

　　凡此各種佛經，或為一人一家所造，或合群力以為之，皆歷時久遠，所費不資，觀於《方法師鏤石班經記》（齊乾明元年），《晉昌公唐邕寫經記》（齊武平三年），《匡喆刻經頌》（周大象元年）等，可知矣。其所刻之本，或字句互異，或譯本不同，或且為釋藏所未收者，若遍拓之以校勘藏本，其功誠不在敦煌經卷下也。

　　道經刻石，始於唐之中葉（以景龍二年《龍興觀道德經》為最先），隋以前無有也。且所刻之經數，亦遠不逮佛經之多。以今所流傳者計之，僅黃帝《陰符經》、老子《道德經》《常清淨經》《消炎護命經》《生天得道經》《北方真武經》《九幽拔罪心印妙經》《升玄經》《日用妙經》《洞玄經》等，數種而已。《陰符經》有二本，皆宋刻（一乾德四年郭忠恕三體書，一乾德六年袁正己書，並在長安）。《道德經》有八本、唐刻五（易縣龍興觀二本，一景龍二年，一景福二年。易縣開元二十六年玄宗御注本。邢台開元二十七年玄宗御注本。丹徒廣明元年焦山本）。宋刻一（高宗御書，原有二幢，今存其一，無年月，在杭縣），元刻二（一至元二十八年，古文本，一無年月說經臺本，並在盩厔）。《常清淨經》有三本，後梁一（貞明二年，在淄川），宋一（太平興國五年，在長安），元一（憲宗七年，在三原）。《消災護命經》一本。《生天得道經》一本（並宋太平興國五年，在長安，與《常清淨經》同在一石）。《北方真武經》一本（宋元符二年，在登封）。《九幽拔罪心印妙經》一本（宋崇寧元年，在耀縣）。《升玄經》一本（元憲宗七年，在三原）。《日用妙經》一本（元至正十二年，在盩厔）。《洞玄經》一本（年月缺，在長安）。此外若《黃庭經》《靈飛經》等及趙孟所書一切道經，多為帖本，出自後大摹刻。葉昌熾云，「釋經之精者皆大字而碑為多，道經之精者皆小楷而帖為多」，信然。

　　醫方　醫方刻石，與刻經造像以求福者不同，然亦有借作功德者，如北齊《都邑師道興治疾方》（武平六年）。與造像記同刻一石，

亦猶造橋鑿井多刻佛像，以普度眾生之事業，托之佛法之慈悲也。唐孫思邈著《千金方》，以人命至重，貴於千金，故以千金名其方。然《道興碑》實在孫書以前，已有「千金秘方」之語，知孫書之名，實取當時成語耳。耀縣有三石（無年月及標題）。相傳為孫思邈《千金方》。有見於《道興碑》者，存字缺文皆同，不知何人所刻。桂林劉仙巖有宋呂渭所刊《養氣方》（宣和四年）。《攈古錄》於金末錄《針灸方》殘刻（無年月），不著其地，亦不知其果為金刻否。似此之類，其未見著錄者，恐尚不少也。

　　格言　錄古人之嘉言，以昭箴戒者，謂之格言。上述節錄經文諸刻，如唐李陽冰、宋司馬光、張栻等所書者，皆為此類。此外尚有宋李宋篆書《韓愈五箴》（嘉祐八年），在長安。朱協極書《中庸格言》（紹定五年），在松江。張安國書《漢疏廣戒子弟語》二本，一在吳縣（淳祐元年），一在當塗（淳祐六年陳塏重刻）。張安國書唐《盧坦對杜黃裳語》二本，一在衡陽（無年月），一在吳縣（慶元二年）。又有元陳堅輯《太上感應篇注釋》（至正十二年），則完全為勸善之書矣。

　　書目　書目之有刻石，殆始於床以後。若房山之遼《雲居寺續秘藏石經塔記》（天慶八年），後列每次辦經目錄，每十卷為一帙，以《千字文》編號，雖為藏經目錄之大觀，然為所刻之經編目，非徒錄其目者，是猶《唐石經》之後載十二經之目及其卷數字數也。其專刻書目者，如太原之《宋太宗書庫記》（宋大中祥符四年）。杭縣之《西湖書院重整書目記》（元泰定元年），諸城之《密州重修廟學碑》（至正十年），皆列其目於碑之陰。其他如隆平之《程珪剏建書樓記》（大德八年），涿縣之《涿州儒學藏書記》（至正十年）。瓊山之《乾寧儒學置書記》（至正十一年），皆為記藏書之碑，不知其陰有無書目。凡此皆防藏書之散失，勒石以傳之永久者也。

　　表章事蹟諸文紀事之刻，文體實繁，記頌銘贊，無非為表章事蹟

而作。秦始皇東巡諸刻及漢以來山川祠廟諸刻，皆封禪嗣祀之文也。
漢〈裴岑紀功刻石〉（永和二年）、唐〈中興頌〉（大曆六年）等，皆紀
功之文也。漢〈王稚子闕〉（元興元年）、〈婁壽碑〉（熹平三年）等，
以及後世德政神道諸碑，皆述德之文也。《漢高朕修周公禮殿記》（初
平五年）、《鄐君開褒斜道記》（永平六年）、《辛李二君造㑺橋記》（延
熹七年），以及後世興學建寺造像造塔諸記，皆紀述工作之文也。自有
石刻以來，此類表章事蹟之作，實居什之八九，試檢著錄金石之目，
可以知其概略矣。

　　文書　公牘文字，歷代不同，皆各有其程式。秦二世於始皇刻石
之後，具刻〈元年詔書〉，此為文書刻石之始。其後如漢安帝〈賜豫州
刺史馮煥詔〉（元初六年）、《孔廟置百石卒史碑》（永興元年）、《史晨
祠孔廟奏銘》（建寧二年）、《聞熹長韓仁銘》（熹平四年）、《樊毅復華
下民租田口算碑》（光和二年）、《無極山碑》（光和四年）等，所載文
書，或為天子下郡國，或為三公上天子，或為郡國上三公，或為郡國
下屬官，種種形式，猶可考見漢制之一班。唐宋時所刻，種類尤繁。
天子之文書，曰詔，曰敕。如唐太宗《贈比干太師詔》（貞觀十九年），
太宗、高宗贈泰師，孔宣公兩詔（武德九年及乾封元年），中宗《賜盧
正道敕》（景龍元年），太宗《賜少林寺田敕》（開元十一年），玄宗《賜
張九齡敕》（天寶元年），武后《還少林寺神王獅子敕》（天寶十四載），
宋真宗加文宣王封號詔（大中祥符元年），徽宗〈賜辟雍詔〉（崇寧元
年），高宗〈籍田詔〉（紹興十六年），真宗《賜陳堯諮疏龍首渠敕》（大
中祥符七年）、〈賜天慶觀敕〉（大中祥符八年）等，皆是也。其中如辟
雍等詔，以及唐玄宗之《今長新誡》，宋太宗之〈戒石銘〉，殆為頒示
天下之通敕、故所在縣邑多有之。其自中書以下下行之文書，曰牒，
曰劄子，曰帖，曰公據。如唐〈奉先寺牒〉（開元十年）、〈會善寺戒壇
牒〉（大曆二年）、宋〈永興軍牒〉（景祐元年）、〈永興軍札子〉（景祐

二年）、〈方山昭化寺帖〉（崇寧二年）、〈戒香寺公據〉（紹聖四年）等，
皆是也。蓋牒與劄子皆給自中書門下，或尚書省，或禮部，帖給自常
平茶鹽諸司，公據則給自所在官司也。金之牒較宋為多。凡寺院納
錢，即可給牒賜額。其制始於大定初，故大定一朝，此類之牒獨多。
元之詔敕，凡史臣代言者曰詔，以國語訓敕者曰聖旨，諸王太子謂之
令旨，后妃公主謂之懿旨，如〈玉清宮摹刻聖旨碑〉（太祖十八年）、
〈草堂寺闊端太子令旨碑〉（太宗七年）、〈太清宮公主皇后懿旨碑〉（太
宗皇后稱制四年）、〈皇太后懿旨碑〉（至順二年）等，是也。其文多為
語體，或蒙古文與漢文並列。其稱制詔者，如〈加封孔子〉等制詔皆
為通敕，天下郡邑多有之。公據又或稱，如《磻溪谷長春觀公據》（太
宗十年）及〈給碧洞子地土執照〉（太宗十一年）等，是也。明清以
來，此類石刻亦複不少，惜尚無搜采及之者。

　　墓誌、墓甎　塚墓之文，有墓誌，有墓甎。墓誌記年月姓名及生
平事蹟，系之以銘，故又謂之墓誌銘。其文亦所以表章事蹟，與神道
碑相類。然其石藏之壙中，以防陵穀之變遷，與神道碑立於墓前，與
人以共見者，用意微有不同。其制始於東漢，〈隸釋〉載〈張賓公妻穿
中文〉（建初二年），即壙中之刻。清光緒末，嶧縣所出之《臨為父作
封記》（延熹六年），亦出自壙中，為後世墓誌之權輿。同時孟津又出
漢磚百餘，皆誌罪人之姓名、籍貫、刑罰及其年月，為叢葬罪人之
誌。其年號自永平至熹平凡歷百餘年。知誌墓之風實始於東漢之初，
歷魏、晉、宋、齊、梁、陳皆有行之者。然其時立石有禁，故磚多石
少。北朝魏齊之際，此風最盛。隋唐以後，遂著為典禮矣。晉石曩惟
劉韜一石（無年月）見於著錄（尚有太康三年房宣墓題字，實據劉韜
題字偽造者）。近年洛陽新出者，有馮恭石槨題字（太康三年）、苟岳
墓題字（元康五年）、苟岳石之兩側為其夫人劉氏墓題字（永安元年）、
魏雛柩題字（元康八年）、張朗碑（永康元年），石尠墓題字、石定墓

題字（並永嘉二年）。鄭舒妻劉氏墓題字（無年月）。中惟張朗魏雛兩刻為碑式，後系以銘，其餘皆紀姓名、官階、籍里及妻子之名氏，與後世諛墓之文不同。其名稱或曰碑（張朗），或曰墓（苟岳、劉韜），或曰柩（魏雛），亦無墓誌銘之稱。其以墓誌或墓誌銘稱者，實始於南北朝，南朝以〈劉懷民墓誌銘〉（大明八年）為最先，北朝以〈韓顯宗墓誌〉（太和二十三年）為最先。南朝志石，曩之見於著錄者，如宋〈宗愨母劉夫人墓誌〉（大明二年）、〈謝濤墓誌〉（大明七年）、〈劉襲墓誌〉（秦始六年）、〈張濟女推兒墓誌〉（元徽元年），齊〈海陵王墓誌〉（年月缺）、梁〈蕭敷夫婦兩墓誌〉（並普通元年），今皆不存。所存者，惟近出之宋〈劉懷民墓誌〉、齊〈呂超靜墓誌〉、梁〈程虔墓誌〉（呂程兩志年號並缺，近人考呂志為齊永明十一年，程志為梁太清三年）三石而已。北朝志石多於南朝，而近年所出更倍蓰於前人之所著錄，其中尤以北魏元氏為多。蓋洛陽之芒山，自古為丘墓之墟，而北魏陵寢多在其間，王侯貴族胥祔葬於此。嗜利之徒，私自發掘，時有所獲。此事本無足奇，而求之過深者，往往疑為出自偽造，是誠武斷之甚矣。隋墓誌上承六朝，下開唐宋，其形制文體，漸成定式。唐墓誌流傳獨多，式亦最備。宋墓誌之數，不逮唐之十一，元又不逮宋之半。於此可以知風俗之奢儉矣。墓誌之式，其初本無定例。有圭首似碑者，如晉之張朗、劉韜，北魏之韓顯宗、李謀等石是。有為方版，而陰或側並刻字者，如晉之苟岳、石尠，北魏之刁遵、李璧等石是。其有蓋之制。殆始於北魏。最初不盡有題字，自延昌以後乃有之。北朝之志，有蓋者不過十之一二，至隋而盛行，竟居十之七八。凡志銘之前無標題，而以「君諱某」起者，皆當有蓋，故一失其蓋，即無從知其姓氏矣。志文有書而未刻者，或為朱書，或為墨蹟。此類墓誌，大抵皆磚質也。釋氏之葬多建塔，故又謂之塔銘。北朝尚少，僅北魏孫遼一刻，稱浮圖銘（孫遼別有一墓誌，偽），且不為僧徒而為居士。

魏惠猛法師（無年月）直稱墓誌，齊法懃禪師（太寧二年）無標題，
隋惠雲法師（開皇十四年）稱墓。可見隋以前之僧，志墓者實不多見，
至唐而其風最盛。標題亦不一，有稱焚身塔者，亦有不稱塔而曰方
墳、石室、龕塋者，則又為變例矣。

　　墓莂者，買墓地之券，置之壙中者也。其券不皆為真券，如吳
〈浩宗墓券〉（黃武四年）、晉〈楊紹墓札〉（太康五年）、〈朱曼妻薛墓
券〉（咸康四年）、宋〈王佛女墓券〉（元嘉九年）、唐〈喬進臣墓牒〉（元
和九年）、南漢〈馬二十四娘墓券〉（大寶五年）、宋〈朱近墓券〉（紹
興元年），明〈宋秀買墓地合同〉（隆慶二年）、〈李孟春買墳地券〉（年
月泐）等。其四至及證人皆虛無縹緲之詞，為村巫之陋俗。其真券紀
實者，僅有漢〈武孟子男靡嬰墓券〉（建初六年）、〈潘延壽墓筒〉（建
寧元年）、〈王君卿買地券〉（建寧二年）、〈孫成墓券〉（建寧四年）、
北魏〈張神洛墓券〉（正始四年）五種。惟唐〈劉玄簡墓券〉（大中中）
前所紀四至為實界，後所紀四至則為青龍白虎之屬，是紀實而兼沿習
俗者。此類墓券，或為石，或為磚。惟王君卿孫成用鉛，靡嬰用玉，
永建四年券用鐵，皆為希見之品。此外尚有載於墓誌之後者，所見惟
唐《徐府君劉夫人合祔銘》（大和九年）一石，亦為紀實之真券。

　　譜系　中國在宗法社會時代，氏族門閥，辨之極嚴，故《隋書》
〈經籍志〉列譜系於史部，鄭樵《通志》列氏族於二十略。其見於石刻
者，若唐《郭敬之家廟碑》（廣德二年）。其陰列敬之男九人、孫十五
人、曾孫三人，並詳其官位。樂安孫氏石刻（元和四年）且列一家男
婦老幼。宋元以來，刻石尤多。宋《石氏世表》（康定二年）、元《萊
蕪鄒氏宗派圖》（延祐二年）、《王氏世系圖》（至正七年）等，皆於其
本系宗支敘述詳備。元時寺院之碑，往往於碑陰刻宗派圖。古聖賢之
譜系亦有刻石者，如紹興孔廟之宣聖世系圖，鄒縣孟廟之《鄒國公續
世系圖記》，吳縣至德廟之《泰伯世系圖》，是也。此外尚有紀祖父生

卒年月者，如漢《三老諱字忌日記》（建武中），則為祠祀而設，非譜系之屬也。

　　地圖、界至　葉昌熾據唐《吳興圖經》為顏真卿所書，刻於石柱，以為唐時圖經皆為刻石。是則地圖之刻石，由來舊矣。今所存者，惟劉豫阜昌七年之〈禹跡圖〉〈華夷圖〉（當金天會十五年）兩種。畢沅謂「所載山川，多與古合，是為宋以前相傳之舊」。又有宋呂大防〈長安志圖〉，佚而復出，且僅存殘石數十片。吳縣有〈平江圖〉（無年月）、〈地理圖〉（淳祐七年，與〈天文圖〉〈帝王紹運圖〉同刻），桂林有〈修桂州城圖〉（無年月），皆為南宋時刻。金元時所刻者則有〈嶧山圖〉（大定十六年）、〈尼山圖記〉（明昌六年）、〈重修中嶽廟圖〉（承安五年）、〈崇國北寺地產圖〉（至元二十一年）、〈揚州路學田圖〉（後至元五年）、〈平昌寺地圖記〉（至正十五年）等，皆石之見存者。其石佚而僅存拓本者，惟《攈古錄》載唐〈洛京朝市之圖〉（元後至元三年）一刻。凡此之類，或圖九州，或圖郡邑，或圖田地，其範圍之廣隘雖不同，而皆有資考證者也。

　　界至者，記疆界之四至也。《元和郡縣圖志》又稱為八到。其俗自漢已然。上述之墓誌，莫不有東西南北之界，但或言比，或言邸，或言極，或言至，為不同耳。漢《宋伯望刻石》所紀，皆經界之事。隋《始建縣界碑》（大業四年）、宋《常熟縣經界記》（嘉熙二年）、元《曲阜縣歷代地理沿革志》（至正十年），乃紀一縣之界。唐《豐樂寺大界相碑》（永泰二年）、宋《保安院大界相碑》（景祐五年），即識寺院之界至者，釋家謂之界相。若宋《棲岩寺四至記》（咸平二年）、金《鴻慶寺常住地土四至碑》（大定二十八年）、元《月華山林泉寺四至碑》（大德三年）等，則又不稱界相而稱四至。其以山為界者，則有唐《龍瑞宮山界至記》（無年月，賀知章撰）、宋《仰天山勅賜山場四至記》（元符三年）、金《靈岩山場界至圖記》（天德三年）、元《張志賢修行

記》後刻《本山四至》（至元九年）等。蓋此類界至之碑，以山場寺院為最多也。

　　題詠題名　凡著名祠宇及山水佳處，多有古人之題詠題名。或志景仰，或紀遊蹤。唐宋之後，作者尤夥。姓名事蹟，往往可補志乘之闕，若整理而匯錄之，皆治吏者考證之資也。

　　北魏鄭道昭〈登雲峰山論經書詩〉（永平四年）、〈觀海島詩〉、〈登太基山詩〉、〈詠飛仙室詩〉（並無年月）四種，為詩篇刻石之始。昔盛昱藏一殘石，為〈登百峰山詩〉，碑側有題名一行，只存官號而缺人名，亦為魏刻。北魏刻石只此，餘無聞焉。唐宋以後，詩人輩出，名作如林，故見於石刻者，亦往往蔚為大觀。如唐之〈美原神泉詩〉（垂拱四年）、〈夏日游石淙詩〉（久視元年），宋之〈興慶池禊宴詩〉（慶曆二年）、〈石林亭唱和詩〉（嘉祐七年）等，皆一時唱和之作。其單篇零葉見於碑陰或崖壁者，更指不勝屈。宋以後詞始盛行，詩篇之外間有刻詞，但見於著錄者僅十餘種耳。

　　題名始於東漢。孝堂山石室有邵善君題名，曰「平原濕陰邵善君，以永建四年四月廿四日來過此堂，叩頭謝賢明」，〈韓敕造孔廟禮器碑陰〉有項伯修題名，曰「熹平三年，左馮翊池陽項伯修來」，皆為親履其地自題姓名者。孝山堂石室題名，據孫《錄》所載，自漢至於唐初，凡十餘則。題名匯於一處而又最早者，當莫過於此矣。唐時題名之風，較北朝為盛，宋元時尤多。今南北諸省，山巔水涯，隨處皆是，尤以桂林諸山為最。方志及金石目錄諸書所著錄者，實不足以盡之。此類遊客題名之外，尚有二種，亦皆有資考證者。一為官吏之題名，如〈御史臺精舍題名〉（唐開元十一年）、〈郎官石柱題名〉（唐大中十二年）、〈楚州官屬題名〉（唐自大和訖會昌）等，是也。一為科舉題名，如紹興縣（宋大中祥符訖鹹淳凡三碑）、滁縣（宋紹興十八年）、黔陽縣（宋寶祐二年）、長安縣（自齊阜昌訖金興定）。大興縣（自元

迄清）之〈進士題名〉，吳縣（宋自紹興至寶祐）、歷城縣（凡二碑，一元至正十年，一二十二年）之〈鄉試題名〉等，皆是也。至若秦琅玡臺刻石，唐〈紀泰山銘〉等之從臣題名，以及漢以後立碑造像之出錢人題名，則又為一例矣。

四　一切建築品附刻之文

附刻云者，謂其石不為刻文而設，因營造建築之石材而附刻文字也。今分類述之，一曰橋，二曰井，三曰闕，四曰柱，五曰浮圖，六曰食堂、神位，七曰墓門、黃腸，八曰石人、石獸，九曰器物。

橋　《水經注・谷水》載洛陽建春門〈石橋右柱銘〉，漢陽嘉四年刻，為漢時橋刻之見著錄者。此外若《蜀郡屬國辛李二君造𥩽橋記》（延熹七年）、〈李翕析里橋郙閣頌〉（建寧三年），雖為造橋而作，皆非附刻之文。東魏〈於子建造義橋石像碑〉（武定七年）、隋〈宋文彪等造澧水石橋碑〉（開皇十六年）等，亦皆𥩽橋、析里橋之屬。附刻之文，惟宋以後尚有流傳。有刻於柱者，如〈吳縣西竺寺橋柱題字〉（宋寶元元年）是也。有刻於闕者，如〈徐水縣徐河橋石闌題名畫像〉（金明昌中）是也。其餘橋名之額，更指不勝屈。江蘇浙江等省，多有宋元年號之刻，明清更無論矣。造橋之事，古人以為功德，與刻經造像之意同，故於子建等即於碑上造像。是雖為利人，仍是為己求福也。

井　井闌之有刻字，以梁天監十五年一刻為最先，其文曰「梁天監十五年太歲丙申，皇帝愍商旅之渴乏，乃詔茅山道士□□永若作亭及井十五口」，為武帝下詔所作者。江寧有〈湧金井闌題字〉，題至德元年，繆荃孫定為陳之至德，亦為南朝物。北朝未見井闌題字而有造井碑，新出魏〈廉天長造義井記〉（武定八年）即其一也。唐之井闌題字，僅溧陽零陵寺元和六年一刻及宛平開成四年一刻。宋元以後見於

著錄者，無慮數十種，大抵皆在蘇浙兩省境內。鑿井之意，亦與造橋同，故題字往往稱為義井，觀於梁刻之文，可知其為施捨而設矣。

　　闕　闕有二種，一為神廟之闕，一為墓道之闕。廟闕有四，皆為漢刻，嵩山泰室（元初五年）、少室（年月泐）、開母廟（延光二年）、華嶽廟（永和元年）是也。此外多為墓闕，亦以漢刻為多。魏有二刻，晉有三刻，梁有十餘刻。自是以後，絕無聞矣。漢時墓前多樹豐碑，其樹闕者實居少數。今所出後漢諸墓闕，惟武氏二闕（建和元年）、南武陽三闕（一元和三年，一章和元年，一無年月）在山東，其餘皆在四川，可見一時風向，各地亦有不同也。其形制則《金石圖說》《金石苑》所紀最詳。大抵皆累石為之，左右二闕對峙，如漢王稚子（《金石錄》云「元興元年」）、高頤（頤有碑，為建安十四年）、沈君（無年月）等及蕭梁陵墓諸闕皆然。馮煥（煥有碑，為永寧二年）、楊宗（無年月）等之僅存一闕者，或亡其一耳。其題字多在正面平正之處。若高頤闕則並簷端亦有之，每端一字，如瓦常然，所題之字典上面同（《隸續》錄王稚子闕，六字亦在簷端）。梁闕，凡西闕之字皆左行或反書。其題字之外，凡有空處皆刻畫像，雖梁闕亦然，世人專重文字。故拓工往往遺畫像而不拓。明清時，達官顯宦及孝子節婦之獲旌表者，多樹牌坊。亦即漢以來石闕之遺制，但僅有題字而無畫像耳。

　　柱　後漢初平五年益川太守《高朕修周公禮殿記》，刻於木柱之上，其文載在〈隸釋〉，此為楹柱上附刻文字之始。唐宋時建築寺觀，施捨石柱，往往刻字於其上。所刻成為佛經佛號，或為施主姓名，如華陰華嶽廟（唐大中乾符間）、正宗開元寺（武周時）、晉城青蓮寺（北宋時）、登封嵩陽宮（北宋時）、肥城孝堂山石室（唐大中、宋崇寧間）、濟寧普照寺（北宋時）等，皆石柱題字也。亦有鑄鐵為之者，如鳳儀鐵柱廟（唐南詔建極十三年）、桐柏淮源廟（左柱為宋慶曆二年，右為三年），是也（唐時官署屬吏題名，有刻於柱者，名雖同而實非楹

柱）。其柱礎上刻字者，則有元氏開化寺（無年月，沈濤《常山貞石志》考為北周時刻）、海寧廣福寺（宋天聖三年）、嘉定菩提寺（宋治平四年、建炎二年）、吳縣寶林寺（宋淳熙十五年）諸刻，亦皆建築時所附刻者也。一九二五年夏，安陽出一方石，中鑿一孔，題曰「趙建武四年造泰武殿前猨戲絞柱石孔」，為猨戲植柱所用之礎，尤為僅見，今藏北京大學。其他宮室石材之有題字者，如石欄題字，吳縣玄妙觀（南宋時）、濟源濟瀆廟（金時），各有一刻。螭首題字，益都太虛宮（元延祐元年）有一刻，此外蓋不多見矣。

浮圖　浮圖，即塔也，為釋氏之建築品，造之以祈福，與刻經造像同，故自北朝始有之。但傳世石刻如暉福寺（魏太和十二年），凝禪寺（魏元象二年）等，皆為造塔之碑，非附刻之文。其附刻於塔者，惟登封會善寺（魏神龜三年）刻於石蓋，吳縣治平寺王以成造（隋大業七年，已佚），刻於塔盤。陵縣王回山造（唐天寶六載）刻於塔座。其隋仁壽間舍利塔諸刻，如青州勝福寺、岐山鳳泉寺、鄧州興國寺等。或為方版，或為圓石，殆皆塔下之盤，或舍利石函之蓋山。

食堂神位　古之墓所，有建築石堂中設神主，以為歲時享祀之所者。今所傳此等刻石，多為漢刻，且多有圖像。永元七年、延平元年、永建五年、建康元年，各有一刻，並署食堂或石堂二字。尚有《三老諱字忌日記》一石（忌日皆在建武中）、戴氏父母忌日記二石（忌日皆在永初中），雖不言立堂，亦皆祠墓中物。至神位題字傳者絕少，宋人著錄，僅有《四皓神座》及《神祚機》，出漢惠帝陵旁，已佚。近洛陽出二石，一曰「魏故符節僕射陳郡鮑揖之神座」，一曰「魏故處士陳郡鮑寄之神座」，並隸書，考為曹魏時刻。此外見於前人著錄者，惟祝其卿《上谷府卿墳壇》二石（並居攝二年），其制為龕，字在陷內。趙明誠云：「墳壇者，古未有土木像，故為壇以祀之」，則亦神主之屬也。〈隸續〉錄〈魏文昭皇后識坐板函〉，定為魏文帝甄皇后神座前之

物，亦此類也。

　　墓門、黃腸　古之厚葬者，飾終之典，不厭其奢。今所傳三代鼎彝重器，往往出自塚中。漢以後葬禮，多有埋幽之文，以識其墓處，即墓誌墓箭等是也。而壙中之建築物，亦有附刻文字者，所見惟墓門及黃腸。

　　墓門刻字者少而畫像者多，傳世一石，中刻一鹿，左有題字三行，曰「漢廿八將佐命功苗東藩琴亭國李夫人靈第之門」，靈第即墓也。寶應射陽故城之〈孔子見老子畫像〉一石（有題字三榜，曰孔子，曰老子，曰弟子）。一面亦刻畫像三層，上層為朱雀，中層為獸首銜環，下層為執刀盾之武士。高僅三尺餘。汪中稱為石門畫像，最為允當，蓋有獸首銜環之一面，乃正面也。近河南山東等省所出甚夥，畫像之工拙不等，中皆有獸首銜環之形，是皆墓門之石也。

　　《漢書・霍光傳》：「光薨，賜……梓宮便房黃腸題湊各一具。」蘇林曰：「以柏木黃心致累棺外，故曰黃腸。木頭皆內向，故曰題湊。」如淳引《漢儀注》曰：「天子陵中明中高丈二尺四寸，周二丈，內梓宮，次楩槨柏黃腸題湊。」是所謂黃腸題湊者，以柏木黃心者為之，累置棺槨之外，頭皆內向也。一九〇六年，南海發見南粵王塚，中有大木數十章，皆長丈餘，方尺餘，每章刻「甫一」「甫二」，以至「甫幾十」等字。王靜安謂即漢之黃腸，其說是也。其刻甫一、甫二等字者，紀其駢列之次第也。「甫」疑「專」之省。專，布也。東漢之黃腸，多以石為之，從前金石家未有著錄者，端方著《陶齋藏石記》，始錄永建二石，陽嘉二石，皆紀廣長厚之尺寸及第幾之數。尚有熹平元年一石（未見著錄），中有「更黃腸掾王條主」等字，其紀尺寸及次第與他石同，知此類之石皆黃腸也。一九二三年夏，洛陽某村發見此類之石無慮數百方，多為永建年號。其廣長厚之尺寸，度以建初尺，一如其所紀者。此類之建築，費工多而歷時久，數量又若是之多，頗疑

為漢帝之陵墓。此紀永建年號，當為順帝之憲陵。《陶齋藏石記》所錄者，亦為順帝年號，或亦自此村出土者也。王靜安以為此種墓石，古代已有出土者，據《水經注・濟水篇》浚儀渠石門之銘，有「建寧四年十一月黃腸（今諸本皆作場）石」等字，謂「酈氏所見石門，實後世發漢建寧舊墓石為之」。觀酈氏所紀，有「主吏姓名磨滅不可複識」之語，則其所題之字，當如熹平元年一石之例，又可知矣。

石人石獸　石人石獸之見於《水經注》等書者不勝枚舉，大抵皆宮室或塚墓前之物。凡其所紀，今多不存。後之所出，蓋寥寥焉。

曲阜二石人在魯恭王墓前：一，介而執殳，高六尺八寸，胸前刻「府門之卒」四字；一，冕而拱手立，高七尺一寸，胸前刻文二行，曰「漢故樂安太守麃君亭長」，並篆書。阮元著《山左金石志》時，移置於畢相圃中。登封嵩丘廟前有一石人，頂上刻一馬字。黃易據字體審為漢刻，見所著《嵩洛訪碑日記》。掖縣大基山石人，題「甲申年造，乙酉年成」，吳式芬《攈古錄》考為北齊天統元年鄭述祖造。石人題字之紀年者，僅此一刻。尚有鑄鐵為之者。嵩丘廟鐵人，一題治平元年，一題熙寧二年。晉祠鐵人三，二題紹聖年，一題政和年。汾陰鐵人，題大中祥符四年。皆宋物。杭縣岳飛墓前有四鐵人，題秦檜、王氏、萬俟卨、張俊四人姓名，則不知何時所鑄矣。

古之石獸，有施於宮闕者，有施於丘墓者。宮闕前多作獅子，如武氏石闕所紀「孫宗作獅子」是也。丘墓間多為羊虎之屬，如《隸續》所載種氏石虎刻字及《金石錄》所載州輔宗資二墓天祿、辟邪字，皆是也。今所傳世者，有劉漢石獅子題字，隸書一行，曰「洛陽中東門外劉漢所作獅子一雙」，為東漢時刻。汲令王君石獅子題字，正書二行，曰「永寧元年六月汲令王君所立」，為西晉時刻。趙縣署前石獅子題字（大德七年）、滎陽鎮宅石獅子題字（大德十年）。元氏仁德鄉石獅子題字（延祐二年）、元氏神嵩鄉石獅子題字（泰定二年）、河內李

宣風等置石獅子題名（至正十二年），並為元時所造。近安徽出石羊六，小者四，刻大吉等字，大者二，刻道家言，無年月，亦丘墓中物也。其以鐵鑄者，則正定有二獅子，一題至元廿七年，一題至治元年，亦皆元時物也。

　　器物　石器之有題字者，有幡竿石，有石燈檯，有石香爐，有石盆。幡竿石為寺院中植幡竿所用，唐有一刻（開元三年，虞鄉石佛寺），宋有四刻（一嘉祐三年，汶上寶相寺；一崇寧三年，泰安王母祠；一宣和二年，泗水三殿廟；一紹興三十年，海鹽法喜寺）。石燈檯略如經幢，所以燃燈，故謂之燈檯，唐有天寶十一載二刻（一在洛陽，一在元氏），宋有大中祥符元年二刻（並在諸城）。石香爐為祠廟中焚香之具，唐刻不多見，五代有二刻（一晉天福六年，密縣超化寺；一天福八年，益都玉皇廟）。宋時最多，不能備舉。石盆以正定雪浪盆為最著（宋紹聖元年蘇軾銘），掖縣天齊廟、三官廟各有一刻（一紹聖二年，一宣和三年），綿陽亦有一刻（宣和三年）。有所謂醮盆者。乃道流設醮所用，唐宋以來，流傳甚多。此外器物，則有山東古物保存所之石磴（晉太康九年），四川某縣之水磴（宋太平興國三年），費縣蒙山之石甕（金貞祐元年），皆所僅見行。若宋以後研銘之屬之存於今者，則指不勝屈矣。

第五章

金石以外諸品

　　上二章分述銅器與石刻，即古人所謂金石學之範圍。此章於金石材料之外，兼述非金石諸品。其中有為古人所不及見者，有為著錄金石諸書所未收者，即第一章所云廣義的金石學之範圍也。其目則一曰甲骨，二曰竹木，三曰玉，四曰匋（附明器、瓦、專）。

一　甲骨

　　甲骨者，龜甲與獸骨也。其刻辭則殷商貞卜之辭也。曷為知為殷商，以出土地為殷虛，而刻辭中多紀殷帝之名也。曷為知為貞卜之辭，以甲骨皆有契灼之痕，而其辭義有貞、卜等字也。此為近今學術界一大發見，其價值且在商彝周鼎之上。顧世之人有以為速朽之質，不應歷三千年而不壞，因而疑其偽者。是由於未明實物之情況，及其發見之始末也。今特為詳述之，以釋世人之疑。

　　一、出土之時地及首先發見之人，皆可得而考也。一八九九年（清光緒二十五年），王懿榮得若干枚於估人之手，珍秘不以示人。明年，王卒，遺物歸劉鶚，又明年，《鐵雲藏龜》編印問世，所選者千餘枚。世之知有甲骨刻辭，自此書始。其地為安陽縣西北五里之小屯，當洹水之南，或據《史記・項羽本紀》定其地為殷虛，是也。出甲骨之地周圍僅四十餘畝，種麥及棉。鄉人海於刈棉後發掘，穴深者二丈許，掘後復填之。所出甲骨之外，有齒牙、骨、角、珧、貝等材，或其製成之器物。意其地為昔之府藏，史官之所典守，而今淪為丘墟也。

二、實物之情況及其用途，可由目驗而得也。龜甲皆用腹甲，無用上甲者。獸骨則為脛與肩膊，皆剖而用之，故亦如龜甲之有表裡。其卜法，先鑿穴於甲骨之裡而不使穿，或不鑿而鑽，或鑽而復鑿。鑿穴為橢圓，鑽穴為正圓，此即《詩・大雅・綿》「爰契我龜」之「契」也。既契，乃於其契處灼之，則兆見於表。其兆一從一橫如卜字，《說文・卜部》「卜，一曰象龜兆之從橫」，是也。或疑卜用獸骨，古籍無征，《殷虛書契考釋》中已引《宋史・西夏傳》及徐霆之《黑韃事略》以證之。然《論衡・卜筮篇》已有「豬肩羊膊可以得兆」之語，則骨卜亦非必無之事。且商代信鬼，一日數卜。龜甲不足，輔之以獸骨，亦屬事理之常。今驗之實物，凡以龜甲卜者，皆屬祭祀，其他事則用獸骨。如脛骨皆為田獵之事，肩膊多為征伐等事。知用甲用骨。亦各有其事之宜也。

三、數量之多，刻畫之精，體例之不紊，作偽者有所不能也。世之作偽者，或為名，或為利，不惜以窮年累月之功，造成一器，刻成一石，冀以遂其欲。然大抵勞力少而獲報多，而後其偽始值得一作。今之甲骨則不然，最初之發見也，當地人呼之為龍骨，云以之敷刀創，止血有奇效（見《地學雜誌》第二年十七號武龍章〈安陽洹上之特產及發見物〉）。初不過以藥品視之，後知其有文字而收之，每枚亦僅售一二錢。王懿榮之所得不過數千枚，其後數乃至數萬。其他散見各收藏家者，尚不計其數。若果為作偽，吾不知其用心何居，更何從得如許之敗甲朽骨以鐫刻之而又掩埋之也。此不能偽者一也。鐫刻之事，質堅則易工，若已腐朽鬆脆，則無從求其工矣。今所見刻辭有字小如黍，畫細如發者、刀痕深入，字口光澤，其為未腐朽鬆脆以前之所刻，可斷言也。試觀近年偽品，取原有無字甲骨，集字模刻者，刀痕粗淺，字口不齊，其明證也。此不能偽者二也。甲骨所載既為貞卜之辭，則當時記載，自必有其體例，不容紊亂。今觀其刻辭，每枚或

容數篇，每篇多不過十餘言，而體例謹嚴，斠若畫一。如（甲）商人之名用十干，而卜祀之日必各依其祖考之名。（乙）人名之書法多為二字合文，如金文中祖辛（作祖辛敦）、妣戊之例。（丙）凡稱所祭之祖曰王賓，所祭之妣曰奭。（丁）年月日具載者，必先日次月次年，如曰，「癸未……在四月，佳王二祀」（《殷虛書契》卷三第二十七頁），與商器之戊辰彝、觥尊、庚申父丁角之例同。（戊）凡有「𠂤」之辭必為癸日，王靜安釋為旬字，以每旬之末日卜來旬之事也。（己）凡數篇同在一脛骨者，則先刻之辭必自下始，以日排比、如積薪之後來居上。例雖不止此，而即此數端，已可概見。此不能偽者三也。

　　在此二十餘年中，經多數學者之研究，已略能通其讀。其於學術上有絕大之貢獻者，約有二端：一曰文字；二曰史跡。

　　曩之言古文者，多取材於鐘鼎彝器。然什之七八皆為周器，而殷之文字實居少數。《殷文存》所錄者，雖不下七百餘器，而器率數文，都計之亦不足當周文之什一，況所錄者又不盡殷器也。自甲骨出，而殷之文字幾與周相埒。雖其間繁簡省變，不無異同，而參互比證，猶能尋其原委。且有宋以來審釋欵識諸家之所不能識備，至是或能正其讀，或能曉其義。如丁子（兄癸卣、觥尊、史頌鼎）、己子（伯碩父鼎）、乙子（戠敦）之子字，向皆讀為子而其說遂支離難解。今得六十甲子之表（《書契》卷三第二至十四等頁），始知為辰巳之巳，而子丑之子，別作𠈌或𡿺也。盂鼎「粵若𤔔乙酉」之𤔔，宰椃角「佳王廿祀𤔔又五」之𤔔，向無確釋。今甲骨刻辭昱日字多作𣊬𣊮𣈮等形，知𤔔、𤔔皆昱矣。己酉方彝、兄癸卣、戊辰彝之𤔔日，向或釋世昌二字。今知其為祭名（從劦，從口，疑即協字），與肜日同例。凡此之類，不勝枚舉，皆見於《殷虛書契考釋》。若循是以精研之，恐他日之所得，正未有艾也。

　　孔子言夏殷之禮，已有文獻不足之歎，遑論今日。今之所謂殷代

史跡者，惟《尚書》中七篇及《史記》之〈殷本紀〉〈三代世表〉。舍此以外，其材蓋鮮矣。甲骨所紀雖不皆史事，而由此可以考見殷代之制度典禮者，正復不少。今據其可確定者言之。（甲）地理。〈殷虛書契考釋序〉云：「商之遷都，前八後五。盤庚以前，具見〈書序〉，而小辛以降，眾說多違。垣水故墟舊稱亶甲。今證之卜辭，則是徙於武乙，去於帝乙。又史稱盤庚以後，商改稱殷。而遍搜卜辭，既不見殷字，又屢言入商。田游所至，曰往曰出、商獨言入。可知文丁帝乙之世，雖居河北，國尚號商。」又凡紀田游者多書地名，雖不能定為後世何地，而稽其時日，往往自一二日至五六日。因此知各地與殷虛之距離，大抵不甚相遠，或皆在大河南北數百里之內。此都邑及其他地理之可考者也。（乙）世系。商之君數世數，見於《史記》〈殷本紀〉〈三代世表〉及《漢書·古今人表》者，或同或異。王靜安就甲骨中所見者，詳為考訂，著《殷卜辭中所見先公先王考》及《續考》，因祀禮中之特祭其所自出之先王者以得其世次，知諸書所紀，以〈殷本紀〉為近。又由是以知商之繼統法，以弟及為主，而以子繼輔之，無弟然後傳子。其傳子者，亦多傳弟之子，而罕傳兄之子。兄弟之未立而殂者，其祀之也與已立者同（見《殷卜辭中所見先公先王考》）。此世系之可考者也。（丙）祀禮。商之祀禮，與周大異。其祭名可知者，曰宗，曰禘，曰烝，曰肜日，曰肜月，曰𤇆日，曰𣥏，曰祭，曰𢆶，曰𥛜，曰祼，曰𤔲，曰叙，曰酒，曰羹，曰品，曰衣。或為專祭，或為合祭。其祭日及牢鬯之數，一皆以卜定之。此祭祀之禮之可考者也。（丁）卜事。祭祀之事，既用卜矣。其餘如征伐、田漁及祈年、祈風雨諸事，幾無不用卜，此殷人尚鬼之說之有徵也。由此數端觀之，或史多違牾，賴此以得確說者有之，或史有缺略，賴此而有所創獲者有之。王靜安取其材以作《殷周制度論》，認為古代政治與文物，殷周之間實為一大關鍵，是誠歷史上之重要發明也。

　　以有殷一代太卜之所掌，史官之所紀，湮沒三千年而復顯於今日，吾儕得於斷爛殘缺之餘，徵其文獻於萬一，寧非人世之奇遇，宇內之環寶乎？故論其價值，應超越乎一切金石學材料之上，其董理研求之責，今後吾儕當共任之也。

二　竹木

　　古之簡冊，概用竹木，凡書於簡冊之文，皆竹木之文也。史籍所紀發見古簡冊之事凡三：一曰晉之汲郡；二曰齊之襄陽；三曰宋之陝右。汲郡之所出者，凡七十五篇，今僅存〈穆天子傳〉。襄陽之所出者，僅得十餘簡。據王僧虔云，是科斗書《考工記》，今已不存。陝右之所出者，多東漢時文書，朽敗不可銓次，獨永初二年《討羌檄》完好，宋人曾摹刻於法帖中。迄清光緒末年，瑞典人赫定（Sven Hedin）於我國新疆羅布淖爾北之古城，盜掘簡冊甚夥。嗣英國派匈牙利人斯坦因（Aurel Stein）於西陲，劫去尤多。其地則一為甘肅敦煌西北之長城；二為新疆羅布淖爾北之古城；三為新疆和闐東北之尼雅城、馬咱托拉、拔拉滑史德三地。其時代則自西漢迄於前涼，出敦煌者皆兩漢物，出羅布淖爾者為魏末至前涼，出和闐旁三地者無年代可考。其種類則什之八九為官私文書，餘為小學、術數、方技等遺籍，大抵皆屯戍士卒所用之遺物也。

　　最初為之考釋者，有德人亨利（Karl Himly）、孔拉第（August Conrady（赫定所得者），法人沙畹（Chavannes）（斯坦因所得者）。嗣經王靜安等從斯坦因假得影片，重為考訂，成《流沙墜簡》一書，吾國始有傳本。至其考釋中之所發明，有裨於學術者，約而舉之，有三事焉：一曰歷史之確證；二曰簡牘之形制；三曰文字之真跡。

　　一、斯坦因之盜劫此簡也，多得自烽墩遺址。其所紀敦煌迤北之

烽墩，多至五十餘處，東西綿互數百里。斯坦因以為即漢之長城，王氏引法顯《佛國記》、《沙州圖經》，以申其說，而漢之長城遺址，遂賴以確定。沙畹據《史記・大宛列傳》，以為太初二年前之玉門關，尚在敦煌之東，王氏以酒泉郡之玉門縣當之，而考得其西徙之年，必在太初四年李廣利克大宛之後。於是玉門關前後之方位始得確說。德人亨利孔拉第均以羅布淖爾北之古城為樓蘭之墟，王氏證其地在前涼之世實名海頭，亦即《漢書・西域傳》、《魏略・西戎傳》之居盧倉，《水經注》之龍城，而絕非古樓蘭，並以為海頭一地，自魏晉暨前涼，為西域之重地。於是羅布淖爾之古地名，賴以訂正。此關於地理者也。西域長史一官，兩漢皆有之。魏晉之際，不聞設否。王氏據西域長史移文中有「從上邽至天水」語（卷二簿書類二十八），定為魏晉間物。因此知黃初以來，西域長史已與戊己校尉同置，而其治所則又不在柳中而在海頭也。士卒之廩食，漢時人日六升（見《漢書・匈奴傳》），由此以推，各簡廩給之數，即可約略知駐守各烽墩之人數。晉初屬西域長史諸國，惟鄯善、焉耆、龜茲、疏勒、于闐五國，而所受晉朝之位號，皆曰守侍中大都尉奉晉大侯（《補遺》）。此關於官制者也。由任城國亢父縑一簡（卷二器物類五十五），而知漢時縑之修廣重量及其價值。由《補遺》十七至二十諸簡，知西域等地度關津者亦必賫過所，其過所給自敦煌太守。由器物類、雜事類及《補遺》二十五至二十七諸簡，知漢魏迄前涼器用服章之名物。由神爵二年一簡（卷二雜事類六），而知買一布袍亦有居間之人，其報酬之物為酒二鬥。與當時買地之中費無異。此關於社會狀況者也。

　　二、簡之質木多而竹少，長短寬窄不等。尋常之簡，兩面皆平。惟〈急就篇〉一簡（卷一）最為完整，長營造尺一尺一寸強，背平而面有觚棱，作三角形，中隆而旁殺，上端斜削處有穿，古之有所謂觚也。封於簡之上者曰檢（卷二簿書類二十四、卷三《簡牘遺文》

二十六），無檢者曰露布（卷二簿書類二十三），表識器物者曰楬（卷二器物類三及五）。以檢封者其上多刻線三道（卷二器物類五十六、雜事類四十五、卷三《簡牘遺文》二十六），所以約繩而封泥鈐印也。鈐印處之末，所以容封泥也。王靜安著《簡牘檢署考》，多取材於此。

三、往者吾儕得睹魏晉以前之文字，大抵不外乎金石刻，今此簡為西漢至前涼人之手跡，其最古者且在漢武帝之世。其書或為隸書，或為章草，或近小篆，或同今隸。由紀年諸簡參互證之，可以見文字之源流，又可補宋以來婁、劉、顧、翟諸書之所未備，洵為得未曾有之奇跡也。

同時所發見者，簡冊之外尚有紙帛之書，惟多無年號可稽。中有帛書二（卷三《簡牘遺文》三十六、三十七），《流沙墜簡》據魚澤侯字，定為西漢之末。此為帛書之最古者。紙書則大率為魏晉以後物。可見兩漢之際，官私文書多用簡牘，至魏晉以後，紙帛始與簡牘並行，其致書人名有簡與紙互見者，可證也。至若敦煌千佛洞石室中所出之圖籍，則皆為紙帛，無用簡牘者。紙帛之代簡牘，其時代可由此考見也。

其竹木鐫刻之文字，最古者為南粵王墓中之黃腸木，上刻甫一、甫二等字，為西漢之刻。此外僅有四種，其二在福建閩侯之太湖村古樹上，為《天祐造庵作水池記》（天祐二年），《口敬翁竹橋題名》（淳祐九年）乃唐末及南宋時刻。其二在廣東曲江之南華寺，為《李知微造羅漢像記》（慶曆七年）、《張文邦舍尊者像記》（無年月）。乃北床時刻。前者已見著錄，後者則近年所發見也。捨此以外，不聞更有他刻矣。

三 玉

玉為石之類，故《說文》訓玉曰，「石之美，有五德」。我國自有史以來，即知以玉為寶。朝聘以玉，祭祀以玉，服御以玉，甚至含殮亦以玉。竊疑古人之所以貴玉者，為石器時代之遺風。圭璋璧琮之屬，必石器之遺制。逮銅器既興，石器漸廢而不用，於是遂成為將禮之具，浸假而以玉代之，物貴而禮愈崇矣。不然，玉多產自西方，非中原所有，圭璋璧琮之器，又不足以致用，奚必以難得之材，制為無用之具乎？

玉器之見於《詩》《書》及《禮經》者，名物孔多，而徵之實物，往往不能確定。宋呂氏《考古圖》、元朱氏《古玉圖》諸書，搜羅不廣，考證亦疏。龍大淵《古玉圖譜》，尤不足信。清吳大澂作《古玉圖考》，始根據經文，詳為考訂。然舛誤之處，仍所不免。嘗怪吉金禮器，自宋人辟其榛莽，迄於今日，所發明者已不少。而古玉之學，研求之者較少，著作亦寥若晨星，此何故歟？無他，銅器有文字，往往自載其器名，俾考證家有所憑藉，而古玉則多無文字，徒以其花紋色澤供人之賞玩，治禮者亦僅知根據禮圖，罕有徵及實物者，此古玉名物所以不能得其確說也。今即前人所已證明者略述如次。

圭 《說文・土部》。「圭，瑞玉也，上圜下方」。《白虎通義》（〈珪質〉），「圭者上兌」。《莊子》李〈注〉，「銳上方下曰珪」（〈釋文〉引）。〈隸續・碑圖〉所載柳敏碑陰六玉之圭及武氏祠〈祥瑞圖〉之玄圭，正作銳上方下之形，與班李之說合，而與許說異。吳氏《圖考》錄圭十有四，中惟穀圭作上銳形，其琬圭則作圜首形，琰圭作圻首形。其餘如鎮圭、大圭、青圭等皆作方首，吳氏謂即《考工記・玉人》所謂「杼上終葵首」也。若然，則所謂圭者，不必皆上圜或上銳之形，各隨其名而異制。漢畫所圖，特圭之一種耳。

璋　璋為圭之半體，故古人皆以半圭訓璋。吳氏《圖考》錄邊璋、牙璋各一。邊璋之形制尺寸，合於《考工記・玉人》之文，似無疑義。所謂牙璋者，其旁出之牙，乃在侵削之一面。依沈括之說，牙璋為判合之器，當於合處為牙，牝牡相合則成圭。以之發兵，如後世之銅符。是其牙應在剡出之一面，方合事理。吳氏所錄，恐尚非牙璋也。

璧、瑗、環　《爾雅・釋器》：「肉倍好謂之璧，好倍肉謂之瑗，肉好若一謂之環。」三者之形制相仿，而所以異者，在肉好之區別。《周禮》大宗伯有穀璧蒲璧之文，《禮圖》所繪乃作禾稼及蒲草之形。今傳世者不見有此制，而有穀實及編蒲二形。吳氏以穀實形者為穀璧，編蒲形者為蒲璧，可以訂正舊圖之失。《說文・玉部》解瑗曰，「人君上除陛以相引」，段注「未聞」，爰（部）援（手部）二字亦皆訓引。近人著〈釋爰〉一篇，謂「瑗為大孔璧，可容兩手。人君上除陛，防傾跌失容，故君持瑗，臣亦執瑗以牽引之。古瑗、援、爰為一字」。其說是也。吳氏《圖考》錄二器，孔大邊窄，可以援手，知許君「相引」之說為不誣，但不必為人君耳。環之制，在璧與瑗之間，吳氏所錄有五器。三者之名，依《爾雅》所釋，皆無疑義。其中惟璧有種種琢飾，餘多樸素無文。

琮　《考工記・玉人》說諸琮形狀，並不言有好。而聶崇義《三禮圖集注》引崔靈恩《三禮義宗》、潘徽《江都集禮》，皆云有好。聶氏從阮諶鄭玄等說，以為八角而無好，故所圖如菱花鏡形；駔琮且有鼻有組，其形尤肖。乃〈隸續・碑圖〉所撫漢碑陰六玉之琮，或五角，或八角，或十角，皆莫不有好，與崔潘所說合。《說文・玉部》解琮曰，「似車釭」，徐鍇曰。「象車者，謂其狀外八角而中圓也」。《白虎通義・文質》曰，「圓中，牙身，方外為琮」（據孫詒讓《札迻》訂）。〈釋名〉（〈釋車〉「釭，空也，其中空也。」夫中圓而空，非好而何？

吳氏《圖考》錄琮三十有一，其制並如許說，今俗猶稱此類之玉為頭，可為許說之證。漢碑只圖其口，非正體也。吳氏言琮外刻琢棱如鋸齒，刻畫深處，可以繫組，即玉人馳琮之制，與先後鄭注皆合。人以為其形雖四方，而刻文每面分而為二，皆左右並列，與八方之說亦合。考證精詳，足為先儒解此糾紛。然亦賴有許書與實物，足以互證之也。

　　璜　璜之於璧，猶璋之於圭。自來解經者僉以為半璧曰璜，未見有異說。今傳世古玉，有適當璧之半者，有較半璧略胸者，吳氏概定為璜。夫適當璧之半者，合二器則成璧。其略短者非合三器或四器不可。然就其形而合之，其角度又往往不相值。不知所定名稱，究屬允當否？又其所謂珩者，形制與璜相仿，第兩端皆作鈍角為異。珩之與璜，是否以此區別，亦尚宜審定者也。

　　玦　杜預《左傳》（閔二）注云。「玦如環而缺不連」。楊倞《荀子·大略》注，韋昭《國語·晉語》注亦皆云「玦如環而缺」。今傳世古玉，形制之類此者極尠，《圖考》中收一器，形制與諸說合，一面刻雙龍，一面刻朱雀，吳氏定名為玦，是也。

　　劍飾　古有玉具劍，《漢書·匈奴傳》注引孟康之說曰：「摽、首、鐔、衛，盡用玉為之。」前於第三章說古兵時曾辨其名物。摽者，劍鞘之末，首者，劍莖之端，鐔、衛者，身與莖之間之飾。今傳世者摽首少，而鐔、衛多。鐔與衛本即一物，不過中與側異名。衛本音璏，《說文·玉部》所謂劍鼻玉是也。吳氏《圖考》錄璏五，中隆起者即劍鼻，兩旁謂之鐔，亦謂之劍珥，總名通謂之璏。中有孔，上下通，所以貫劍莖也。至《詩·小雅·瞻彼洛矣》「鞞琫有珌」，〈大雅·公劉〉「鞞琫容刀」，則指刀飾。鞞，刀鞘也。琫，上飾。珌，下飾。容刀之珌，猶玉具劍之摽也。吳氏《圖考》所錄琫珌二物，恐猶未當，實不敢從其說。

　　帶飾　古之鞶帶，男子以革，女子以絲。革帶之鉤多以銅製，已於第三章服御器中略言之矣。亦間有用玉者，其制與銅鉤同，惟多有花紋而無文字。尚有《考古圖》等稱為璲者，吳氏定為革帶之佩，謂玉中有方孔，所以貫帶繫組於其下，故上下皆微卷向內，與組帶相連屬。其說是也。《禮記・玉藻》曰，革帶博二寸。此玉之方孔，亦約當二寸，謂為貫革帶之用，似無疑義。惟即謂為《詩・小雅》（〈大東〉）「鞙鞙佩璲」之璲，則猶未敢遽信也。又吳氏《圖考》所錄璲之第一器，疑亦此物，惟方孔，上下無卷而向內之邊為異耳。或前為革帶之佩，而此為彩帶之佩歟？

　　含玉　古者含斂以玉，故《說文・玉部》琀訓送死口中玉。今傳世有玉蟬，往往無孔不能佩，說者謂即送死口中之玉，其說近是。吳氏《圖考》所錄琥之第二器，實非虎形，蓋送死之玉豚也。近年芒洛間所出甚夥，有玉有石，俗謂之夾豬，以其用於腋下，故名。但近年發見樂浪郡墓，玉豚之位置多在手旁，疑殮時握之手中者。吳氏以為《周禮》「山國用虎節」之節，失之遠矣。

　　古玉多無文字，惟漢之剛卯有之，《漢書・王莽傳》注引服虔晉灼說其形制及銘文甚詳。吳氏《圖考》所錄有四，文辭與晉說前一銘略同，且多減筆假借之字，幾不可識。端方所藏玉刀及漢日晷，漢武孟子男靡嬰墓券，皆為古玉文字之僅見者也。

四　匋附明器瓦專

　　古者，昆吾作匋，舜陶於河濱，虞閼父為周陶正。陶之為用，其來遠矣。辛亥革命後，在河南、甘肅發見石器、陶器、骨器，考古學家定為新石器時代之物。以人類進化之程序言之，陶器之興，固當在銅器之前也。銅器最盛時代，莫若商周，而《考工記》言甒、盆、甑、

鬲、庾、簋、豆諸器，猶掌於陶人瓬人之職，是銅器雖貴，固不若陶器之利之能溥遍也。（下闕）

第六章

前人著錄金石之書籍及其考證之得失（缺）

結論

第七章
今後研究之方法（缺）

第八章
材料處置之方法（缺）[1]

1　編者案：此講義是作者在北京大學史學系授課時所編，初印於一九二四年。今據
　　一九三一年修訂本。原缺第一章，以一九二四年講義補入；原缺第五章下半，據
　　遺稿補入，但亦不全。第二、六、七、八等四章遺稿缺。

巻三

銅器

中國之銅器時代[1]

　　中國古代之用金屬品作器，始於何時？創於何人？此問題現在無能解答也。求之於古史，則《尚書・堯典》有「金作贖刑」之文，〈禹貢〉揚州、荊州有「金三品」之貢，梁州有「璆鐵銀鏤」之貢。求之於傳記，則《春秋左氏傳》（宣三）有王孫滿對楚子之言，詳述禹鑄九鼎之經過；《史記・封禪書》且有黃帝採首山銅鑄鼎之事。《史記》之說荒誕無稽，姑置不論。據《尚書》之說，則舜禹之時已知用金，則發明冶鑄之人當更在其前。依《左傳》記王孫滿之言，則禹之時貢金九牧，鑄鼎象物，匪特能以銅鑄器，抑且刻鏤物象，藝術至精矣。況九鼎之為物，在春秋戰國之時，為列強所覬覦，尤言之鑿鑿，不類向壁虛造之辭。故昔之言中國文化史者，多主冶金之術起於虞夏之世。

　　然余於此竊不能無疑焉，茲述其理由如下。

　　一、〈堯典〉、〈禹貢〉是否為虞、夏時之書，不可不辨也。此問題前人頗有疑之者，而近人如梁啟超、顧頡剛等疑之尤力（其說見梁著《中國歷史研究法》再版一七五頁，顧著《古史辨》二○二、二○三、二○五等頁）。其所疑，皆有其相當之理由與相當之證據，今就其說而申辯之於下：

　　（甲）閏之名，不知起於何時。甲骨刻辭、彝器欵識中皆不見有此字，而所見有「十三月」。見於甲骨者凡四（《殷虛書契》卷一第四五頁、卷二第二五頁、卷三第二二頁、卷四第七頁）。見於彝器者凡六

1　編者案：此文是一九二七年三月二十七日作者在日本東京帝國大學講演詞，載日本《民族》三卷五號、《考古學論業》第一冊（1928）。又載北京大學《研究所國學門月刊》一卷六號（1927 年 9 月）。

（薛尚功《歷代鐘鼎彝器款識》著錄之南宮中鼎、牧敦、文姬匜，陳介祺藏遣尊，潘祖蔭藏遣卣，阮元藏㪰尊）。可見古人置閏必於歲終，無閏之名，而以十三月紀之（惟薛書所錄之公緘鼎作「十又月」，殊不可解）。且此諸器中，大半可確定為周器，是周初猶以十三月為閏也。舜之時安得有此字？

（乙）〈禹貢〉只言九州，而〈堯典〉乃有「十有二州」之文，尤為不合。

（丙）當禹之時，水土初平，即使有分置九州之事，而於土田貢賦等之調查釐定，又豈能若是之詳且盡耶？

（丁）璆鐵銀鏤皆金屬，鄭玄注云：「黃金之美者謂之鏐。鏤，鋼鐵，可以刻鏤也。」（《史記集解》引）古人先知湅銅，後知湅鐵，已為確定之事實，故當時有美金（銅）、惡金（鐵）之分。〈齊語〉曰：「美金以鑄戈、戟，試諸狗、馬；惡金以鑄、夷、斤、欘，試諸土壤。」《孟子》亦曰：「以鐵耕乎。」周之時尚只以鐵為農具，安得禹之時已先有鋼鐵？

〈虞夏書〉在二十八篇中，其著作之時代雖猶不敢肯定，而謂其作於虞夏，則似可大膽加以否定也。今欲依據此文以斷定虞夏為銅器時代，恐不足以成定讞也。

二、春秋以後所傳禹鑄九鼎之事不可不辨也。周之九鼎雖不能斷其必無，而必謂鑄自大禹，由夏傳殷，由殷傳周，則未可盡信。古之有天下者往往飾為神秘之說，謂為受命於天，天命不可得而睹，於是假器物以實之；器之重者莫若鼎，於是以天命寄之於鼎；鼎而無流傳之源淵，又不足以彰天命授受之跡，於是托之於有大功德於民之禹以昭其鄭重。此王孫滿之說之由來也。司馬遷於〈周本紀〉中記此事，直以「應設以辭」四字概括之，蓋有故也。故吾謂周之九鼎與秦以後之傳國璽，同為帝王欺世之具，不特帝王以之欺臣民，臣民亦且輾轉

相欺而不自悟，雖以楚莊王一世之雄，竟不免墮於王孫滿之術中，則其他更無論矣。至於戰國之世，秦興師臨周而求九鼎，顏率說齊救周而以鼎許齊；其後齊將求鼎，顏率問何塗之從而致之，且曰：「昔周之伐殷得九鼎，凡一鼎而九萬人挽之，九九八十一萬人，士卒師徒器械被具所以備者稱此。」（《戰國策》卷一）其形容鼎之大且重，誠足令人驚駭。在今日視之，其為策士之誇詞，殆無疑義。然齊王卒又墮此術中而中止致鼎，可見此神秘之重器，其魔力實足以顛倒列國之君臣也。如此大且重之器，其來由既已荒昧無稽，有如上述，而其結果又複迷離惝恍，不明著落，豈不更奇？司馬遷於〈周本紀〉〈秦本紀〉中謂其入於秦，而〈封禪書〉又云，「或曰，宋太丘社亡而鼎沒於泗水彭城下」，〈始皇本紀〉又記使千人沒泗水求鼎之事。始皇二十八年上距周亡之歲不過三十餘年耳，鼎苟入秦，即不必求之於泗水。是沒於泗水之傳說，不過了此一重公案，亦未必實有其事也。來蹤去跡，既皆無據，則鼎之有無，即成問題；有無既不可必，則禹鑄之說之全無根據也明矣。吾儕苟依此傳說以下斷案，是又受欺於春秋以後之人矣。

　　吾人之所疑，前一事為書籍之時代問題，書籍苟出自後世所追記，必非當時社會之真實狀況，猶之漢畫像中所圖之三代故事，皆為漢代衣冠也；後一事則為有作用的編造之故事。故事而出於編造，編造而又出於有作用，則其為史料之價值可知。故此二事皆不足以證明冶金術之起於虞夏。

　　然則起於何時，果有積極之證據乎？曰，是不得不徵之於銅器之本身。銅器而果能證明其時代乎？曰，幸有文字及事實在。然宋以來之為金石文字之學者，每多好高騖遠之談，如董逌（《錢譜》十卷已佚，羅泌《路史》多採其說）、洪遵（《泉志》十五卷）之於錢幣，多溯源於太古，薛尚功之於鐘鼎彝器，亦著錄自夏代。荒邈無徵，不可憑信。今舉其信而有徵者，要當自商始。前人之於銅器，往往以人名

之用干支者，或文句簡略，而其文近於圖像者，輒定為商器。此種標準，不盡可憑，蓋周初之器同於此例者正多，不必皆商器也。今後能有大規模之發掘，此問題固不難解決。但在今日而欲就傳世諸器考訂其正確之時代，至少應依下列之方法定之。

一、同時文字可以互證也。河南安陽之小屯，古稱殷虛，為武乙以後、帝乙以前之故都。其地於西元一八九九年（清光緒二十五年）發見刻文字之龜甲獸骨，中紀祭祀之禮，多殷商先公先王之名號，其為商代文字，殆無疑義。傳世之銅器，有異於周代之文而同於甲骨之文者，如乙酉父丁彝、己酉戌命彝、兄癸卣（以上三器見宋薛尚功《鐘鼎彝器款識》）、戊辰彝、艅尊、庚申父辛角、般甗（以上四器見清吳式芬《攈古錄金文》，但般甗作王宜人甗）等器皆是。今舉其相同之點如下：

（甲）商人之紀年月日，必先書日，次書月，再次書年；而書月必曰「在某月」，書年必曰「維王幾祀」。〈周書‧洛誥〉之文尚沿此習。乙酉父丁彝首書乙酉，末書惟王六祀；己酉戌命彝首書己酉，末書在九月，惟王十祀；兄癸卣首書丁巳，末書在九月，惟王九祀；戊辰彝首書戊辰，後書在十月，惟王廿祀；艅尊首書丁巳，後書惟王十祀又五；庚申父辛角首書庚申，後書在六月，惟王廿祀昱又五。

（乙）商人祀其祖妣，必用其祖若妣之名之日；其妣皆曰奭；其祭名或曰遘。乙酉父丁彝用乙酉日遘於武乙；戊辰彝用戊辰日遘於妣戊，武乙奭。

（丙）商人祭祀之名有曰𡇯日，曰肜日者。己酉戌命彝、兄癸卣、戊辰彝皆曰𡇯日；乙酉父丁彝、艅尊皆曰肜日。

（丁）甲骨文恒見徵人方之事，而般甗曰「王徂人方」；艅尊曰「惟王來徵人方」。由此觀之，此諸器者，皆可證明其必為商器也。

二、出土之地之足以證明也。宋呂大臨著《考古圖》，於器之出處

之可知者必詳紀之，如亶甲觚曰，「得於鄴郡亶甲城」；足跡罍曰，「在
洹水之濱亶甲墓旁得之」，而上述之兄癸卣（《考古圖》作兄癸彝）亦
得於鄴。凡其所記之地，皆今出甲骨之小屯（宋人誤以鄴為相，認為
河亶甲所居，即以今之小屯為河亶甲城；《彰德府志》因襲其誤。）此
又可證明其必商器者也。

　　以上所舉諸器，其形制及圖案雖與周器無甚區別，而文字及事
實，已足以證明其為商器而無疑。故吾人所見之銅器，當以商為最
早，且當商之末季；此以前殆無徵也。據此則吾人可信商之末季已完
全入於銅器時代。但此為積極的證據，若由消極的證據觀之，不能謂
銅器時代即始於是時。何則？吾人所見商末之器，其製作之藝術極
精，如《考古圖》所錄亶甲墓旁所出之足跡罍，雖周代重器亦無以過
之。此種工藝、豈一朝一夕之功所克臻此。況古代文明之進步，其速
率蓋遠不如今日。以吾人之推測，至少亦當經四五百年之演進，始能
有此精緻之藝術。然則始入銅器時代之時，至遲亦當在商初，雖其時
或為石器銅器交替之時，但不得不謂之銅器時代。故言中國之銅器時
代，必數商周二代，其時期約歷千五百年（西元前1750-260頃）。秦漢
以後，銅器漸微，而鐵器代興矣。

戈戟之研究

　　《考工記》:「冶氏為戈:廣二寸,內倍之,胡三之,援四之,倨句外博重三鋝。戟:廣寸有半寸,內三之,胡四之,援五之,倨句中矩與刺重三鋝。」鄭玄注云:「戈,今句子戟也,或謂之雞鳴,或謂之擁頸。內,謂胡以內接柲者也,長四寸;胡六寸;援八寸。鄭司農云:『援,直刃也。胡,其子。』戟,今三鋒戟也。內長四寸半;胡長六寸;援長七寸半。三鋒者,胡直中矩,言正方也。鄭司農云:「刺,謂援也。」玄謂刺者,著柲直前如鏦者也,戟胡橫貫之。胡中矩,則援之外句磬折與?」鄭氏以勾子戟釋戈,以三鋒戟釋戟。句子戟、三鋒戟以及雞鳴、擁頸之屬皆漢制,漢雖有戈戟之名,已變其形制。東漢畫像中所圖兵器,直刃如矛而旁有歧枝者,殆即鄭氏所謂勾子戟歟?故聶崇義《三禮圖集注》所圖戈戟之形,與《鄭注》差合而與《記》文迥異也。宋黃伯思《東觀餘論》(卷上)有〈銅戈辨〉一篇,辨戈為擊兵,可句可啄,而非用以刺,是以衡而弗從。並辯明援胡內之名曰:「兩旁有刃橫置而末銳若劍鋒者,所謂援也。援之下如磬折、稍刌而漸直、若牛頸之垂胡者,所謂胡也。胡之旁有可接柲之跡者,所謂內也。」自此以後,記文與實物得以互相印證,始悟鄭說之失。然經學家篤守鄭說,對黃氏此文猶不甚重視。自清程瑤田著《考工創物小記》,以古器物研究《記》文,取黃氏之說反復引申,可謂毫無剩義。又據所見之戈之內末有刃者,定名為戟,謂冶氏言戈戟皆有援有胡有內,所不同者戟有刺而戈無之,此內末之刃即所謂刺也。此說一出,而冶氏之文乃可通,而鄭氏之說遂完全推翻矣。

　　程氏考證雖多憑實物,而於造柲之法則出於想像。故於戈戟全體

之形制，大致雖不誤，而尚多未盡之處。今幸實物出土日多，有可以為程氏作佐證者，有可以訂正程氏者，為申述之如下。

　　程氏讀內如「出內朕命」之內，謂其著柲處不用直戴而用橫內，故內以此得名。造柲之法，於柲端為鑿，而以薄銅一片之內橫內於其鑿中，則援橫出於柲前，內末橫出於柲後，而胡貼柲以下垂。程氏之所以為此說者：（一）以戈戟為句兵，又謂之擊兵。《考工記》廬人職分兵為句兵刺兵兩種。刺兵為直傷，其刃當直。句兵為橫擊，其刃當橫。故取黃伯思之說以糾正二鄭直刃之失。（二）兵器著柲者，如斧，如矛等，皆有銎可以受柲。此獨為薄銅一片，不可以冒柲。故知其著柲之法，當於木柲上為鑿而以內入之。（三）以胡之貼柲處有闌，闌之外復有廣一二分之薄銅，上當內而下垂，如胡之修而加長。故知木柲容內之鑿之下，應刻一線以陷此廣一二分之薄銅。（四）以胡上有三孔，內上有一孔。故知著柲之後，應就孔中貫物並其柲縛之。程氏之說，稽之經文，考之實物，殆無一不合。然未得實證，猶不足以折服鄭氏之信徒。今得之矣，雖鄭氏復生，亦百口不能自為辯護矣。洛陽近出一殘戈，其援與胡皆已折而其內獨完。胡之上一孔折存其半，內之上無孔。朽余之柲尚附著於內上，木理雜銅銹中亦化綠色。內廣三釐米，當周尺之一寸三分，木柲之廣亦如之，前接於闌而後及於內之半。其木理與胡平行，植之則援與胡皆橫矣。此可為程氏作佐證者也。

　　作柲之事，掌於廬人。程氏雖有《廬法無彈無蜎說》，而於《造戈柲記》中未取廬人之文參證，故所造之柲猶未盡合。按《記》文：「廬人為廬器：戈柲六尺有六寸，殳長尋有四尺，車戟常，酋矛常有四尺，夷矛三尋。凡兵：句兵欲無彈，刺兵欲無蜎。是故句兵椑，刺兵搏。」鄭注云：「句兵，戈戟屬。刺兵，矛屬。鄭司農云：『彈，謂掉也。蜎，謂撓也。』玄謂蜎亦掉也，謂若井中蟲蜎之蜎。齊人謂柯斧柄為椑，則椑，隋（同橢）圜也。搏，圜也。」若然，則戈戟之柲宜為橢

圓。而程氏所造者為正圓，故知其未參照廬人之文也。以余所知，戈戟之柲雖為橢圓，而前後（援為前，內為後。下仿此）有豐殺之別。當後者豐，當前者殺。換言之，則橢圓者扁圓，戈戟之柲，前當較後為尤扁也。何以知其兩面有豐殺？以其鐓知之也。〈曲禮〉曰：「進戈者前其，後其刃。進矛戟者前其鐓。」《注》曰：「銳底曰鐏，平底曰鐓。」今出土銳底平底之銅管，凡屬其口橢圓者，一面必較圓，一面必較扁。鐏鐓者，所以施於戈戟之下，冒於木柲者也。以是知木柲雖為橢圓，而兩面有豐殺之別也。何以知當後者豐，當前者殺？以戈戟之兩翼知之也。有一種之戈，援與內之本，兩面各有一樹葉形之銅片，起於貼柲之闌，而卷向於後。中隔一內，如兩翼然。若入內於柲，則兩翼回抱柲上。測其兩翼之距離，僅能容橢圓之柲。若以一面較圓、一面較扁之鐓擬之，則其本亦僅能容較扁之一面，以是知木柲之橢圓，當前者必殺也。此參證《記》文與實物可以確定者也。至於木柲兩端之形，及其纏縛之制，程氏所圖，略而不詳。然求之於象形文字，未始不能得其真也。彝器中之等形，皆象形戈字。其柲之上端無不曲而向後者。甲骨刻辭中从戈之字多作，猶存曲首之形。是知柲之上端不與援齊，必高出於援而向後折也。柲之下端鐏有或鐓，既由〈曲禮〉徵之矣。鐏鐓之著柲，當縛繩或施丁以固之。戈字之下作如巾字者，謂以革或繩縛鐓之柲末，而以其餘繫垂之於左右也。巾為佩巾，亦下垂之象也（凡皆象下垂，非謂戈之字从巾也）。內之末或有者，戈戟之著於柲，亦以革或繩纏縛之，其餘系亦由內之孔下垂如鐏鐓也。此可由象形文字得其形制者也。此皆可以訂正程氏者也。

今試造一柲，長周尺六尺有六寸。周尺有二種：一以十寸為尺，一以八寸為尺，此用十寸尺計之。所以知為當用十寸尺者，以周尺八寸謂之咫，八尺謂之尋，倍尋謂之常。廬人職於殳，於車戟，於酋矛，於夷矛，皆以尋或常計之。尋有四尺者，十寸尺之丈二尺也。則

所謂尺者，皆指十寸尺言之也。余據《隋書・律曆志》之文，以劉歆
銅斛定周尺，每尺當〇・二三一米。則六尺六寸者，當一・五二四六
米矣。戈為六尺六寸，戟亦當為六尺六寸。廬人所謂車戟者，為戟之
一種，為建於車上之長兵，故長丈有六尺。若普通之戟，當與戈等
長。《晏子春秋・雜上》，「戟鉤其頸，劍承其心」，其非丈六尺之長兵
可知。是言戈即可以包戟，故知戈戟皆長六尺有六寸也。以六尺六寸
之柲橢圓之，廣如戈內之廣，曲其上端以向後。其橢圓之度前後有豐
殺，扁其前而圓其後。又於曲首之下為鑿以容內，於鑿之前面刻一線
以容闌外之薄銅。柲鑿之外刻斜線四道，交互於其前後，以陷纏縛之
繩，如簡牘封緘之式，而柲成矣。其裝置之法，則以戈或戟之內橫入
於柲中，內末露出於柲後者約二分之一，然後以繩纏之，由下而上，
最後乃由上端之第一孔以及於內上之孔，垂其餘繫於內末，或更以布
帛繫之。蓋古之兵器，往往繫於布帛，漢畫像中，刀環之下有物下
垂，其證也。此種風習，至今猶存。證以彝器中之𢦔字而益信矣。柲
之下端，以鐏或鐓冒之。之近口處兩面皆有孔，柲之末當亦鑿一孔洞
穿之，以繩貫而縛之，垂其餘繫於左右，更以布帛繫之，而戈戟成矣。
　　廬人職又曰：「殳（殳，擊，古今字）兵同強，舉圍欲細，細則
校。刺兵同強，舉圍欲重，重欲傅人，傅人則密。是故侵之。」鄭玄注
云，「舉，謂手所操」。蓋鐏鐓之上，手所操者曰舉。殳兵之舉圍欲
細，刺兵之舉圍欲重。重即大也，體大則量重矣。句兵向後挽之，力
在前，故舉圍不必重。刺兵向前推之，力在後，故舉圍欲重也。然所
謂細者，非謂特小其操手之處也，因戈戟之柲之圍已細無可細矣。特
以刺兵之舉圍須加大加重，對舉成文，故言欲細也。柲首向後及柲體
之橢圓而殺其前，亦有故歟？曰，有之。戈戟橫安，援長而內短，柲
又著於內上，則其重心恒偏於前，用之之時，必有轉掉之弊。曲其首
以向後，則其重不偏，即《記》文所謂「無彈」也。柲體橢圓而殺其

前者，於重心亦不無關係。且兩面等圓，則往往有誤後為前之弊。今
使前殺而後豐，則執之者只憑觸覺，即可知鋒刃之所向矣。此皆證之
於事實及理論而無不可通者也。雖然，以程氏之精細，尚有未盡之
處，以余之譾陋，何敢妄議前賢。茲篇之所述，徒以資料所出者更
多，可以補充程氏之說。焉知他日所出之資料不足以訂正此說耶？是
所望於世之博洽君子也。

編者案

此文原載《燕京學報》五期（1926年6月），又載日本《考古論叢》
第二冊（1930年）。

又案遺稿此文有跋云：「此與程瑤田最初所擬戟圖，完全符合。後
程氏以所見實物無此形制，乃舍其初說，而以內末有刃者為戟。余曩
著《戈戟之研究》，從程氏後說而引申之。近郭沫若先生著《說戟》，
根據《考工記》與刺之文駁程氏後說，而取其前說，以為著刺於戈柲
之端者為戟，柲朽而刺與戈離而為二，致考古者不得見全戟之形。其
說既合於事理，又求之與刺之文而可通，可謂讀書得其間矣，余讀其
文而證之以余所得一戈一矛而益信。蓋戈矛皆洛陽同時同地所出，戈
之援胡內長於常戈約四之一，而其廣僅當常戈三之一，內末且有刃，
其矛之長倍於常矛，而廣殺之。余初以為戈矛同時所作，故其制相
同。今證以郭氏之說，是殆失去其柲之戟也。」

漢延壽宮銅鐙跋

　　右延壽宮銅鐙，銘三十五字，為漢成帝元延四年正月造。按是年所造之器，見於著錄者：一、臨虞宮鐙，諸城劉喜海藏（見《長安獲古編》）。二、萬歲宮鐙，三、臨虞宮鐙，並濰縣陳介祺藏。合此而四矣。第一器亦正月造，第二、第三器不紀月。其造器工人之姓名：第一器為張博（劉釋傳）；第二器常宣；第三器馬寬。此為張譚，而主者、省者之官號、人名，則四器盡同；惟第二器令史上無守字。守者，非真拜也，猶今之署理也。意三器曰守令史者，皆正月同時所造，而第二器則略後。蓋其時賽已真除令史矣。賽於元延二年守左丞（見元延鈁），至四年正月左遷守令史，正月後乃真除令史，張譚即造綏和雁足鐙之人，後此器一年作。越五年（建平三年）而為掾（見孝成鼎），此可於漢諸器中推尋得之者也。前三器，高皆二尺。此高尺六寸，當今尺一尺一寸七分。第一器重十六斤四兩，第二、第三器並重二十斤，此重十八斤。此為考證西漢權度最真確之資也。延壽宮在長安，見於《漢宮閣名》，《藝文類聚》六十二、《初學記》二十四、《太平御覽》百七十三，《玉海》百五十六並引之（《類聚》《御覽》所引作《漢宮闕名》）。

北魏虎符跋[1]

皇帝與博陵太守銅虎符第二（背縫）

博陵太守
博陵太守 ｝（胸前）　　銅虎符左
銅虎符右 ｝（腹下）

皇帝與上黨太守銅虎符第三
皇帝與遼西太守銅虎符第四（？）
皇帝與陽曲護軍銅虎符第三
皇帝與吐京護軍銅虎符第三
皇帝與離石護軍銅虎符第一
皇帝與離石護軍銅虎符第二
皇帝與離石護軍銅虎符第四

　　右虎符八，左右完具，長今尺三寸二分，出山西大同縣城東北百餘里之貴人村。文字形制，與晉以前虎符不同，而與宋高平太守、涼酒泉太守二符近似。凡為太守符三：曰博陵，曰上黨，曰遼西；護軍符五：曰離石，曰吐京，曰陽曲。其中離石有三符，故都數凡八。護軍有符，為前此所末聞也。凡虎符之制，皆右者進內，左者頒發在外，故自製成頒發之後，皆分置二地。發兵時一會合之，旋又分離矣。今此八符，左右皆完，而郡縣異地者，亦同在一處，是為製成而

1　編者案：此文原載北京《社會日報》〈生·春紅副刊〉第八七號（1926年3月1日）。又載《考古通訊》一九五六年第四期。

未頒發者可知。既未頒發，則存貯之地為當時之都城，又可知矣。古之都於大同附近者惟北魏。未遷都洛時曾都平城，其地在今大同之東，聞至今故址猶存，是此符當為北魏時物。惟其製作之年，或尚在都平城以前。蓋十六國之時，稱帝者比比昔是，故虎符之上，必冠以國號。此符不著國號，而曰皇帝，與他符不同。按道武帝拓跋珪於皇始元年（396）七月稱帝，越二年至天興元年（398）六月，始定國號，七月，遷都平城，為自來罕有之制。此符之作，當在稱帝之後，建號之前。其後既有國號，或一律改鑄，而此符遂廢歟？吐京之名，亦始於北魏。惟據《魏書·地形志》云，汾州吐京郡，真君九年置。吐京縣，世租名嶺西，太和二十一年改。似作符之時，不應已有吐京縣（護軍皆屬縣）。但《魏書·地志》最稱蕪雜，未必即可徵信。據《水經注·河水篇》云，吐京郡治故城，即土軍縣之故城也，胡漢譯言音為訛變矣。然則，吐京，即漢之土軍縣。

卷四

度量衡制度

歷代度量衡之制[1]

一　研究歷史應先知歷代度量衡之差異率

度量衡為測驗一切物品之標準。欲知物之長短，不得不資於度；欲知物之多少，不得不資於量；欲知物之輕重，不得不資於權衡。歷史所紀物之長短多少輕重，自各依其時代度量衡之制，與今日之制無與也。吾儕讀史者遇此等記載，若以今制準之，無有不疑竇叢生，百無一是者。但史家於此等形容之詞，每多誇大，轉滋吾人疑慮者，亦往往有之。孟子所謂「盡信書，則不如無書」，正謂此也。今吾試就人而言，舉其寫實之記載而又極平凡之例。古人稱人曰丈夫，今未見長一丈之人也。《漢書・食貨志》（上）言。「食，人月一石半」，則人日食五升，今未見日食五升之人也。《左傳》（定八），「顏高之弓六鈞」三十斤為鈞，六鈞則百八十斤，今未見能挽百八十斤之弓者也。豈今人之體格、食量、膂力不如古人耶？非也，蓋度量衡今與古異制也。吾儕既研究歷史，不可不知歷代度量衡之制度。對其差異率有相當之認識，而後事實乃不至混淆。

二　度量衡之產生

度量衡之產生，說者皆謂由於律。其實律之長度空徑，非度不能成立。律度量衡四者，蓋同時產生者。故〈虞書〉稱「同律度量衡」；

1　編者案：此文是在北京大學史學系的專題講稿。

《漢書·律曆志》分〈備數〉〈和聲〉〈審度〉〈嘉量〉〈衡權〉為五篇，除〈備數〉外，其餘四篇，即律度量衡也。其述律曰：「聲者，宮、商、角、徵、羽也。五聲之本，生於黃鐘之律，九寸為宮，或損或益，以定商角徵羽。」其述度曰：「度者，分、寸、尺、丈、引也，所以度長短也。本起黃鐘之長，以子穀秬黍中者，一黍之廣度之，九十分黃鐘之長。一為一分，十分為寸，十寸為尺，十尺為丈，十丈為引。」其述量曰：「量者，龠、合、升、斗、斛也，所以量多少也。本起於黃鐘之龠，用度數審其容，以子穀秬黍中者千有二百實其龠，以井水準其槩。合龠為合，十合為升，十升為斗，十斗為斛。」其述衡曰：「衡權者：衡，平也；權，重也。權者，銖、兩、斤、鈞、石也，所以稱物平施，知輕重也。本起於黃鐘之重，一龠容千二百黍，重十二銖，兩之為兩，二十四銖為兩，十六兩為斤。三十斤為鈞，四鈞為石。」是律、度、量、衡四者皆生於秬黍。因黍生度，因度生律，因律與黍而生量與衡，此產生先後之程式也。宋司馬光亦曾據此以駁范鎮由律生尺之說矣。

三　度量衡之所以差異

人類之活動皆前進者，故古今一切之事物，皆有其演進之定律。度量衡既為測驗一切物品之標準，當然不能違此定律。然則今度長於古度，今量大於古量，今之權衡重於古之權衡，乃當然之事實而無可致疑者也。然歷史之時期甚長，自有明確記載以來至於今日，其差異之率吾人雖可知之，而其逐漸演變，某一時期至某種程度，其中之經歷，蓋難言之矣。又況古人制器，其方法與工具，往往不如後世之精密。甚有一時期之所造，而差異至若干類者。如日本奈良正倉院所藏之唐尺，皆中國唐代輸入彼國者，材質藝術大致相同，而六尺之中，

長短約為四類，以最長與最短較，竟相差至四分寸之一（二分五釐）。可知古人對此極應精密之用具，而製造乃如此之不精密也。吾人求之於文獻既如彼之渺茫，求之於實物又如此之粗疏，則將何所適從歟？無已，則惟有取文獻與實物互相參證，求得其概念而已。

其所以差異之故，一為因襲之差，一為改創之差。因襲之差小，而改創之差大。

度量衡之於人類生活，息息相關，幾於無時無地無事無人不與之發生關係。制定標準器者雖有專官，而民間所用則依頒定之標準器而仿製之。經多數人之仿製，遂不能必其一無差異。故古之為政者，於每歲仲春仲秋之月日夜分，則同度量，鈞衡石，角斗甬，正權概（見《禮記‧月令》）。一歲而再行之，所以防其相差太甚也。商鞅為秦變法，平斗桶權衡丈尺（見《史記‧商君傳》），秦始皇帝滅六國，一法度衡石丈尺（見《史記‧秦始皇本紀》），皆謂齊其不齊者也。夫度量衡有待於同一，則不同不一者是其常矣。此因襲之差也。

古今典章制度之改革者眾矣。然苟非有大破壞，則改革之中，尚寓因襲之意。縱有差異，亦甚微細。如秦滅六國，焚書坑儒，改封建為郡縣，其改革不可謂不大也，而當時之度量衡，亦只以其固有之制同一其他之不齊者，有如上述。故自周至於西晉，其制無甚變更也。自晉永嘉之亂，天下騷然，文物蕩盡，中原分裂，人各為政，江東則更始建設，莫所遵循。干戈擾攘，不得寧息者，幾歷三百年。斯時之度量衡，不為因襲而為改創，故與西晉以前異其系統。隋唐而後至於今日，又皆因襲此系統而略加改變者矣。此改創之差也。知此而後可與言歷代度量衡之制。今分三節敘述如下。

四　序歷代度制

　　《獨斷》云：「夏以十寸為尺，殷以九寸為尺，周以八寸為尺。」夏商二代，在孔子時已言文獻無徵，吾人今日所可考者，最早當自周始。《隋書·律曆志》據徐廣、徐爰、王隱等《晉書》所紀荀勖作晉前尺之事云：「武帝泰始九年，中書監荀勖校太樂八音不和，始知為後漢至魏尺長於古四分有餘。勖乃部著作劉恭，依《周禮》制尺，所謂古尺也。依古尺更鑄銅律呂，以調音韻。以尺量古器，與本銘尺寸無差。又汲郡盜發魏襄王塚，得古周時玉律及鐘磬，與新律聲韻暗同。」因此定周尺及王莽時劉歆銅斛尺、後漢建武銅尺、荀勖晉前尺四種並同。然此為李淳風一家之說，未可據以為信。近洛陽出一古尺，相傳與驫羌鐘等同出。驫羌鐘出於洛陽周王城故址之東北隅，為春秋時器。假定此尺出土之地而可信者，則為春秋時之尺矣。其長短與余所定之劉歆銅斛尺正同，則李淳風之說可得一證矣。蔡邕所謂「周以八寸為尺」者，乃八寸尺與十寸尺並用，非謂周尺當漢尺八寸也。八寸尺自有其專名，所謂八寸曰咫，八尺曰尋，倍尋曰常，是也。先秦故書之言及尺寸者，如不舉專名，無從知其為八寸尺或十寸尺。其有二種名詞錯舉者，如《考工記》云，「廬人為廬器：殳長尋有四尺，車戟常，酋矛常有四尺，夷矛三尋」；《左傳》（僖九）云，「天威不違顏咫尺」；《國語》（〈魯語〉）云，「楛矢石砮，其長尺有咫」。皆以八寸尺與十寸尺合計者，是二尺並用之證也。王莽及光武時皆與之同制。（其後沿用差誤，增長至三分餘，至魏而相差至四分七釐，《隋志》所謂「至於後漢，尺度稍長；魏代杜夔，亦制律呂，以之候氣，灰悉不飛」是也。至晉泰始間，荀勖以古器七品校正之，始復與周漢之制相合。至晉氏南遷，重定晉後尺，增至六分二釐。北朝則魏前尺增至二寸七

釐，中尺二寸一分一釐，後尺二寸八分一釐。至東魏竟增至三寸餘，
為當時最高之紀錄。《隋志》云：「魏及周齊，貪布帛長度，故用土
尺。」蓋庸調皆徵絹布，其時連年戰爭，徭役繁興，欲多取之於民，乃
增長其尺度也。北周市尺與魏後尺同。隋氏統一，又因其制以作官
尺；唐亦因之。是為魏後尺之系統，為改創之新尺。於此有一問題，
即舊籍所紀調鐘律，測晷景，合湯藥及冠冕之制，皆晉前尺之系統
也。若以新尺計之，則多違牾矣。故周、隋、唐皆以新尺為大尺，當
舊尺一尺二寸。調律、測景、合藥等皆用小尺，內外官司悉用大者。
所謂小尺者亦非晉前尺，而略當於晉後尺，即《隋志》十五種尺之第
十二種，所謂宋氏尺、錢樂之渾天儀尺、後周鐵尺、開皇初調鐘律尺
及平陳後調鐘律水尺也。宋代尺度，昔有有三司布帛尺，未見原物。今
有巨鹿故城木尺，為徽宗大觀間之物，凡三尺：其二同一尺度，較今
尺長二分半；其一當今尺九寸六分強。二者相差七分有奇。按程大昌
《演繁露》云：「官尺者，與浙尺同，僅比淮尺十八。而京尺者，又多
淮尺十二。公私隨事致用，元無定則。余嘗怪之，蓋見唐制而知其來
久矣。金部定度，以北方秬黍中者為則，凡橫度及百黍即為一尺。此
尺既定，而尺加二寸，別名大尺。唐帛每四丈為一匹，用大尺準之，
蓋秬尺四十八尺也。今官帛亦以四丈為匹，而官帛乃今官尺四十八
尺，准以淮尺，正其四丈也。國朝事多本唐，豈今之省尺即唐秬尺為
定耶？」然則宋之淮尺當於唐之大尺，宋之官尺，亦即省尺或三司布
帛尺，當於唐之秬尺。惟其長度皆略有增進，是殆經五代以來因襲之
差，非改創之差也。巨鹿尺之大者近於今尺，或即程氏所謂淮尺。其
小者一端有缺口，或木工所用之尺歟？自宋至於今日，大抵無甚差
異。明官尺與宋淮尺略同，清工部營造尺又與明官尺略同。此歷代尺
度之大較也。

五　序歷代量制

　　《考工記·㮚氏》云：「㮚氏為量：䤉深尺，內方尺而圓其外，其實一䤉；其臀一寸，其實一豆；其耳三寸，其實一升。」鄭玄據《左傳》（昭三）「齊有四量，豆、區、釜、鐘；四升為豆，各自其四，以登於釜」之文解之曰，「四升曰豆（即斗），四豆曰區，四區曰䤉，䤉六斗四升」。依鄭氏之解，仍少二升八十一分升之二十二。自來解此經者，亦皆不得正確之解答。然苟如鄭說，與漢量相差亦甚微矣。劉歆為王莽作銅斛，蓋依據此經以仿作者，其制詳載於《漢志》。惟不載五量之銘，致其演算法及容積無從推測之。劉徽注《九章算術》，苟勘定樂律，皆於晉武庫中親見此器，形制與《漢志》吻合，五量皆有銘。今故宮博物院藏有此器。其所記之尺度與余所定之貨布尺（即劉歆銅斛尺）全同。劉半農曾詳加校量，嘉量一斗當今營造尺庫平制一升又十分升之九三七六二四。是今之制四倍於莽量而有餘矣。魏時尺度增進四分七釐，而其時之大司農斛積一千四百四十一寸十分之三（見劉徽《九章算術商功注》）。《隋志》以徽術計之，莽斛當魏斛九斗七升四合有奇。則魏量之增進率較之尺度尚略少也。六朝之際，當為最紊亂之時期，而史志語焉不詳。《隋志》僅言：「梁陳依古；齊以古升五升為一斗；後周斛積玉尺（當晉前尺一一五八）一千一百八十五分七釐三毫九秒；開皇以古斗三升為一升。大業初，依復古斗。」而唐孔穎達《左傳正義》（定八）云：「魏齊斗稱於古二而為一，周隋斗稱於古三而為一。」《唐六典》亦言「三斗為大一斗」。是周隋唐之量，已二倍於古矣。《隋志》所謂大業初依後古斗者，乃小斗與大斗並行，顧炎武所謂「大史大常大醫用古」耳。此改創之差也。其後增進之率，史志不載，無由考核。《日知錄》云：「宋大於唐，元又大於宋。」然則五倍於古者，蓋宋元間之所增進也。此歷代量之大較也。

六　序歷代衡制

　　考定度量衡之制，以權衡為最難，以權本身之重，歷年久遠，不免差減故也。故宮之劉歆銅斛，雖為考古度量者唯一之資料，獨不能依此以定權衡，蓋器之本銘，無紀重之文也。《漢志》紀此器之形制，有「其重二鈞」一語，劉半農據之以權此器，考得莽之一斤當今庫平十分斤之三・七九七九三七五，為六兩又十分兩之〇・七六七〇，假定《漢志》之文而苟不誤者，則今制一倍半於莽權而有餘矣（一九二九年，定西出王莽時權衡一具，為天平式之器。其八十一字之銘與嘉量同。惜出土時亡其半，僅存直干一、鈞一、權四。其四權大小不一，形如環，與《漢志》所謂「圜而環之令之肉倍好者」完全符合。其器存於甘肅省立民眾教育館。後忽以被竊聞，僅餘一大權，此誠學術界一大損失也）。《隋志》云：「梁陳依古稱。齊以古稱一斤八兩為一斤。周玉稱四兩當古稱四兩半。開皇以古稱三斤為一斤，大業中，依復古稱。」其所紀六朝間之制，亦如量之記載，不可得而詳也。《唐六典》言「三兩為大兩」，是唐因隋之制也。孔穎達言「魏齊二而為一，周隋三而為一」者，恐即舉其成數，非必有精確之計算也。所謂「三而為一」者，安知非嘉量二斤又十分之六三三等於今一斤之比耶？然則權衡之制，自六朝間之改創，其後未有增進也。蓋取於民間者為菽米布帛，與權衡無關，故自唐迄今未改也。此歷代權衡之大較也。

七　總序度量衡增進率之比例

　　度量衡三者，皆以六朝之際為改創時期，其餘皆因襲之差也。改創之後，度與衡之增進尚少，而量則於無形之中，又增進五分之二。故三者之比例，以今制與改創以前之制相較，量則古一斗當今一升又

十分之九三七，其增進率為最甚。其次則為衡，古一斤當今十分斤之
三八。又其次為度，古一尺當今七寸二分。然則前舉之例不難解答矣。

　　所謂丈夫者，據《說文》夫字注云：「丈夫也。从大，一以象簪
也。周制以八寸為尺，十尺為丈；人長八尺，故曰丈夫。」《考工記・
總序》亦言人長八尺。是八尺為常人之長度也。以七尺二寸乘之，則
當今尺五尺七寸有奇，與今之人無以異也。所謂日食五升者，乃漢時
所計民食之數，宜若有盈而無絀。諸葛亮日食三四升，司馬懿料其不
能久，言其貪少也。以今量一九三七乘古五升，則得一升弱，與今之
人亦無以異也。所謂挽弓百八十斤者，乃當時之力士，故士皆取其弓
而傳觀之。以今權三八乘之，則得六十八斤強，與今之力士亦無以異
也。今之讀史者，眩於數字之多，每有今不如古之感想。明乎此而後
不為所惑。吾故曰：研究歷史，不可不知歷代度量衡之制也。

《隋書・律曆志》十五等尺[1]

　　唐李淳風撰《隋書・律曆志》，以晉前尺校諸代尺，列為一十五等。其第一等為周尺；《漢志》王莽時劉歆銅斛尺；後漢建武銅尺；晉泰始十年荀勗律尺──為晉前尺；祖沖之所傳銅尺。其餘十四等皆依此為標準，以相參校，說其異同。此第一等之五種尺中，祖沖之之所傳，即荀勗之所造，其實祇有四種。苟於此四種中得其一，則十五等之尺，皆可以確定矣。宋皇祐中（1049至1054），高若訥曾依《隋志》仿造之，其所根據之實物，乃以漢王莽時大泉、錯刀、貨布、貨泉四物之首足、肉好、長廣、分寸皆合正史者（一、大泉五十，重十二銖，徑一寸二分；二、錯刀，環如大泉，身形如刀，長二寸；三、貨布，重二十五銖，長二寸五分，廣一寸，首長八分有奇，廣八分，足股長八分，間廣二分，圍好徑二分半；四、貨泉，重五銖，徑一寸），互相參校，定為漢錢尺──為劉歆銅斛尺。更以漢錢尺定諸代尺，上之，藏於太常寺。今所傳宋王復齋拓本之晉前尺（見阮元《積古齋鐘鼎彝器款識》及王復齋《鐘鼎款識》），據王國維所考定，即若訥所造十五等尺之一也。

　　余嘗讀《西清古鑒》（卷三十四）。載有漢嘉量，五量備於一器：上為斛，下為斗，左耳為升，右耳為合、龠。按《漢書・律曆志》曰：

　　　　量者，龠、合、升、斗、斛也；所以量多少也。本起於黃鐘之龠，用度數審其容，以子穀秬黍中者千有二百實其龠，以井水

1　編者案：此文初名《隋書律曆志十五等尺模型說明書》，一九二七年由北京大學研究所國學門鉛印成冊，一九三二年修訂重印，始改今名。

準其概。合龠為合，十合為升，十升為斗，十斗為斛，而五量嘉矣。其法用銅，方尺而圜其外，旁有庣焉。其上為斛，下為斗，左耳為升，右耳為合、龠。其狀似爵，以縻爵祿，上三下二，參天兩地，圜而函方，左一右二，陰陽之象也。其圖像規，其重二鈞，備氣物之數，合萬有一千五百二十。聲中黃鐘，始於黃鐘而反復焉，君制器之象也。

班固之作〈律曆志〉，自言取劉歆主義。顏師古謂〈備數〉〈和聲〉〈審度〉〈嘉量〉〈衡權〉五篇皆歆之辭。然則此篇之文，正言歆為莽所作之制度也。故以此器證《漢志》，殆無一不合。惟五量之銘，《漢志》不載，茲錄於下：

律嘉量斛：

方尺而圜其外，庣旁九釐五豪，冥（同幂，劉徽《九章算術方田注》「凡廣從相乘謂之幂」，《西清古鑒》誤釋作寬，下同）百六十二寸，深尺，積千六百廿寸，容十斗。

律嘉量斗：

方尺而圜其外，庣旁九釐五豪，冥百六十二寸，深寸，積百六十二寸，容十升。

律嘉量升：

方二寸而圜其外，庣旁一釐九豪，冥六百冊（《西清古鑒》誤釋作卌）八分，深二寸五分，積萬六千二百分，容十合。

律嘉量合：

方寸而圜其外，庣旁九豪，冥百六十二分，深寸，積千六百廿分，容二龠。

律嘉量龠：

方寸而圜其外，庣旁九豪，冥百六十二分，深五分，積八百一十

分，容如黃鐘。又有銘辭八十一字，曰：

　　黃帝初祖，德幣於虞；虞帝始祖，德幣於新。（此王莽自述其世系之所出也。《漢書‧王莽傳》云：「居攝三年十一月甲子，改元為初始元年。戊辰，下書曰，『予以不德，托於皇初祖考黃帝之後，皇始祖考虞帝之苗裔』。」是莽以黃帝為初祖，虞帝為始祖也。幣，周也。遍也。新為莽有天下之號。）歲在大梁，龍集戊辰（歲，歲星也。龍，蒼龍，即太歲也。初始元年，太歲在戊辰。大梁，其星次也），戊辰直定（居攝三年十一月甲辰朔，廿一日甲子，改元初始。戊辰乃廿五日也。定，建除之次也。《戊辰詔書》曰：「以戊辰直定，御王冠，即真天子位。」顏師古注曰：「於建除之次，其日當定。」周壽昌《漢書注校補》云：「定，即建除家所謂定日也。《淮南子‧天文訓》云，『寅為建，卯為除，辰為滿，巳為平，主生；午為定，未為執，主陷；申為破，主衡；酉為危，主杓；戌為成，主少德；亥為收，主大德；子為開，主太歲；丑為閉，主太陰』。」今日者書以隨月日為轉移，十二干無定屬，大要以除、危、定、執為吉；建、滿、平、收為次；成、開亦吉；破、閉則凶。是知其法自漢已然），天命有民（《戊辰詔書》曰，「神明詔告，屬予以天下兆民也」），據土德，受正號即真（莽自謂以土繼火，據土德，色尚黃。正號，謂定號曰新也。即真，謂由攝位而即真天子位也），改正建丑，長壽隆崇（丑，十二月。謂以初始元年十二月癸酉朔為始建國元年正月朔也。按居攝三年十一月廿一日改元初始，是年僅得十有一月）。同律度量衡，稽當前人（同律度量衡，用〈虞書〉、〈堯典〉之文。律，候氣之管也。度，所以度長短也。量，所以量多少也。衡，所以稱物知輕重也。同，齊也。稽，考也。當，合也。謂齊一律度量衡，考合於前人也。《漢書‧律曆志》言：「徵天下通知鐘律者百餘人，使羲和劉歆典領條奏。」〈王莽傳〉云：「莽策群司曰，『太白司艾，西岳國師典致時陽。白煒象平，考量以銓』。」

國師者，劉歆也。故新嘉量世傳為劉歆銅斛）。龍在己巳，歲次實沈（始建國元年太歲在己巳，歲星次於實沈也）。初班天下，萬國永遵，子＝孫＝，亨傳億年（此言以是年班度量衡於天下也。亨即享，古本一字）。

　　按此斛銘三十三字，見於《隋書・律曆志》。晉劉徽注《九章算術》亦屢言晉武庫中有漢時王莽作銅斛，據其所言之形制，亦同《漢志》。〈方田篇〉引斛銘，〈商功篇〉引斛銘、斗銘，並言升、合、龠皆有文字，其後又有贊文。所引斛斗銘字句，與此小有異同，要當以此為正。所謂贊文者，即此八十一字之銘，《隋書・律曆志》載，後魏景明中，並州人王顯達獻古銅權，上銘八十一字（《隋志》奪戊辰二字，誤新為辛）。與此正同。

　　竊以為形制既與《漢志》相合，銘文又與《九章算術注》及《隋志》相合，其器或非響壁虛造之偽器。是晉劉徽及苻秦時釋道安（見《高僧傳》卷五〈道安傳〉）所見二器之外，天壤間尚有此一器巋然獨存，豈非學術界之瑰寶？顧雖見著錄，而物之存亡，莫可究詰，則亦喟然興歎，徒勞夢想而已。不得已乃效高若訥之所為，以貨布四枚制一尺，擇其首足長廣之比例合度者用之，以度王莽時諸貨幣，其尺寸乃無一不合。然私心猶以為未足，仍欲得《西清古鑒》之漢嘉量一證之，蓋此器若出，不特尺度可知，而王莽時之衡量皆可以確定。耿耿此心，固未嘗一日忘之也。一九二四年冬，清室善後委員會成立，開始點查故宮物品。余亦與點查之役，以此事白諸委員會，請其特別注意。是年十二月三十一日，此器果見於坤寧宮（為清帝行婚禮之所）。余聞之喜而不寐。越二日，懷貨布尺以往，見其器一如《西清古鑒》所圖，而文字為銅銹所掩，不如端方所藏殘器之清晰（《陶齋吉金錄》卷四新莽殘量，僅存殘銅一片，而八十一字之銘完好無缺，聞系清末時孟津所出）。因以貨布尺置斛中，而尺與口平，乃知「深尺」之文之

可據；又以此尺度其他各部，悉與銘合。於是此器之為劉歆銅斛，確然可信；而此貨布尺之為劉歆銅斛尺，亦確然可信矣。

今以此尺為本，以校其餘十四等之尺，並以米准之，列表如下：

一　周尺；

《漢志》王莽時劉歆銅斛尺；

後漢建武銅尺；

晉泰始十年苟勖律尺——為晉前尺；

祖沖之所傳銅尺。

比米　〇・二三一

二　晉田父玉尺；

梁法尺。

比晉前尺一・〇〇七

比米　〇・二三二六一

三　梁表尺；

比晉前尺一・〇二二一

比米　〇・二三六一

四　漢官尺；

晉時始平掘地得古銅尺。

比晉前尺——〇・三〇七

比米　〇・二三八〇九

五　魏尺——杜夔所用調律；

比晉前尺一・〇四七

比米　〇・二四一八五

六　晉後尺——晉氏江東所用；

比晉前尺一・〇六二

比米　〇・二四五三二

七　後魏前尺；

比晉前尺一・二〇七

比米　〇・二七八八一

八　中尺；

比晉前尺一・二一一

比米　〇・二七九七四

九　後尺；

後周市尺；

開皇宮尺。

比晉前尺一・二八一

比米　〇・二九五九一

十　東後魏尺。

比晉前尺一・三〇〇八

比米　〇・三〇〇四八

十一　蔡邕銅籥尺；

後周玉尺。

比晉前尺一・一五八

比米　〇・二六七四九

十二　宋氏尺；

錢樂之渾天儀尺；

後周鐵尺；

開皇初調鐘律尺；

平陳後調鐘律水尺。

比晉前尺一・〇六四

比米　〇・二四五七八

十三　開皇十年萬寶常所造律呂水尺。

比晉前尺一‧一八六

比米　〇‧二七三九六

十四　雜尺；

趙劉曜渾天儀土圭尺。

比晉前尺一‧〇五

比米　〇‧二四二五五

十五　梁朝俗間尺。

比晉前尺一‧〇七一

比米　〇‧二四七四

　　按《隋志》，「十、東後魏（武英殿本作東魏）尺，實比晉前尺一尺五寸八毫」。以今營造尺校之，尚長八分有奇。雖北朝以調絹之故，逐漸增長（本王國維說）、亦不應驟增至二寸以上，而此後又復減短。揆之事理，皆有未合。故余疑《隋志》當有誤字。然取校各本，其文悉同。嗣檢《宋史‧律曆志》中高若訥之所定，其文曰，「十、東魏後尺（疑後魏二字誤倒），比晉前尺為一尺三寸八毫」。乃知隋志之五字，實三字之誤（王應麟《玉海》、馬端臨《文獻通考》並已作五，知《隋志》之誤，自南宋時已然，若訥所見尚不誤也），以校後魏後尺，僅增一分九釐八毫，似較近理，故依《宋史》為之改正。

　　李淳風之定此十五等尺，剖析釐毫，比校精審，苟非依據實物，必不能若此之詳盡。今吾人所以知自周迄隋之尺度者，亦惟劉歆銅斛是賴。使無此實物，雖有錢幣可准，亦終不敢自信。然則此劉歆銅斛者，在考古學上，其價值為何如耶？他日更當就衡量以校古今之差異。余敢斷言，其增進之率，必校尺度為更多也。

新嘉量考釋[1]

　　新嘉量發見之後，余既據以作《隋書律曆志十五等尺》，並刊印小冊子行世，復搜集資料，草成此文，欲就正於王靜安而未果。一九二七年夏，靜安謝世，其遺稿中有〈新莽嘉量跋〉一篇。所輯資料，大致相同，蓋講學清華研究院時之講稿也。後刻入《觀堂集林》增訂本第十九卷，因據以修正此文。一九三六年夏，勵乃驥作《新嘉量五量銘釋》，載之北京大學《國學季刊》五卷二號。勵君精算術，於庶旁之義，反復闡明，亦劉歆之功臣也，遂再據以修正之。蓋自一九二六年各草成後，至此三易稿矣。頃故宮博物院發行年刊，以此器為故宮重寶，關係於學術者至巨，爰檢舊稿附入，願與海內外學人共商榷之。勵君別有算稿，列表詳盡，為便於省覽計，商得勵君同意，以此表附列於後。

一　總銘

　　考釋具見《隋書律曆志十五等尺》，今省。

二　斛銘

律嘉量斛銘

　　《周禮・考工記・㮚氏》：「嘉量既成，以觀四國。」《漢書・律曆志》：「四曰嘉量。」又曰：「量者，龠、合、升、斗、斛也，所以量多少也。本起於黃鐘之龠。用度數，審其容，以子穀秬黍中者千有二百

1　編者案：此文載《北平故宮博物院年刊》創刊號（1936 年 7 月）。

實其龠，以井水準其概。合龠為合，十合為升，十升為斗，十斗為斛，而五量嘉矣。」顏師古曰：「嘉，善也。」王莽自比周公，一切典章制度皆取法於周，故用《周禮》之文而稱曰嘉量。《爾雅·釋詁》：「律，法也。」馬融於《尚書·堯典》「同律度量衡」注曰：「律，法也。」是王莽之所謂律嘉量，亦猶秦詔之言法度量也。或云度量衡皆出於律，故王莽於度量衡上皆冠以律字，亦通。

方尺而圜其外

此亦《考工記》之文，《漢志》同。自來釋之者多不得其解，甚有謂其器內方外圜者，其誤孰甚。勵君解之曰：「古時以矩勾為樞，環其股端以為圜，故不言方而圜之大小不能定。言方者，假設以定圜也。」又引《周髀算經·商高》「圜出於方，方出於矩，矩出於九九八十一，是為積矩」之說以證之，其說是也。

庣旁九氂五豪

《漢志》旁有庣焉《注》引鄭氏曰：「庣音條桑之條。庣，過也。」師古曰：「庣，不滿之處也。」《說文·斗部》作𣂁云：「斛旁有𣂁。」段玉裁云，「𣂁旁者，謂方一尺而又寬九氂五豪也。不寬九氂五豪，則不容十斗。」《隋志》曰：「祖沖之以圜率考之，此斛當徑一尺四寸三分六釐一毫九秒二忽，庣旁一分九毫有奇。劉歆庣旁少一釐四毫有奇，歆術數不精之所致也。」氂字，斛銘從㲚，斗銘從釐，升銘從𨤲，即《說文·犛部》從犛省從毛之之氂。解曰，「犛牛尾也」。《漢志》「不失豪氂」《注》引孟康曰：「豪，兔豪也。十豪為氂。」

冥百六十二寸

冥與冪、幎（幂）、幕同，又作㡭、羃、䍦。《周禮·秋官·冥

氏》，先鄭讀如《冥氏春秋》之冥，後鄭謂冥方之冥。段玉裁云：冥方，即演算法之方冪。按劉徽《九章算術》方田注，「凡廣從相乘謂之冪」。是所謂冥者，即今面積之謂也。其正字當作冥，亦即《說文》訓「幽也」之冥，惟從大，不從六。《西清古鑒》、《兩漢金石記》釋寬，並誤。

深尺

亦《考工記・㮚氏》之文。

積千六百廿寸，

積，謂體積也，以深尺乘冥百六十二寸所得之數也。

容十斗。

上言體積，此言容實也。

三　斗銘

律嘉量斗

方尺而圜其外，

庬旁九氂五豪，

冥百六十二寸，

深寸，

積百六十二寸，

容十升。

此器在斛底，即《漢志》所謂「其上為斛，其下為斗」也，故圓徑及庬冥皆同於斛，惟深度當斛十之一耳。

四　升銘

律嘉量升

此器附著於斛之左，即《漢志》所謂「左耳為升」也。

方二寸而圜其外，

庣旁一氂五豪，

勵君謂方與庣之數皆當斗斛五之一，其說是也。

冥六百八分，

勵君謂五之一自乘得廿五，以廿五除斗斛之冥數得六百卌八方分，是也。《西清古鑒》《兩漢金石記》並誤卌為卅。

深二寸五分，

積萬六千二百分，

容十合。

五　合銘

律嘉量合

方寸而圜其外，

庣旁九豪，

勵君謂方與庣皆當斗斛十之一，所以不言九豪五絲者，以其微而略之也。

冥百六十二分，

深寸，

積千六百廿分，

容二籥。

　　《說文・龠部》：「龠，樂之竹管，三孔，以和眾聲也。」又〈竹

部〉：「籥，書僮竹笘也。」此以書僮竹笘之籥為樂之竹管之籥。

六　龠銘

律嘉量籥

　　合龠皆附著於斛之右，上為合，下為龠，即《漢志》所謂「右耳
為合龠」也。

方寸而圜其外，

庣旁九豪，

冥百六十二分，

深五分，

積八百一十分，

當合之半也。

容如黃鐘。

　　《漢志》：「黃帝使泠綸，自大夏之西，昆侖之陰，取竹之解谷生，
其竅厚均者，斷兩節間而吹之，以為黃鐘之宮。制十二筩，以聽鳳之
鳴，其雄鳴為六，雌鳴亦六，比黃鐘之官，而皆可以生之，是為律
本。」黃鐘之龠之所容，量之所由起也。

　　此器載在《西清古鑒》卷三十四，凡一器而龠、合、升、斗、斛
五量咸備。每種皆有刻辭，說明其尺寸及容積之數，每句一行。又有
銘辭八十一字，凡二十行，述其製作之事，蓋王莽時之物也。翁方綱
著《兩漢金石記》，錄其全文於第四卷中，並云：「愚按王莽銅量未知
存否，今所見摹本篆文五段（實有六段）如此，依而錄之。」翁氏不言
出處，初不知與《西清古鑒》所錄者是一是二。徐森玉藏一拓本，其
剝蝕處多與此本同，有趙秉沖印記及翁方綱題字。翁謂據此錄入《兩
漢金石記》中，是翁所據之本，即趙之所摹。趙在乾隆時，嘗參與編

錄內府銅器，今故宮博物院及古物陳列所諸器之函座，多有道之題字或釋文。阮元著《積古齋鐘鼎彝器款識》，所據趙之摹本六十餘器，大半見於《西清古鑒》《西清續鑒》甲乙編、《寧壽鑒古》四書，則徐氏所藏之本，亦即《西清古鑒》之物，可斷言也。翁所以不言出處者，以說有異同，或與官書相抵牾，懼因此獲譴也。阮氏之書，只言摹本而不言曾見著錄，亦此意也。此器不知其所自來，經此二書著錄以後，亦絕無道及之者。此器之若存若亡，二百餘年於茲矣。一九二四年冬，清室善後委員會點查故宮物品，得之於坤寧宮，雖已炱掩塵封，而物猶無恙，此不獨古物之幸，抑亦學術界之幸也。

　　《漢書・律曆志》曰：「至元始中，王莽秉政，徵天下通知鐘律者百餘人，使羲和劉歆等典領條奏，言之最詳。故刪其偽辭，取正義著於篇：一曰〈備數〉，二曰〈和聲〉、三曰〈審度〉，四曰〈嘉量〉，五曰〈權衡〉。」顏師古曰：「班氏自云作《志》取劉歆之義，自此以下，訖於『用竹為引者事之宜也』，則其辭焉。」是〈備數〉至〈權衡〉五篇，皆歆之辭，所言皆王莽之制也。其〈嘉量篇〉所述五量之制，乃與此器若合符節。所謂「上三下二，參天兩地」者，言五分其器之高，設兩耳於上三下二之間也（或說五器中，仰而上者三，俯而向下者二，亦通）。所謂左一右二者，言升與合龠之左右分列也。惟五量之銘及八十一字之銘，《漢志》皆不載，而有三篇散見於他書。晉劉徽注《九章算術》，屢言晉武庫中有漢時王莽所作銅斛。其〈方田注〉引〈斛銘〉一篇，〈商功注〉引〈斛銘〉及斛底〈斗銘〉各一篇（王氏引《九章算術注》，祇引〈商功〉而遺〈方田〉）。並云：「合龠皆有文字，升居斛旁，合龠在斛耳上，後有〈贊文〉，與今〈律曆志〉同。亦魏晉所常用。」唐李淳風撰《隋書・律曆志》，於〈嘉量篇〉中引《漢志》，而續以「其〈斛銘〉曰」云云；於〈衡權篇〉中記後魏景明中並州人王顯達獻古銅權一枚，上銘八十一字，其銘曰云云（今本《隋志》奪戊

辰二字，並誤新為辛，又因避諱而改民為人）；亦即劉徽所謂〈贊文〉
也。惟升合龠之銘未見著錄，賴此器知之。然玩劉氏〈商功注〉之語
及李氏〈嘉量篇〉所引，似《漢志》舊有銘辭而今佚之者，是不能無
疑也。王靜安《跋》以〈商功〉之注歸之李淳風，云：「按此條雖無『淳
風按』三字，然實李注。云『後有〈贊文〉與今〈律曆志〉同』者，
謂此量後銘與淳風所撰《隋書‧律曆志》中〈莽權銘〉同也。云『今
祖疏王莽銅斛文字尺寸分數』者，祖，蓋謂祖沖之。《隋志》載祖沖之
以密率考此量，其證也。云『不盡得升合龠之文』者，謂祖沖之僅錄
斛斗二銘及後銘不錄升、合、龠三銘也。」王氏既解今〈律曆志〉為淳
風自撰之《隋志》，則余所疑《漢志》有佚文，似可以渙然冰釋。然
〈商功〉此注之下，仍有「淳風按」云云，則以上又不似淳風語（淳風
既於《隋志》之〈權銘〉稱銘，不應於此獨稱贊文）。且晉武庫之銅
斛，祖沖之實不及見。據《晉書‧五行志》：「惠帝元康五年（295）閏
月庚寅（是年閏十月，丁亥朔，四日為庚寅），武庫火。累代異寶王莽
頭、孔子屐、漢高祖斷白蛇劍及二百八（疑餘字之誤）萬器械，一時
蕩盡。」雖未明言王莽銅斛，而劉徽屢言斛在武庫，此後亦即失傳，是
必在二百餘萬器械之列，從可知矣。祖沖之生於宋文帝元嘉六年
（429）。卒於齊東昏侯永元二年（500），距武庫之災已百有餘年，無
緣見其器，錄其文也。祖氏以密率考此量，亦第依據舊文耳。是則此
注之文，仍屬疑問也。

　　銘辭中既有「初班天下，萬國永遵」之語，則劉歆當日所造，必
不止一器。顏師古《漢書注》引鄭氏曰：「今尚方有王莽銅斛，制盡與
此同。」鄭氏不知何時人，晉灼《集注》云：「北海人，不知其名。」
據洪頤煊《讀書叢錄》所考，殆為魏以後人。此魏晉尚方之銅斛也。
劉徽於武庫中見漢時王莽所作銅斛，此晉武庫之銅斛也。《晉志》、《隋
志》記荀勖所造晉前尺銘，言泰始十年中書考古器七品，五曰銅斛，

次於古錢及建武銅尺之前，當即劉歆銅斛。古錢亦指莽時錢幣。此晉荀勗所見之銅斛也。《高僧傳》卷五〈釋道安傳〉云：「有人持一銅斛於市賣之，其形正圓，下向為斗，橫檊昂者為升，低者為合；梁一頭為龠。龠同黃鐘，容半合，邊有篆銘。堅（苻堅）以問安，安云：『此王莽自言出自舜皇，龍戌辰（奪集字），改正即真，以同律量，布之四方，欲小大器鈞，合天下取平焉。』」據其所紀之形，乃上斛下斗，左右升、合、龠。惟其辭不甚詳，以耳之上下為橫梁之低昂，又誤以升合屬之一頭，致疑其為別一形制。安之說解，亦即八十一字之銘辭也。此苻秦時道安所見之銅斛也。鄭氏、劉徽、荀勗等所見者，或同屬一器。而釋道安見於長安市上者，當別為一器也。自是以後，不聞更有實物。唐李淳風著《隋書・律曆志》，校諸代尺度一十五等，其第一等中有劉歆銅斛尺，而冠以《漢志》二字，是非根據實物可知。其〈嘉量篇〉中所錄之〈斛銘〉，或依據《漢志》舊文，或錄自《九章算術注》，未可知也。宋司馬光答范鎮書云：「漢斛者，乃劉歆為王莽為之，就使其真器尚存，亦不足法。」是唐宋以來，久不知有此實物矣。今人或有疑此器為出自宋人仿造者，不知宋人未睹實物，何從仿造？為此說者，不知其亦有根據否也。一九〇一年（清光緒二十七年），山西河東某縣出一殘器，有八十一字之銘，後歸端方（見《陶齋吉金錄》）。其殘形與此器正合，尤可證劉歆當時所造不止一器也。

附　新嘉量表

新嘉量通高，周制一尺一寸三分有奇（清制八寸二分，公制〇・二六米）。通闊，周制二尺二寸九分有奇（清制一尺六寸六分，公制〇・五二九米）。其重，周制九百六十兩即二鈞（清制三百六十三兩，公制一四六九五・五克）。今依公制列五量各度如下：

量別/度量		斛	斗	升	合	龠
函邊方長	周制	1.0000尺	1.0000尺	2.0000寸	1.0000寸	1.0000寸
	清制		0.7290尺	1.4580寸	0.7290寸	0.7290寸
	公制	0.2310米	0.2310米	4.6200釐米	2.3100釐米	2.3100釐米
庲長	周制	0.0095尺	0.0095尺	0.0019寸	0.0009寸	0.0009寸
	清制	0.0069尺	0.0069尺	0.0013寸	0.0013寸	0.0013寸
	公制	0.00219米	0.00219米	0.004389釐米	0.00207釐米	0.00207釐米
圈徑直長	周制	1.43619尺	1.43619尺	2.871386寸	1.43619寸	1.43619寸
	清制	1.04708尺	1.04708尺	2.09416寸	1.04708寸	1.04708寸
	公制	0.33176米	0.33176米	6.635211釐米	3.3176釐米	3.3176釐米
冪（面積）	周制	162.000方寸	162.000方寸	648.000方分	162.000方分	162.000方分
	清制	86.101方寸	86.101方寸	354.40方分	86.100方分	86.100方分
	公制	864.448方釐米	864.448方釐米	34.5779方釐米	8.6444方釐米	8.6444方釐米
深（即高）	周制	1.0000尺	1.0000寸	25.000分	10.000分	5.000分
	清制	0.7290尺	0.7290寸	18.200分	7.290分	3.640分
	公制	0.2310米	2.3100釐米	5.775釐米	2.3100釐米	1.155釐米
積（體積）	周制	1620.000立方寸	162.000立方寸	16200.00立方分	1620.00立方分	810.00立方分
	清制	627.676立方寸	62.7679立方寸	6276.76立方分	627.676立方分	313.8三立方分
	公制	19968.753立方釐米	1996.8753立方釐米	199.6875立方釐米	19.9688立方釐米	9.98437立方釐米

量別/度量		斛	斗	升	合	龠
容量	進位量	10斗	10升	10合	2龠	1龠
	龠量	2000	200	20	2	1

　　按劉復校量莽量莽權，得一尺之值，為二三・○八八七釐米。一升之值，為二○○・六三四立方公分。一斤之值，為二四四・九二五克。又實測得斛容量為二○一八七・六六立方公分。其容量與上表稍有出入者，實量與計算，有相當誤差也。

濕倉平斛跋[1]

　　右斛銘四字，陽文，曰「濕倉平斛」，為太谷趙氏藏器，向未著錄。陳萬里遊晉，始獲見之，攝影拓銘，以一本見贈。形與故宮博物院所藏新嘉量相似。新量為龠、合、升、斗、斛五量，此僅斛耳。旁有兩耳，可以兩手挈之。底有三足。文字在底下，字體在篆隸之間，平字反文。斛字，斗旁泐左半。濕从水，从絫，即濕字。古从㬎之字，如顯、隰等字，漢碑多省作顕、𨻳，或誤從絫，作顯、𨻳。《說文・水部》：「濕水出東郡東武陽入海。从水，㬎聲。桑欽云：出平原高唐。」徐鉉音：他合切。《漢書・地理志》：「東郡東武陽，禹治漯水，東北至千乘入海。」又平原郡高唐，桑欽言漯水所出。又有漯陰縣，亦屬平原郡。其字並从絫，作漯。《續漢書・郡國志》於東郡東武陽及平原郡平原下，皆曰濕水出。又平原郡亦有濕陰縣，其字並从濕，作濕，與《說文》合。《漢書・功臣表》：濕陰侯昆邪，〈霍去病傳〉則誤作漯。知濕為本字，濕為省字，漯為誤字。此作濕，正從濕省耳。《水經注・河水篇》：「浮水故瀆，又東北入東武陽縣，東入河，又有漯水出焉，戴延之謂之武水也。」又曰：「今漯水上承河水，於武陽縣東南，西北逕武陽新城東。水自城東北逕武陽縣故城南。」此器之濕，蓋即此水也。濕倉者，濕水之上之倉也。按《水經注》：「河水又東北徑委粟津，大河之北，即東武陽縣也。」又曰：「河水於范縣東北流為倉亭津，〈魏土地記〉曰：津在武陽縣東北七十里。」東武陽既為濕水所自出，而委粟倉亭二津又皆在其境內，是則東武陽之有濕倉，雖史志無明文，或亦有可能性也。倉亭津之名又安知不因濕倉而得名

1　編者案：此文載《文物》一九六三年十一期。

耶？以今地望準之，當在山東陽穀莘縣之間矣。《漢書・地理志》：河
東郡有溼倉。溼為古燥濕之溼字，今假。設此器果為山西河東道境內
出土者，則前之假設，皆不足憑，而此濕倉可斷定為河東之溼倉矣。
因東漢建寧五年李翕〈析里橋郙閣頌〉刻石，已以濕為溼矣。故古器
出土之地，關於考證者甚巨，仍當詢諸趙氏，一決此疑。並擬親就此
器，準其容量，以與新嘉量一校之也。

卷五

石刻

石鼓為秦刻石考¹

　　一九二九年春，西湖博覽會以徵集北平歷史文化物品見屬。余以古刻石之制，與後世之碑截然不同。石鼓為吾國石刻中之最古者，為刻石，為碣，而自唐宋以來多稱之曰石鼓，名之不正也久矣，因就原物攝影十幀，寄陳會中，以表章刻石或碣之形制。翌年，余南旋，朋好中多索取影片，苦無以應之。會故宮印刷所正試驗凹版之印刷，主其事者慫悫以影片製版，因一律縮成原形約十五分之四。又以石為圓形，有陰陽向背，慮文字之不能清晰也，更以最近之拓本附於其後，俾後之覽者，知今日存字之確數也。閱半年功成，並以舊作《石鼓為秦刻石考》編於簡端。時一九三一年十月，馬衡識於北平寓廬之凡將齋。

　　石鼓在隋以前，未見著錄。出土之時，當在唐初²。其名初不甚著，自韋應物韓愈作〈石鼓歌〉以表章之，而後始大顯於世。其地為天興縣（今鳳翔）南二十里許，鄭余慶遷於鳳翔府（今鳳翔）夫子廟。經五代之亂，又復失散，宋司馬池復輦置府學之門廡下。大觀中，自鳳翔遷於東京（今開封）辟雍，後入保和殿。金人破宋，輦歸燕京（今北京），今在故國子監。其字體為籀文，其文體為詩，其數凡十。司馬池移置時亡其一，皇祐四年向傳師求得之。入汴以後，以金填其文，示不復拓；入燕以後，又剔去其金。經此數厄，文字之殘損者更多；十鼓雖具，而第八鼓已無字矣。

1　編者案：此文初載北京大學《國學季刊》一卷一期（1923 年 1 月），一九三一年凡將齋又增訂影印行世。

2　《元和郡縣圖志》卷二云：「《石鼓文》在縣（天興縣）南二十里許。……貞觀中，吏部侍郎蘇勗紀其事。」

其刻石之時代，唐以來人所考訂者，恆多異詞：有以為周宣王時者，唐張懷瓘、竇泉、韓愈也；有以為周文王之鼓，至宣王時刻詩者，唐韋應物也；有以為周成王時者，宋董逌、程大昌也；有以為秦者，宋鄭樵也；有以為宇文周者，金馬定國也。（尚有考為漢刻者，如清武億據《古文苑》釋文「趩趩六馬」之文，以為漢制天子駕六。其實第四鼓文作「趩趩□馬」，趩乃趩之誤，「馬」上一字今闕；雖薛尚功所釋「趩趩六馬」亦有六字，然天一閣宋拓本所存殘畫與「六」字，決不相類。又有認為元魏世祖時刻者，如清俞正燮據李彪《表》有「禮田岐陽先皇之義」語，以為太平真君七年西征蓋吳時物。此等標新立異之說，尤不足取。）眾說雖極糾紛，而要之不過三說：一、宗周，二、秦，三、後周。三說之中，以主第一說者為多，尤以宣王之說為最盛；清高宗又從而表揚之，其說乃定於一尊而無復異議。其次則第三說差有勢力，清萬斯同莊述祖等尤力主之；逮乾隆末年以後，其說始漸息。至第二說，則鄭樵之外惟翟耆一人，余無聞焉。今就此三說以絜其短長，評其得失。

主後周之說者，以西魏文帝大統十一年嘗西狩岐陽，見於《後周書·文帝紀》，遂以此鼓所紀狩獵之事當之。又以宇文泰患文章浮靡，命蘇綽作〈大誥〉，多用《尚書》成語，當時文人悉效其體，遂疑鼓文出蘇綽輩之手。然文體字體之流變，隨時隨地而轉移；依託放古之事，其術縱工，其跡終不可掩。試以魏《三體石經》之所謂古文、篆文者較周金文秦刻石，其異同之點不難立辨。漢魏去古未遠，仿效猶且失真，而謂後此三百年之宇文泰能之乎？藉曰能之，何見存西魏北周時刻石，又無一放古之作如此鼓者乎？（俞正燮既主元魏世祖時物，姚大榮復以崔浩實之，其失與此同。）其所舉之證據，多屬遠不相涉之事實，昔賢如朱彝尊王昶輩已有駁正之者，茲不再辯。

主宗周之說者三：一、文工作鼓，宣王刻詩；二、成王；三、宣

王。謂韋應物以為文王之鼓，宣王刻詩者，其說惟見於歐陽修《集古錄》；今本《韋蘇州集》中〈石鼓歌〉，無周文王之語，而宋葛立方《韻語陽秋》引韋詩，則作「周文大獵兮岐之陽」，與歐陽之說同。然玩其全章之義，實指宣王，疑二公皆為板本所誤，韋氏蓋無是說。謂為成王者，以宣王搜於岐陽，於經史無徵，而成王之搜於岐陽，則見於《左氏傳》（昭四年），因以此鼓屬之成王。其後雖較後周為近理，而文字實不似周初。謂為宣王者，以其字類小篆而較繁複、類宗周彝器之文而較整齊，因目之為籀文；又以籀文為宣王太史籀所作，遂以此鼓屬之宣王，而定為史籀書。其所持理由，所引證據，皆較正當，故持是說者亦占優勝。然余竊疑者，籀文是否為書體之名？「史籀」是否為人名？近人王靜安著《史籀篇敘錄》，以為「《史籀》十五篇，古之字書，後人取句首『史籀』二字以名其篇，非著書者之名；其書獨行於秦，非宗周時之書」。若然，則此類於《史籀篇》之鼓文，其以為宣王時作者，不宜根本推翻乎？

　　主秦之說者，以其文有合乎秦器之文，遂以為周室東遷後，秦有岐西時所作。此說自鄭樵發之。樵著《石鼓文考》三卷，當必考之甚詳，惜未之見。據《寶刻叢編》載其〈石鼓音序〉有云：「此十篇皆是秦篆，以也為殹，見於秦斤；以丞為丞，見於秦權。」又云：「其文有曰嗣王，有曰天子；天子可謂帝，亦可謂王，故知此則惠文之後、始皇之前所作。」鞏豐則以為獻公之前、襄公之後所作[3]。持此說者，僅據器物遺文以立言，不能旁徵博引，出入傳記，宜此不為世所重。蓋先儒考證之學，往往篤信載籍而忽於實物，其結果，寧信附會肊說之《三禮圖》，而於山川所出鼎彝，反以為不足據。真偽莫辨，結習然也。清乾、嘉以後，考證之學突過前人，載籍之外雖亦頗資實驗，而

3　鞏豐，字仲至，宋孝宗時人，嘗從呂祖謙遊，時代略後於鄭樵。其說見楊慎《丹鉛錄》中。

此鼓已經帝王審定，又孰敢從而非議之？近人震鈞始疑其不類周文，從鄭之說定為秦文公東獵時所作；並重訂次序，更為集注。近人亦有取鄭說者，其論與震鈞略同。

　　竊以為三說之中，以主秦者為最允當。請就鄭氏之說而申辨之。

　　一、文字之流變可得而推尋也。古今文字之不同，有漸變，無改造。近人康有為謂「古無籀、篆、隸之名，但謂之文」是也。世之論文字之源流者，咸以為由古而籀，由籀而篆，由篆而隸，皆有創作改造之者；其說大謬。蓋文字之興，孳乳浸多，隨時隨地而變，無主名，無形跡，於此而欲強為限斷，定其名稱，無是理也。《說文》之正文九千三百餘，皆當世所流行者，只謂之文，只謂之字；其有標出古文、籀文者，謂〈古文經〉〈史籀篇〉中有此異體，非即指為書體也；〈敘〉所謂「今敘篆文合以古籀」者，皆指正文九千餘而言也。[4]〈史籀篇〉者，字書之祖。或謂「其書取當世用字編纂章句，以便習誦」，蓋古字書之通例也。逮秦並兼天下，李斯等復刺取其字以作〈倉頡〉等篇[5]，乃整理舊文，有所去取，改編字書，非謂於〈史籀篇〉外又改造字體也。王靜安以為「其書秦人作之以教學童者。其後秦人作字書，乃獨取其文字，用其體例，亦〈史篇〉獨行於秦之一證」。其說是也。今以秦刻遺文，校《說文》之所謂籀文，多有合者。知其〈史籀篇〉之遺字，為〈倉頡〉等篇所未收，而猶存於秦刻者也。然則文字之類小篆而較繁複，似宗周彝器之文而較整齊者，為未同一以前之秦文，亦即〈史籀篇〉之文，可斷言也。

　　二、秦刻遺文可得而互證也。鄭氏所舉者，曰秦斤，曰秦權，皆始皇二世詔書之文，猶不足以證石鼓。余之所舉者，自秦霸西戎時起至二世元年止，凡得十二種：一曰盉和鐘，二曰秦公敦，皆為繆公時

4　此旨自段玉裁發之，而王靜安引申之；說見段氏《說文注》及王氏《漢代古文考》。
5　李斯作〈倉頡篇〉，趙高作〈爰曆篇〉，胡母敬作〈博學篇〉。

作；[6]三曰重泉量，為孝公十八年作；[7]四曰〈詛楚文〉，為惠文王時作；[8]五曰呂不韋戈，為始皇五年作；[9]六曰新郪虎符，為始皇二十二年滅魏後所作；[10]七曰陽陵虎符；為始皇稱帝後所作；[11]八曰權量等詔書，為始皇二十六年及二世元年所作；[12]九曰嶧山刻石，十曰泰山刻石，十一曰琅玡臺刻石，十二曰會稽刻石，皆始皇二十八年以後至二世元年所作。[13]前七種在文字未同一以前，後五種在既同一以後。其與石鼓相同之文字，則見於盠和鐘者十七，[14]見於秦公敦者十四，[15]見於重泉量者

6　盠和鐘見薛尚功《鐘鼎款識》，已佚。秦公敦新出甘肅東境，藏張廣建家，二器銘略同，中有「十有二公」語。歐陽修以鐘為共公作，薛尚功以為景公作。或以為十二公當自秦侯始，至成公為十二世，作此二器者當為繆公，故銘有「烈烈桓桓」之語。

7　重泉量見《秦金石刻辭》。有「十八年冬十二月乙酉大良造鞅」云云，蓋孝公十八年商君所作。

8　〈詛楚文〉見《古文苑》《廣川書跋》及《絳汣》等帖，已佚。文有「兼倍十八世之詛盟」主語。歐陽修王厚之並以為惠文王所作。

9　呂不韋戈見《簠齋吉金錄》，舊藏濰縣陳氏。文有「五年相邦呂不韋造」云云。

10　新郪虎符出陝西，未見著錄。其文有「右在王左在新郪」語。新郪本魏地，而文字及制度，悉與秦陽陵虎符同，其為秦制無疑，當為始皇二十二年滅魏後所作。

11　陽陵虎符見《歷代符牌圖錄》，文有"右在皇帝"語。

12　秦權量見《秦金石刻辭者》，凡二十九器，皆始皇二十六年及二世元年詔。

13　嶧山刻石已佚，今據宋鄭文寶覆刻徐鉉摹本。泰山刻石存十字，今據影印明安國藏五十三字本。琅玡臺刻石已佚，今據拓本。按《史記・秦始皇本紀》，嶧山泰山琅玡皆二十八年刻，會稽乃三十七年刻。諸刻石後有二世詔，皆二世元年所造也。

14　盠和鐘：公公，不不，天天，又又，事事，余余，師師，以以，多多，夕夕，是是，于于，執執，作作，其其，孔孔，永永。

15　秦公敦：公公，不不，天天，又又，之之，事事，余余，師師，是是，作作，以以，各各，多多，方方。

三，[16]見於〈詛楚文〉者二十九，[17]見於呂不韋戈者三，[18]見於新郪虎符者十，[19]見於陽陵虎符者四，[20]見於權量等詔書者十五，[21]見於嶧山刻石者二十四，[22]見於泰山刻石者八，[23]見於琅玡臺刻石者十二，[24]見於會稽刻石者十七，[25]皆就其體勢結構之完全相同者言之；若偏旁互見而彼此相同者，尚不一而足。[26]此可由文字之形體，證鼓文為秦文者也。鼓文殹字兩見，一曰「殹沔沔」，一曰「汧殹洎洎」；鄭氏據秦斤以為即也字。今按薛尚功《鐘鼎款識》有平陽斤，其所刻二世詔書，有曰「其於久遠殹」，在他器殹多作也，鄭氏所據，或即是器。然鄭氏僅據此一器，猶得曰偶誤也。今於秦斤之外更得三證焉：一曰〈詛楚文〉，巫咸本曰「將之以自救殹」，而久湫及亞駝本殹並作也；二曰新郪虎符，文曰「雖母會符行殹」，其義為語助詞；三曰秦權，瑞方《陶齋吉金錄》

16　重泉量：末來，大大，爲為。

17　秦〈詛楚文〉：又，嗣，王王，用用，其其，祝祝，于于，不不，大大，以以，之之，多多，我我，君君，公公，及及，是是，同同，子子，爲為，而而，康康，則則，天天，求求，可可，自自，殹殹，章章。

18　呂不韋戈：不不，事事，工工。

19　新郪虎符：之之，右右，王王，左左，用用，人人，以以，事事，毋毋，殹殹。

20　陽陵虎符：之之，右右，左左，陽陽。

21　權量詔書：六六，天天，大大，安安，爲為，丞丞，則則，不不，之之，而而，其其，殹殹，如如，嗣嗣，左左。

22　嶧山刻石：嗣嗣，王王，四四，方方，時時，不不，六六，既既，于于，日日，自自，及及，止止，康康，樂樂，所所，爲為，而而，其其，如如，之之，丞丞，具具，可可。

23　泰山刻石：不不，其其，如如，嗣嗣，爲為，之之，丞丞，具具。

24　琅玡臺刻石：楊楊，所所，爲為，而而，不不，其其，如如，嗣嗣，之之，丞丞，具具，可可。

25　會稽刻石：方方，六六，王王，自自，而而，陰陰，爲為，來來，之之，各各，其其，子子，不不，止止，人人，樂樂，舟舟。

26　□、□、□之於秦公敦之□、□、□、□、□之於〈詛楚文〉之□、□、□、□之於新郪虎符之□、□，□之於〈詛楚文〉嶧山琅玡臺會稽等刻石之□，□、□、□之於嶧山刻石之□、□，並同。

載權凡十九，而第一權之二世詔文與秦斤同。鼓文曰「汧殹沔沔」「汧
殹泊泊」者，汧，水名；沔沔及泊泊，水之形容詞；殹，語助詞，與
也同，又與兮通。[27]斤、權、虎符、〈詛楚文〉，四者皆秦文，並有此不
經見之字，則殹也通假，為秦文獨有之例可知矣。鼓文既用此例，非
秦文而何？此可由文字之聲音訓詁證以為秦文者也。

其時代，則鄭樵以為惠文之後，始皇之前；羣豐以為獻公之前，
襄公之後；震鈞等以為文公時。余以為羣說是也。何則？繆公之作鐘
與敦也，稱曰「秦公」；惠文王之詛楚也，稱曰「有秦嗣王」。皆於本
文中之稱謂及所紀世次推計而得之。鼓文雖殘闕，猶有「公謂大□，
余及如□」句。公者，秦公也；大□者，當為官名，或即大史、大祝
之類；[28]余者，自稱之詞也。鄭氏引鼓文曰天子，曰嗣王者，皆指周天
子也。惜此章（第七鼓）文辭闕蝕，上下不相屬，不能得其文義；然
第九鼓猶有「天子永寧」之語，可知其為祝頌之詞。夫秦自襄公有功
王室，得岐西之地而列為諸侯，至繆公始霸西戎，天子致賀。鼓文紀
田漁之事，兼及其車徒之盛，又有頌揚天子之語，證以秦公敦之字體
及「烈烈桓桓」之文，則此鼓之作，當與同時。繆公時居雍城，[29]雍城
在今鳳翔縣雍水之南；《元和郡縣圖志》所紀出土之地，正為雍城故
址，岐山在其東，水在其西；鼓文有曰，「汧殹泊泊……舫舟西逮」，

27　語助詞之也字，本非正字，故《易書》經文中無也字。《詩》之兮、也二字，他書
　　所引往往互異：如〈鳲鳩〉曰，「其儀一兮，心如結兮」，《禮記·緇衣》及《淮南
　　子·詮言篇》引兮作也；〈旄丘〉曰，「何其處也」，《韓詩外傳》引也作兮；〈君
　　子偕老〉曰，「玉之瑱也」，《說文》引也作兮。兮與也通，故前人有釋鼓文之殹為
　　兮者。兮又與猗通：《詩·伐檀》曰，「河水清且漣猗」，《漢石經》猗作兮，《書·
　　秦誓》曰，「斷斷猗」，《禮記·大學》引猗作兮。竊以為〈秦誓〉之猗，當本作殹。
28　此二句連屬成文：或以為既稱天子，不得又稱嗣王。然《詩·六月》有「王於出
　　征，以佐天子」之句。此文不完，不能得其詞義矣。
29　秦之都邑，自西東徙。初，文公卜居汧渭之會，寧公徙居平陽，德公初居雍城大
　　鄭宮。

謂由雍至為西逮也（王靜安謂丁戊二鼓廓字為地名之雍之專字，見王氏遺書《觀堂別集補遺》與《馬叔平論石鼓書》）。昔人謂鼓出岐陽，乃泛指其地，不如《元和郡縣圖志》所紀之翔實。其引經史「搜於岐陽」之文以證其為周成王或宇文泰者，由於誤認出土之地為岐山之陽，又以岐山之陽為古來大搜之地。不知鼓之所在地，尚在其西，而田漁之地，更在其西也。其刻石之地，不於水之上而於雍城者，蓋田漁之事多為祭祀而設。鼓文有曰，「吳人慗□」；又曰，「□□大祝」，吳人者，虞人也，掌山澤之官；大祝者，祝官之長，主事鬼神者也。[30]鼓文雖不明言祭祀，而獨紀掌祭祀之官，知田漁與祭祀有關矣。以田漁之所獲，歸而獻諸宗廟，作詩刻石以紀其事，則石在雍城宜也。

猶有一事亟宜辨正者，即其名稱是也。唐以來著錄此刻者，蘇勖寶泉皆以為獵碣；其餘皆以石鼓名之，此尤大謬。當刻碑未興以前，祇有刻石。《史記・秦始皇本紀》凡言頌德諸刻，多曰刻石，或曰刻所立石；摩崖與立石，皆刻石也。立石又謂之碣，《說文》石部「碣，特立之石」，是也。其有實物可證者，則有泰山無字石、琅玡臺刻石、禪國山刻石（惟琅玡臺一石亡於近年，餘皆無恙）。此十石之形制，皆與之同。其制上小而下大，頂圓而底平。四面有略作方形者，有正圓者；刻辭即環刻於其四面。此正刻石之制，非石鼓也；蘇竇獵碣之名，差為近之。最可笑者，莫過於清高宗之重摹石鼓。夫既曰重摹，必依其形制矣，而彼則不然。其形類今之鼓，冒革施釘，無不畢肖；其文又不在四周而在頂上。苟不幸而原石亡，則後之人且將據清鼓以證原石，前人所謂「武事刻於鉦鼓」者，將為不刊之論矣。其貽誤後人，不已甚耶？故余草此篇既竟，特為正其名曰「秦刻石」。

30　《春秋・左氏傳》（昭二十年）。「齊侯田於沛，招虞人以弓」。《晏子春秋・內篇諫上》。「齊有泰祝子游」。此二官列國皆有之，不獨天子也。

明安國藏拓獵石碣跋

　　獵碣，世謂之石鼓，余昔著《石鼓為秦刻石考》，辯其名稱為刻石，為碣，定其時代為秦，不取周宣王石鼓之說。顧獵碣、石鼓二名，其源皆甚古。獵碣始見於蘇勖《載記》（見吳曾《能改齋漫錄》），石鼓始見於李賢《後漢書注》（見〈鄧騭傳〉注）。勖，貞觀時人；賢，高宗時人，皆在初唐。意石鼓為流俗之傳說，而獵碣為學者之定名。定名晦而傳說彰，天下事往往然也。

　　世所謂宋拓之字數，歐陽修所見者四百六十五字，胡世將所見者四百七十四字，吾丘衍所見者四百七十七字，至元潘迪作《音訓》時，只存三百八十六字。二百餘年之中，損字逾五分之一。宋王厚之元虞集皆有填金之說，明王禕且謂金人剔取其金而棄去之，故余頗疑剔金為損字之最大原因。一九三三年春，榆關告警，北平古物，多數南遷，此石亦在議遷之列。余適董其役，得以摩抄而審辨之。石質堅頑，審為花岡岩。其剝泐之狀，異於常石。乃石皮受風雨寒暑之侵蝕，漸次與石骨分離，日久則脫落一層，石骨暴露，十石如出一轍。存字之處，石皮完好。亦有已分離而猶未脫落者，扣之，則其聲虛廓而不實。倘遭外力壓抑，可即時脫落。當靖康之際，剝泐程度雖不若今日之甚，當已入於此種狀態，填金勢有所不能。竊疑填金以絕摹拓之說，蓋謂以泥金塗入其字，如新出唐仵欽墓誌（北平大木倉胡同中國大學出土）。然王禕所謂剔取其金者，當是傳聞之誤。前此之疑，殆非事實。其損字原因，必系北徙之時，修綆大索，長途挽致，遂使石皮脫落，可斷言也。自虞集潘迪以後，至於今日，皆在孔廟大成門左右，有大廈蓋覆之，有疏櫺局鐍之，保護不可謂不周，然五百年來，

又損五十餘字，皆分離之石皮，經椎拓而脫落者也。余鑒於此種情狀及既往之事實，知保護石皮，為先務之急，乃就存字之處，糊之以紙，縱使石皮脫落，猶可黏合。次乃裹以絮被，纏以枲纏，其外復以木箱函之。今日之南遷，或較勝於當日之北徙也。

此本為明安國所藏，題為前茅本，與中權、後勁二本鼎峙，皆宋拓也。此外尚有七本，較此三本稍遜，並同時拓本，安氏因號所居曰十鼓齋。後勁本未見，中權本及七本之一，皆無後印行。而唐立庵得此攝影本，亟取中權本校之，僅而師一石少四字，其餘皆勝於中權本，蓋剪裝時所截去者也。中權本存字五百，此本存字四百九十有七，合兩本得字五百有一，較之歐胡吾所見者，摹拓更早矣。

立庵既以攝影本歸中華書局印行，並為跋尾，詳述其流傳之緒。以余曾為此石作考證，並與於徙石之役，屬贅一言。爰就見聞所及，記其剟泐之由如右。

漢三老趙寬碑跋

　　一九四三年四月，青海樂都城東公路旁發見《漢三老趙寬碑》。詢之附近居民，知為一年前築路時出土。石雖中斷，損字無多，全文皆可屬讀。或疑為建碑未久，仆埋土中，故能文字完好。今藏青海圖書館，余於翌年始見墨本。今則流傳較多，惜多濕拓，罕見精者。此碑詳載世系，至十世之遠，為漢碑中罕見之例。所載名字官位，多可補正兩《漢書》之缺誤，意蓋出自其家譜牒，或較史家所紀為正確也。如充國之先，本傳不詳。碑言：文景之際，仲況為少府，子聖為諫議大夫。聖子二，長字翁仲，為新城長，以功拜關內侯。次字君宣（宣字殘，未敢確定），密靖內侍，報怨禁中，徙隴西上邦。翁仲之封侯，君宣之謫徙，皆當在武帝之初。充國卒於宣帝甘露二年，年八十六，則當生於武帝建元四年甲辰也。傳載：子卬，為右曹中郎將，以辛武賢之譖，下吏自殺。充國傳子，至孫欽。欽尚敬武公主，無子，主教欽良人習詐有身，名它人子。欽薨，子岑嗣侯，習為太夫人。岑父母求錢財亡已，忿恨相告，岑坐非子免，國除。碑於卬之自殺，欽之名它人子，略而不書，蓋子孫諱之也。碑稱襲侯者為卬弟而無名，〈外戚恩澤侯表〉則載其名曰弘。平帝時修功臣後，復封充國曾孫為侯。傳著其名為伋，碑則為嶽，此應以碑為正，蓋史與碑互有詳略也。自充國至豐四世，皆居上邦，至孟元始徙金城之破羌。孟元與子子長（子字殘，未敢確定）仲寶叔寶戰沒。後寬冒突鋒刃，收葬尸死（漢人多以死為尸，但尸死連用者尚未之聞），徙家馮翊。按《後漢書·西羌傳》：「永初元年冬，遣車騎將軍鄧騭、征西校尉任尚副將五營及三河、三輔、汝南、南陽、潁川、太原、上黨兵，合五萬人，屯漢陽。明年

春，諸郡兵未及至，鐘羌數千人先擊敗隴軍於冀西，殺千餘人。其冬，隴使任尚及從事中郎司馬鈞，率諸郡兵與滇零等數萬人戰於平襄，尚軍大敗，死者八千餘人。」（〈安帝紀〉略同，惟系遣隴等於元年六月，系平襄之戰於二年十月）孟元等之戰歿，當在是役。又云：「五年春……羌既轉盛，而二千石令長多內郡人，並無戰守意，昔爭上徙郡縣，以避寇難，朝廷從之，遂移隴西徙襄武，安定徙美陽，北地徙池陽，上郡徙衙。百姓戀土，不樂去舊，遂乃刈其禾稼，發徹室屋，夷營壁，破積聚。時連旱蝗饑荒，而驅劫略，流離分散，隨道死亡。或棄捐老弱，或為人僕妾，喪其大半。」寬之內徙三輔，當在是時，故有郡縣殘破、吏民流散之語。然則，寬在馮翊潛心學問，且二十年矣，至永建六年，始歸破羌，旋徙占浩亹，又二十年而卒。以年六十五推之，孟元戰歿時，寬才二十一歲耳，孟元為護羌校尉假司馬。按永初二年，段禧以西域都護代侯霸為護羌校尉。平襄之敗，死者且八千人。碑言戰鬥第五，大軍敗績，校尉所部，亦必與於斯役，從可知也。第五蓋地名。《太平寰宇記》：涼州姑臧縣有第五山，或地因山而名歟？寬歸里後，為金城太守陰嵩、浩亹長蘭芳所推重，蓋皆賢長吏也。寬為三老，能聽訟理怨，教誨後生，則所掌不止於教化，蓋寬以掾屬而兼為縣三老之職耳。此碑為叔子潢為長陵令時所立，距寬卒時已二十有七年。碑制特小，與孔謙碑相似。字之大小，與《熹平石經》略同。石經之刻，始於熹平四年，成於光和六年，時代亦正相當也。碑書度作，研幾為硎機，貫作貫，皆別體，他碑亦恒見之。裨字从衣，从庳，疑即祐字。《說文》，祐訓衣衿，有開展之義。《玉篇》，祐，廣大也。《白石神君碑》，開祐舊兆，《桐柏廟碑》，開祐神門，皆取開展廣大之意。此从庳者，以與裨同音而通假耳。

附 趙氏世系

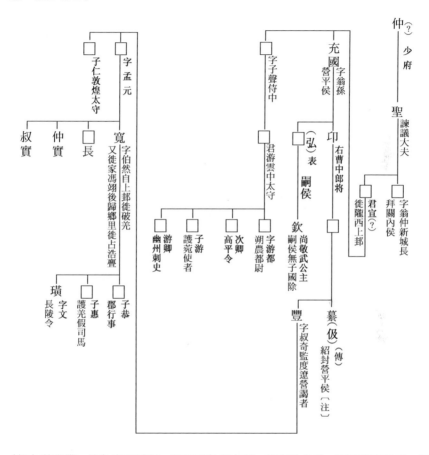

〔注〕縶與豐，皆為充國曾孫，但是否為印之孫，抑印弘之外，充國尚有他子，又縶
與豐是否親兄弟，皆不可知，姑並系於失名者之下。

漢司徒袁安碑跋

　　袁敞碑出土後八年，而此碑始出。碑之廣一如敞碑，篆書十行，行存十五字，下截殘損，行各缺一字。計完碑當每行十六字。碑穿居第五六二行、第七八二字之間，此式為漢碑中所僅見。書體與敞碑如出一手，而結構寬博、筆劃較瘦。余初見墨本，疑為偽造，後與敞碑對勘，始信二碑實為一人所書。石之高廣，亦同式也（廣今尺二尺二寸六分，高當為四尺六寸）。安卒於和帝永元四年，碑稱孝和皇帝，則非葬時所立可知。或因敞之葬，同時並立此碑，未可知也。碑中所敘事蹟，與《後漢書》明帝、章帝、和帝等紀及本傳合。除郎中及給事謁者見《後漢紀》，惟《紀》作為郎謁者耳。和帝加元服為永元三年正月甲子事，詔安為賓見《東觀漢記》。「召公」，《傳》作「邵公」，當以碑為正。汝南女陽又見《西嶽華山廟碑》。按《漢書·地理志》，汝南郡作汝，女陽、女陰並作女，《續漢書·郡國志》則皆作汝，疑縣名之字當作女。〈地理志〉所記，非無因也。閏作𨳝，薨作𣨛，葬作𦺒，並與六書不合。許叔重云：鄉壁虛造不可知之書，變亂常行以耀於世者，此類是也。拜司徒之月日，〈章帝紀〉作癸卯，碑作己卯。按元和四年六月己卯為十三日，不值癸卯，即此亦可作不偽之證也。

漢司空袁敞碑跋[1]

　　此碑於一九二三年春，出於洛陽。篆書，十行，存七十餘字。是年冬始得拓本，初不知其為誰氏之碑也，以其有延平□初年號，知其確為東漢文字而已。一九二四年夏，取此碑反覆紬繹，見第九行「□初二年十二月庚戌」等字，在「延平元年」之後，知所謂「□初」者，非永初必元初矣。因檢《後漢書・安帝紀》，元初二年是月是日，有「光祿勛袁敞為司空」之文。更取〈敞傳〉讀之，歷官事實，大半相合，始知確為敞碑。今取碑中存字，以今文釋之，並考證其事蹟如左。正字係現存文字、偏右小字，係依現存筆劃測定者。

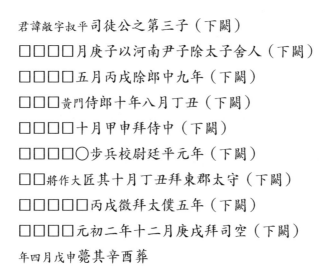

```
君諱敞字叔平司徒公之第三子（下闕）
□□□□月庚子以河南尹子除太子舍人（下闕）
□□□□五月丙戌除郎中九年（下闕）
□□□黃門侍郎十年八月丁丑（下闕）
□□□□十月甲申拜侍中（下闕）
□□□□○步兵校尉延平元年（下闕）
□□將作大匠其十月丁丑拜東郡太守（下闕）
□□□□□丙戌徵拜太僕五年（下闕）
□□□□元初二年十二月庚戌拜司空（下闕）
年四月戊申薨其辛酉葬
```

　　第一行當敘其名字及其所自出。按本傳云，「敞，字叔平」。此平

1　編者案：此文載北京大學《研究所國學門週刊》一卷二期（1925 年 10 月 21 日）。

字上猶存二字，驗其殘畫與「字叔」二字之結構正合。其上當更有君諱敵三字。司徒公者，其父安也。安終於司徒，故云。其下當有「之第三子」等字。第二行月字上所闕，當為四字。「以河南尹子」云云者，指安為河南尹也。《漢儀注》云，「吏二千石以上視事滿三歲，得任同產若子一人為郎」（《漢書》卷十一及《文獻通考》三十四並引之）。安於明帝永平末為河南尹，至章帝建初八年遷太僕，凡歷十餘年。尹秩二千石，故得任子為郎。據本傳云，「以父任為太子舍人」以是知子字下當為除太子舍人五字（除字目旁尚可辨）。惜月字上已闕，不能知其除授年月。以《漢儀注》「滿三歲」之文計之，當在建初初年無疑。第三行「五月丙戌除郎中」，不能確知其年，惟下有九年字，四行有十年字，六行有延平元年字。建初以後，延平以前，有九年十年者，祇有和帝之永元。以此推之，其年必在永元九年之前一年或二年。蓋永元七年八年五月皆得有丙戌日也。第四行侍郎二字上之門字猶存殘畫，當為黃門侍郎。其遷轉必仍在永元九年也。「十年八月丁丑」者，永元十年八月十六日也。第五行拜侍中，與本傳合。十月甲申，不知應屬何年，以永元十年至十四年十月皆得有甲申也。第六行「步兵校尉」，本傳不載，延平元三字下當為年字。以上兩行，適居碑之正中，存字之上作半規形，其界格中亦不類有字者，知此兩行之第五第六字當為碑穿也。第七行存字之首一字為匠字，當是將作大匠，本傳謂「歷位將軍大夫侍中」，疑將軍乃將作之誤。其十月者，其年十月也。拜字下存東字之上半，據本傳云，「出為東郡太守」，知東字下當為郡太守三字。殤帝延平元年，安帝永初元年，十月皆無丁丑日。永初二年至四年十月皆有丁丑。不知此月當屬何年。第八行「丙戌徵拜太僕」，此丙戌不知屬於何年何月。徵者，徵還京師之謂也。時敵出守在外，故曰徵拜。五年者，永初五年也。本傳云，「徵拜太僕光祿勛」，則五年下所闕，當為遷光祿勛之文。按〈安帝紀〉，是年正月甲

申（十五日）光祿勛李修為太尉，敞或代修為之也。第九行初字上一字雖闕，然上行五年既屬永初，則此為元初無疑。庚字下殘畫是戌字。〈安帝紀〉，「元初二年十二月庚戌（廿九日）光祿勛袁敞為司空」，知此為拜司空之年月日矣。本傳謂元初三年代劉愷為司空者，蓋指其任職之年也。第十行薨字上闕，據〈帝紀〉於元初四年四月戊申（五日）書司空袁敞薨，則所闕者當為「四年四月戊申」等字。其辛酉者，四月十八日也。本傳謂敞坐子與尚書郎張俊交通，漏泄省中語，策免，自殺。俊得赦後，朝廷薄敞罪而隱其死，以三公禮葬之，記述較詳。以碑書葬日計之，則張俊之得赦，必在四月十八以前也。

晉荀岳墓誌跋

晉故中書侍郎潁川潁陰荀君之墓

君以元康五年七月乙丑朔八日丙申，歲在乙卯，疾病卒。君，樂平府君之第二子，時年五十。先祖世安措於潁川潁陰縣之北，其年七月十二日大雨過常，舊墓下濕，崩壞者多，聖詔嘉悼，愍其貧約，特賜墓田一頃，錢十五萬，以供葬事，是以別安措於河南洛陽縣之東，陪附晉文帝陵道之右。其年十月戊午朔廿二日庚辰葬，寫詔書如下：

> 詔中書侍郎荀岳，體量弘簡，思識通濟，不幸喪亡，甚悼愍之。其賜錢十萬，以供喪事。
> 詔故中書侍郎荀岳，忠正簡誠，秉心不苟，早喪才志，既愍惜之。聞其家居貧約，喪葬無資，修素至此，又可嘉悼也。舊墓遇水，欲於此下權葬。其賜葬地一頃，錢十五萬，以供葬事。
> 皇帝聞中書侍郎荀岳卒，遣謁者戴璿吊。
> 皇帝遣謁者戴璿，以少牢祭具祠故中書侍郎荀岳，尚饗！

陰

岳，字于伯，小字異姓。以正始七年正月八日癸未生於譙郡府丞官舍。以咸寧二年七月，本郡功曹史在職。廿四日，還家。十月，舉孝不行。三年七月，司徒府辟。四年二月十九日戊午，應命署部徐州田曹屬。大康元年十二月，舉秀才。二年正月廿日，被戊戌詔書，除中郎。三年八月廿七日庚戌詔書，除大子舍人。六年十月七日辛巳，除尚書左中兵郎。七年七月十七日丁卯，疾病去職。被壬申詔書除中

郎。十年五月十七日，除屯騎始平王司馬。十二月廿七日，除中郎參平南將軍楚王軍事。永熙元年九月，除參鎮南將軍事。永平元年二月三日，除河內山陽令，元康元年三月廿五日到官。三年五月四日，除領軍將軍長史，六月六日拜。四年五月五日，除中書侍郎，六月二日拜。

　　夫人劉，年卅五，東萊劉仲雄之女。息女柔，字徽音，年廿，適樂陵石庶祖。次息男隱，字鳴鶴，年十九，娶琅㲪王士瑋女。次女和，字韶音，年十七，適潁川許昌陳敬祖，三日婦。次女恭，字惠音，年十四，適弘農楊士彥。拜時晚生二女，皆不育。

左側

　　夫人劉氏，年五十四，字藺訓，永安元年，歲在甲子，三月十六日癸丑，卒於司徒府，乙卯殯。其年多故，四月十八日乙酉附葬。

右側

　　隱，司徒左西曹掾。和夫卒。

　　子男瓊年八，字華孫。

　　右晉中書侍郎荀岳墓誌，三面載其世系及卒葬時日，而附寫詔書於其後。陰面記其名字、生日及歷官歲月。後又詳記夫人氏族、子女嫁娶，纖悉靡遺。左側記夫人之卒日葬日，右側補記其子之官職，兼及孫之名字。文體雖似瑣屑，而皆據實直書，無繁縟之銘語，鋪張之諛辭，可謂得作志之本恉矣。岳之事實，史傳無徵。隱之名字，見《晉書》〈陸雲傳〉，所謂「日下荀鳴鶴」者也。《世說新語》〈排調〉注引〈荀氏家傳〉曰：「隱，祖昕，樂安太守。父岳，中書郎。隱，歷太子舍人廷尉。平蚤卒。」據誌，則樂安當作樂平，中書郎當作中書侍郎。岳生於譙郡府丞官舍，知昕必曾歷此官。又岳以咸寧二年出仕本郡，

時年三十一，後不云丁憂去官，是昕之卒，當在岳出仕之前。三年七月司徒府辟，是時何曾正乙太傳領司徒。太康十年歷始平王司馬、參楚王軍事，參鎮南將軍事、蓋皆仕楚王瑋也。瑋，初封始平王，歷屯騎校尉，太康十年十一月，徙封於楚，出為平南將軍，轉鎮南將軍，悉與志合。劉仲雄名毅，王士瑋名琛，《晉書》並有傳。楊士彥名髦。《八王故事》曰：楊淮有六子，曰喬、髦、朗、琳、俊、仲，皆有美名（《世說》〈賞譽〉注引）。《世語》曰：淮字始立，弘農華陰人（同上引）。荀綽《冀州記》曰：髦，字士彥、清平有貴識（《世說》〈品藻〉注引）《晉諸公贊》曰：髦為石勒所殺（同上引）。恭所適之弘農楊士彥，殆即其人歟？夫人劉氏之卒，隱正為司徒左西曹掾，故志稱卒於司徒府（時王戎為司徒）。時晉亂已作，張方以先一年陷京師，是年又大掠洛中，故曰其年多故。女和適陳敬祖，而曰三日婦，其義未詳。劉氏附葬時，陳已先卒，故有和夫卒之文。誌作於元康五年十月，越九年而夫人劉氏卒，附葬舊塋，因復刻其兩側。先後文字，如出一手，當是隱自為之。蓋墓誌之作，本以陵谷變遷，使後之人識其墓處。故六朝誌多無撰書人名，大半皆出自子孫之手，不似後世假手他人，以褒揚先德也。

北魏墓誌跋六種

一　北魏恆農太守寇臻墓誌跋

　　唯大魏正始二年，歲次乙酉，二月，壬寅朔，十七日戊午，故中川恆農二郡太守、振武將軍、四征都將，轉振武將軍、沘陽鎮將、昌平子，遷假節建威將軍，監安遠府諸軍事、郢州刺史，皇京洛，畿方簡重，又除建忠將軍，重臨恆農太守冠臻，字仙勝。春秋甫腹佟心，寢疾薨於路寢，礼也。資元後稷，光啓康叔，今實上谷昌平人。漢相威侯之裔，侍中榮十世之胤。榮之子孫，前魏囗官，遂寓馮翊。公世聯冠翊，承絽華蔭，晉武公令之曾孫，皇魏秦州刺史馮翊哀公之孫，南雍州使君河南宣公之少子，天水楊望所生。公早傾乾覆，奉嚴母以肅成。幼挺風槩，忠孝自。長播休譽，金聲玉振。凡所逕歷，皆求己廷祗，無俔於人。及宣正文武，莫不以德革弊。方登槐棘，奄焉薨殂。朝野酸痛，主上垂悼，乃追勛考行，顯贈驪驤將軍、幽州刺史，謚曰威。其公之所德，建功立事，皆備碑頌別傳，非略志盡也。以正始三年三月廿六日，合厝於洛城西十五里大墓所，遂從照被圖記，勒銘涼堂云。

　　夫人，本州都譙國高士夏侯融之女，生男五人。

　　後夫人，本州治中安定廇他之女，生男四人。

　　寇臻，《魏書》附〈寇贊傳〉。《魏書》云上谷人，〈志〉作上谷昌平人。《魏書》云徵為都將，〈志〉作振武將軍、四征都將。《魏書》云拜振武將軍、北陽鎮將，〈志〉作轉振武將軍、沘陽鎮將、昌平子。

《魏書》云遷建威將軍，〈志〉作遷假節建成將軍、監安遠府諸軍事。
《魏書》云高祖南遷，除弘農太守，〈志〉作皇京遷洛，又除建忠將
軍，重臨恆農太守。是皆《魏書》略而〈志〉詳者。〈志〉云正始二
年，甫履從心，疾薨路寢，則臻年七十卒；《魏書》但云卒於家。〈志〉
云贈龍驤將軍、幽州刺史，謐曰威；《魏書》不載，此可補《魏書》之
缺者也。其云恆農太守，《魏書》作弘農太守。按《魏書》〈地形志〉
無弘農郡，惟陝州恆農郡原注云：前漢置，以顯祖諱，改曰恒，領縣
三，曰陝中，曰北陝，曰崤；原注云太和十一年置。而〈地形志〉義
州下又出恆農郡，原注云興和中置，領縣三，曰恆農，曰北郊，曰
崤；原注皆云興和中置。此二恆農郡皆領縣三，其實即一地。太和所
置，乃改前漢弘農郡名而成者。此為北魏之恆農郡，興和所置，乃承
北魏之恆農郡而成者。惟易陝中為恆農，易北陝為北郊，而崤未易。
此為東魏之恆農郡。魏收作〈志〉，既誤以一郡為二郡，而〈寇臻傳〉
又兩稱弘農太守，而又出恆農大盜云云，其自相牴牾謬戾，有如此
者；〈志〉作恆農是也（《魏書・地形志》荊州下亦有恆農郡，領縣四，
曰國，曰恆農，曰南酈，曰邯鄲；而陝州下有西恆農郡，荊州下有東
恆農郡，疑荊州下之恆農郡上，當有南字，或有北字，諒非同時有二
恆農郡也。其陝州之恆農郡乃弘農所改，必系太和原置無疑）。《魏書》
北陽鎮將，亦當據〈志〉作沘陽為是，此可以證《魏書》之誤者也。
〈志〉謂臻為南雍州使君河南宣穆公之少子，宣穆公者，寇贊也，《魏
書》有傳。贊父修之，即〈志〉所謂秦州刺史馮翊哀公也，亦見〈贊
傳〉。曾祖晉武公令不見於《魏書》。〈志〉又云漢相威侯之裔，侍中
榮十世之胤。《魏書・釋老志》，道士寇謙之，南雍州刺史贊之弟，自
云寇恂之十三世孫，好仙道，少修張魯之術。《後漢書》〈寇恂傳〉，恂
曾孫榮，臻為榮十世孫，則為恂之十四世孫，臻乃謙之之從子，則
〈志〉與《魏書》相合者也。〈志〉言臻男九人，而《魏書》僅載其長

子祖訓，祖訓弟治，治弟彌三人。《魏書》言臻為中川太守時，阿附馮熙，因轉弘農太守，坐受納為御史所彈，遂廢而卒。〈志〉云以德革弊，方登槐棘，奄焉薨殂，其虛實相去，何其遼哉？

二　北魏盧奴令姚纂墓誌跋

大魏定州盧奴令姚纂，字繼伯，雍州京兆人也。延昌三年正月十七日，寢疾薨，延昌四年正月十六日，卜壤於定州燕之舊都盧奴城西南廿里，於□女陵南之東二里餘。樹柏建碑，永宅玄宮。其宗胄□緒□□貝□備載於碑矣，今略題墓誌，以為泉下之記耳。

碑一區，羆二頭，羊二□，□梓□二枚，在纂父姚中山墓前。

碑一區，席二頭，羊二□，柏□二枚，在盧奴墓前。

二食□並同在域內

右北魏《盧奴令姚纂墓誌》，不詳出處，今藏天津姚氏。據〈志〉云卜壤於定州，燕之舊都盧奴城西南廿里，當在今定州界，後燕慕容垂所都也。〈志〉文僅記葬地及其年月，後又詳舉墓碑、羊虎、梓柏之數，與南齊《虞愿墓塼》同一體例。其父中山太守，亦必同葬一處，故〈志〉中兼及之。世系事蹟，備載於碑。不知二碑，今尚存否？羊虎之制，由來已久，詳封演《聞見記》羊虎條。石經鑿損，文字模黏，詳細辨認，猶得概略，闕者不過十餘字耳。或云本村塾階石，塾師惜字，因鑿損之，此與煮鶴焚琴何異？

三　魏故持節督幽豫二州諸軍事冠軍將軍

豫州刺史樂陵王元君墓誌銘跋

　　君諱彥，字景略，河南洛陽都鄉光穆里人也。恭宗景穆皇帝之曾
孫，侍中樂陵之孫，鎮北將軍、樂陵密王之世子，襲封樂陵王。王承
光日隙，資輝月宇。仁峻五嶽，智汪四海。岐嶷孝敬，令曾參之譽，
夙霄忠節，爭宣子之響。文藹游夏，策猛張韓。超然氣外，則扇翽於
雲峰，卓爾偕表，則志陵於星。王森若松藺，芳似蘭菀。奢非所尚，
慕儉自德。攝基金聲，升朝玉振。以永平之中，授驍騎將軍，翔繆蕭
閣，施勳帝道。於延昌之末，遷為持節督幽州諸軍事、冠軍將軍、幽
州刺史，王如故。王克莅西蕃，民欽教遵風。昔文王流化，未之殊
也。今古雖邈，論道若近。方欲飛舲擢漢，藉泛霞闕。而昊天不吊，
殲我良人，厥齡四七，以熙平元年歲次丙申，九月乙丑朔，廿四日戊
子，薨謝中畿伊洛之第。掊而不幸，惟王是焉。皇帝悼楚，朝野泫
淚，追贈豫州將軍本號。以十一月十日，窆於金陵。若夫非刊瑤銘，
何以雕玉，乃作頌曰：克天地載清，二象垂輝。昂藏寶君，邏矣瓊
姿。皎潔斌響，啟文口威。卓爾孤貞，如彼松滋。超然獨朗，似月橫
飛。長幼慈孝，敬尊禮卑。攜琴曉潤，命友夕詩。岐冠金聲，玉振承
基。入翔霞禁，出莅雲州。省譽藹藹，蕃名休，逍遙逸趣，散誕莊
周。氣秀五峰，風波四浮。鑒今洞典，識峻古丘。宜鍾鴻壽，扇翽優
游。不吊昊天，忽殲良球。崐山墜寧，瑤池卷流。縉紳吐歡，朝朋飲
憂。泉壚易暗，鏡量難求。

　　樂陵王景略，《魏書》附〈胡兒傳〉，密王思譽子，字世彥，幽州
刺史。〈志〉作諱彥，字景略，遷幽州刺史（〈志〉有「克莅西蕃，民
欽教遵風，昔文王流化，未之殊也」等語。皆當以〈志〉為正。胡兒
贈征北將軍，謚曰康，〈志〉皆遺之，而獨舉侍中，則《魏書》與〈志〉
互有詳略也。

四　魏張滿墓誌跋

　　右張滿墓誌石，高寬各二尺三寸，字徑五分。〈志〉稱渤海王權眾晉川，東出釜口。滿於是時，委質幕府。按《魏書・節閔帝紀》普泰元年三月癸酉，齊獻武王封渤海王。《北齊書・神武紀》，建明改元神武，受爾朱兆委，統兵鎮兵，乃建牙陽曲川。居無何，使劉貴請兆以并肆頻歲霜旱，請令降戶就食山東，而處分之，兆從其議。神武乃自晉隆出滏口。《山海經》注滏水，今出臨水縣西釜口山，與〈志〉作釜口合。《志》又稱群凶告殄，朝廷除王丞相，滿亦尋補府屬。〈神武紀〉永熙元年四月，斛斯椿執天光度律送洛陽，長孫承業遣都督賈顯智張歡入洛陽，執世隆、彥伯，斬之。兆奔并州，仲遠奔梁州，遂死焉。孝武即位，授神武大丞相。并州平，神武以晉陽四塞，乃建大丞相府而定居焉。據《魏書・廢帝紀》，中興初元，以齊獻武王為侍中丞相，二年二月甲子，以為大丞相。神武除丞相，不自孝武始，惟在群凶殄滅後，則當是孝武時，群凶指天光世隆輩也。〈志〉又稱建忠王万俟普撥等隗踶據河西，以狼顧屬滿，曉導解除，翻為我有。〈神武紀〉，天平三年二月，神武令阿至羅逼西魏秦州刺史建忠（《周書》誤中）王万俟普撥，神武以眾應之。三月甲午，普撥與其子太宰受洛干、幽州刺史叱干寶樂、右衛將軍破六韓常及督將三百餘人，擁部來降。據〈志〉所稱當時普撥降附，滿有勸諭之力焉。不然普撥雖見逼於阿至羅，要未嘗喪師敗績，何為而降心納款，則〈志〉言亮非飾美矣。其謚為恭惠四字，刻在銘後一行，亦變例，當是予謚在刻石後也。

五 東魏華山王元鷙墓誌銘跋

東魏華山王元鷙墓誌銘，新出河南安陽。鷙，《魏書·北史》（《魏書·神元平文諸帝子孫列傳》亡，後人補以〈北史〉）皆附《高涼王孤傳》，為孤五世孫。其歷官拜爵，史略而〈志〉詳。惟史云陵子環，環子鷙，〈志〉稱祖陵，父肱。常景自稱友人，既為撰〈志〉刻石，傳之久遠，必無誤書父諱之理，或〈北史〉偶誤歟，又本傳云興和三年薨，而〈孝靜帝紀〉興和二年載六月壬子，大司馬華山王鷙薨，本傳與〈帝紀〉自相紕謬，得此〈志〉而後知〈帝紀〉之誤。北朝墓誌不書撰人姓名，此志常景自述其為〈志〉之由，在當時為創例。景有才思，嘗與邢巒、高聰、徐紇輩同為高顯作碑銘，崔光簡之以景所造為最，遂以刊石。可知景在北朝，亦稱能手，故能典雅若此。

六 魏徐州刺史吳郡王蕭正表墓銘跋

右墓銘，石高寬各二尺二寸五分，字徑五分。標題祇稱銘不稱志，殊僅見。〈銘〉稱：「王諱正表，字公儀，梁臨川靖惠王第六子。弱冠封封山縣開國侯，除給事中，轉太子洗馬，以憂去職。徵為驍騎將軍光祿勳，不起。服闋，出為寧遠將軍、淮南太守，遷征東將軍，假節晉安太守，持徵為侍中，縣侯如故。旋授使持節都督北徐、西徐、仁、睢、安五州諸軍事，北徐州刺史。俄而賊臣拘逆，王於是投身魏闕，朝廷遣中使道授蘭陵郡開國公，封吳郡王。入朝，拜車騎大將軍、侍中、特進開府儀同三司、太子太保。以武定七年十二月丙午薨，贈侍中使持節都督徐、陽、兗、豫、濟五州諸軍事、驃騎大將軍、徐州刺史、司空公，開國王如故，諡昭烈。」按《梁書·太祖五王傳》：臨川王宏，有七子，正仁、正義、正德、正則、正立、正表、正

信，正表封封山侯。《魏書・孝靜帝紀》：武定七年正月戊辰，蕭衍弟子北徐州刺史、中山侯蕭正表以鍾離內屬，封蘭陵郡開郡公、吳郡王，並與〈銘〉合。〈銘〉稱賊臣拘逆，即侯景之變也。唯《南史・梁宗室傳》：正表封封山侯，後奔樂山，與〈銘〉及《魏書・北史》不合。樂山，南齊縣，廣州樂昌郡。以投北為奔南，殆為之諱耶，不知何所據而云然也。正表，字公儀，其在梁所歷官，自除給事中至徵為侍中，奔魏，道授郡公，封王，入朝拜車騎侍中等官。歿後贈官，予謚，於史並無徵。正表僅附〈宏傳〉，宜其語焉弗詳也。正表封縣侯，《梁書・南史》並作封山，《魏書・北史》並作中山，據〈銘〉，知《魏書・北史》誤也。中山，北魏郡定州，非縣，非梁地。封山，南齊縣，交州新昌郡。

保定蓮花池六幢考跋[1]

　　衡按幢為布帛所制之幡幢，佛教中用以書佛名或經文。其後為保存久遠計，乃以石仿其形制，上有蓋，下有座，中有八角形之柱。遠望之，儼如幡幢。石幢之起源，由刻《陀羅尼經》而設，因該文有云：「佛告天地：若人能書寫此《陀羅尼》安高幢上，或安高山，或安樓上，乃至安置窣堵波中，天帝！若有苾芻苾芻尼、優婆塞、優婆夷、族姓男、族姓女，於幢種上或見，或與相近，其影映身，或風吹《陀羅尼》幢等上塵落在身上。天帝！彼諸眾生所有罪業，應墮惡道地獄畜生、閻羅王界餓鬼、阿修羅身惡道之苦，皆悉不受，亦不為罪垢染汙。」故佛教徒多以《陀羅尼經呪》刻於石幢之上。以意測之，最先必盛行於布帛之幢後乃踵事增華，以求傳久，遂創立一種石幢。

　　經幢原始時期雖不可考，但可以《陀羅尼》入中國時為斷。慧琳《一切經音義》（三十五）略言，「唐永淳中，婆羅門僧佛陀波利取其本入中國，至廣德中已八譯」。據此則刻《陀羅尼經》幢之事，至早當在武周之世，前此末之有也。六朝時雖有六面、八面、十面石柱之造像，但皆非經幢。前人著錄，名之為幢，實未確也。

　　經幢雖因刻《陀羅尼》而設，但盛行之後，其他諸經呪亦有刻之石幢者，如易縣龍興寺有唐玄宗注《老子道德經》，斯為最奇矣。

　　清葉昌熾最喜搜羅經幢拓本，所著《語石》卷四有論經幢數則，最為詳備。拓本中不可辨識之文字，或疑為金元國書，細審不似女真或蒙古字，或皆係梵文也。

1　編者案：此文載北京大學《研究所國學門月刊》一卷一期（1926 年 10 月）。

卷六

石經

從實驗上窺見漢石經之一斑[1]

　　書籍之版本，莫先於漢之《熹平石經》。緣其時經籍皆輾轉傳寫，文字沿訛，弊端日出。甚至有私行金貨，定蘭台漆書經字，以合其私文者。當時蔡邕等為挽救此弊，奏求正定六經文字。經靈帝之特許，刻石立於太學門外，以為經籍之定本。後儒晚學，咸取正焉。

　　此巨大之工作，起於熹平四年，訖於光和六年（《水經注》言光和六年，當有所據，疑是刻成之年載在碑文者），凡歷九年而始告成。北魏之初，馮熙常伯夫相繼為洛州刺史，廢毀分用，大致頹落（見《魏書・馮熙傳》）。神龜元年，崔光議修補而未果（見《魏書・崔光傳》）。東魏武定四年，自洛陽徙於鄴都，至河陽，值岸崩，遂沒於水。其得至鄴者不盈太半（見《隋書・經籍志》）。北齊天保元年尚存五十二枚（見《北齊書・文宣帝紀》）。周大象元年，由鄴城遷洛陽（見《周書・宣帝紀》）。隋開皇六年，又自洛陽遷入長安（見《隋書・劉焯傳》）。其後營造之司又用為柱礎。唐貞觀初，魏徵始收聚之，十不存一（見《隋書・經籍志》）。《漢石經》之命運，至是遂告終矣。

　　訖於北宋，以洛陽為西京，達官貴人之名園別墅，所在多有，文化猶不甚衰落。好事者往往得石經殘片。南渡以後，不聞更有發見。至於近年，又復絡繹出土。惟兩次之所發見，皆屬洛陽，且仍為漢魏太學之故址。鄴都與長安，不聞有所發見。頗疑兩次遷徙雖屬事實，但僅就完碑徙之（文宣帝詔書所言之數，或完碑又有殘毀，故並魏碑計之得五十二枚），其殘毀之石固猶存洛陽。岸崩沒水之說，恐為徙石

1　編者案：此文載《慶祝蔡元培先生六十五歲論文集》上冊，《歷史語言研究所集刊外集》（1933 年 1 月）。

者之詭語，不足信也。

　　宋時所出殘字，洪適著之《隸釋》，得千九百餘字。近十年間之所出，見於漢熹平石經殘字集錄者，有三千餘字，其實尚不止此。余所見與《集錄》殘石互有出入。今從斷剝亡闕之餘，就其可以考見原刻之真相者略舉如左，或亦留心古籍者之所樂聞歟？

一　字體

　　《後漢書·儒林傳序》認熹平所立為古文篆隸三體書法，《洛陽伽藍記》亦以《魏石經》之《尚書》《春秋》二部作篆、科斗、隸三種字者為漢右中郎將蔡邕筆之遺跡。訛謬相沿，貽誤後學，實非淺鮮。酈道元注《水經》，記載較為詳明，其言曰：「漢靈帝光和六年，刻石鏤碑，載五經立於太學講堂，悉在東側。今碑上悉銘刻蔡邕等名。魏正始中，又立古篆隸《三字石經》，樹之於堂西。」始以三字屬之於魏，而於《漢石經》不言字體，是明以一字屬之於漢矣。隋唐《經籍志》錄《一字石經》，有《易》《書》《詩》《禮》《春秋》《公羊傳》《論語》七經，與今所見漢刻悉同。可見一字者為漢刻，三字者為魏刻。所謂三字者：一曰古文；二曰小篆；三曰隸書（即當時通行之字體）。古文為壁中本，其字多不可識，故以小篆及隸書釋之。漢時立於學官者為今文經，決不能以古文立之太學。魏正始中所以復立古文經者，以當時古文學已盛行，故又以古文本之《尚書》《春秋》二經刻石也。酈道元所見非三字之碑有蔡邕等名，宋黃伯思、洪適等所錄之一字《公羊傳》有堂谿典馬日磾等名，今所見之《後記》亦有堂谿典劉寬等名，皆與《後漢書》所記諸儒參與熹平立石之事實相符。是可證《後漢書》三體之說為一時記載之誤也。

　　其所以致誤之由，則以漢魏石經營立於太學，世人每習聞三體之

奇，遂並一字者而忽之。以楊炫之身在北朝，親見是碑，尚有此誤，
更何論於范曄。余謂耳食者必不如目驗者之親切。楊炫之酈道元昔似
親履其地者，楊謂三字一字者並在堂前，酈謂漢碑在堂之東側，魏碑
在堂西。是酈詳於楊矣。楊記三字一字之碑數經數，雖較酈為詳，而
於三字碑祇云蔡邕遺跡，似據傳說之辭。酈則云漢碑立於光和六年，
碑上悉銘刻蔡邕等名，不但見經碑，且曾尋繹碑文矣。是酈較楊更可
信也。近人猶有信《後漢書》而斥《水經注》者，誠所謂以不狂為狂
矣。余謂解答此問題，只須知《漢石經》不應有古文，則《後漢書》
之誤不攻自破，毋煩他求也。

二　經數

　　昔之言《漢石經》者，有五、六、七經之不同。其言五經者，《後
漢書》〈靈帝紀〉〈盧植傳〉〈儒林傳序〉〈宦者傳〉及《後漢紀》《水
經注》《洛陽記》是也。其言六經者，《蔡邕傳》《儒林張馴傳》是也。
其言七經者，《隋書》〈經籍志〉是也。其言諸經之目者，《西征記》
（《太平御覽》五八九引）、《洛陽伽藍記》舉《周易》《尚書》《公羊傳》
《禮記》四部，《洛陽記》舉《尚書》《周易》《公羊傳》《禮記》《論語》
五經、《隋書》〈經籍志〉舉《周易》一卷、《尚書》六卷、《魯詩》六
卷、《儀禮》七卷、《春秋》一卷、《公羊傳》九卷、《論語》一卷。諸
家所記，以《隋志》所記為最詳確。其所謂若干卷者，即存秘府之「相
承傳拓本」也。《西征記》等之所謂《禮記》者，即《儀禮》也。王靜
安謂魏晉以前，亦以今之《禮》為《禮記》也。

　　宋時出土之經，祇《尚書》《魯詩》《儀禮》《公羊傳》《論語》五
經，今日之所見者，除前出五經外，又得《周易》及《春秋經》，故知
《漢石經》之經數，為一《周易》，二《尚書》，三《魯詩》，四《儀

禮》，五《春秋》，六《公羊傳》，七《論語》，其數及目皆與《隋志》
合也。

三　經本

後漢立五經博士十四：《易》有施、孟、梁丘、京氏四家，書有歐
陽、大小夏侯三家，《詩》有魯、齊、韓三家，《禮》有大小戴二家，
《春秋》有嚴顏二家。諸家各以家法教授，故章句間有異同。石經之
立，欲盡刻十四家之章句，其勢有所不能，故以一家為主，而羅列諸
家異同於各經之末。此《漢石經》之例也。今就其可以考見者臚舉如
下：

《易》，京氏。近出《周易》殘石，表刻〈家人〉迄〈小過〉
二十六卦，凡二十八行；裡刻〈繫辭〉下〈文言〉〈說卦〉，凡二十一
行。〈蹇〉卦「大蹇朋來」之朋作崩，〈困〉卦「於臲卼」作「於劓劊」，
〈說卦〉「坎者水也」之坎作欿，與《釋文》所舉京本合（崩見〈復卦〉，
欿見〈坎卦〉）。余前跋此石，定其本為京氏（見《北大圖書部月刊》
第一卷二期）。又《釋文·繫辭》下洗心條曰：「京、荀、虞、董、張、
蜀才作先，石經同。」既於四家之中獨舉京氏，而又言石經與之同，是
於上舉諸證之外，又得一鐵證矣。

《書》，歐陽。新出《書序》一石：第一行民字為〈秦誓〉篇末「以
不能保我子孫黎民」之民字，第二行廣度二字（今本作光宅）為〈堯
典序〉，第三行遂與二字為〈湯誓序〉，第四行堪饑二字下附一點為〈西
伯堪饑序〉（今本作戡黎）、第五行以其子三字為〈洪範序〉，第六行使
召公三字為〈召誥序〉，第七行周公作君四字為〈君奭序〉，第八行〈甫
刑〉二字為〈甫刑序〉（今本作〈呂刑〉），第九行同異二字或為校記。
錢玄同以《漢書》〈藝文志〉敘《今文尚書》之卷數，大小夏侯二家

《經》及《章句》皆二十九卷，《解故》二十九篇；而歐陽則《經》三十二卷，《章句》三十一卷，卷數獨多。又據《隸釋》所錄《石經尚書》〈盤庚〉殘字中下二篇之間空一字，以為〈盤庚〉確分三篇，則總數為三十一篇。益以此《序》則得三十二篇。《書序》不作訓，故《章句》為三十一卷，《經》為三十二卷。據此以證漢石經《尚書》之為歐陽本。又引陳壽祺之「今文有序」十七證中之第十三證（原文引《後漢書》〈楊震傳〉震曾孫彪引《盤庚序》事），以為東漢習歐陽《尚書》者引《書序》，不但可證歐陽本有〈序〉，更可證有〈序〉之《漢石經尚書》之為歐陽本。其說是也。

《詩》，魯。洪適見《鄭風校記》中有齊韓字，斷為敘二家之異同。今茲所出，《詩》為最多，《校記》中往往有齊言、韓言等字，與《公羊傳》之顏氏言同，故斷為《魯詩》。

《儀禮》，大戴。最近洛陽出一《儀禮》殘石，有篇題，曰「鄉飲酒第十」。據賈公彥《疏》言大小戴篇次之異同：大戴本〈鄉飲酒〉居第十；而小戴則同於劉向《別錄》之次第，居第四，其第十為〈特牲饋食禮〉。以篇第考之，可決其為大戴也。

《春秋》，公羊。東漢惟公羊《春秋》立於學官。宋時出土，有傳而無經。

《公羊》，嚴氏。洪適所錄《公羊校記》一段有顏氏言及顏氏有無字。今茲所出，亦有顏氏字。是用嚴氏本之證也。

《論語》，魯。《論語》有齊、魯、古三家：《魯論》廿篇，《齊論》廿二篇，《古論》廿一篇。洪適所錄《論語》篇末有「凡廿篇萬五千七百一囗字」等字。是《魯論》之篇數也。近出〈堯曰篇〉殘石，「謂之有司」句下無〈不知命〉一章，與《釋文》所稱魯本合，是《魯論》之章句也。然《校記》中無齊、古字，而有盍、毛、包、周字。余昔跋〈堯曰篇〉殘字，考為張禹之〈張侯論〉（見《國學季刊》一卷

三號）。以包周（《釋文序錄》云：「禹以授成帝。後漢包咸、周氏並
為《章句》，列於學官。」盍毛今不可考）所傳乃張侯本也。〈張侯論〉
在昔疑亦有《魯論》之目。

　　以上各本，篇章之異同，亦有可得而言者：如《易》分上下經，
而〈彖象〉不與〈卦辭〉〈爻辭〉相連；〈十翼〉中有〈繫辭〉〈文言〉〈說
卦〉〈序卦〉，知《易》之篇數，當為上下經及〈十翼〉為十二篇。《詩》
之篇章與毛或異。篇之異者：〈小雅〉則〈采芑〉〈車攻〉〈吉日〉〈白駒〉
四篇相次，〈彤弓〉〈賓之初筵〉相次；〈大雅〉則〈旱麓〉〈靈台〉〈思
齊〉〈皇矣〉四篇相次，〈生民〉〈既醉〉〈鳧鷖〉〈民勞〉四篇相次，〈桑
柔〉〈瞻卬〉〈假樂〉三篇相次，〈韓奕〉〈公劉〉二篇相次。章之異者：
〈邶風・式微〉首次二章先後互倒；〈秦風・黃鳥〉次章為三章；〈小
雅・楚茨〉四章為五章，〈都人士〉無首章。《儀禮・鄉飲酒》居第十，
其篇第當如賈《疏》所列：〈士冠〉第一，〈士昏〉第二，〈士相見〉
第三，〈士喪〉第四，〈既夕〉第五，〈士虞〉第六，〈特牲〉第七，〈少
牢〉第八，〈有司徹〉第九，〈鄉飲酒〉第十，〈鄉射〉第十一，〈燕〉
第十二，〈大射〉第十三，〈聘〉第十四，〈公食〉第十五，〈覲〉第
十六，〈喪服〉第十七。《春秋》閔公附莊公後，不提行，不書閔公字，
當為十一篇。《論語・堯曰篇》無〈不知命〉一章，凡廿篇。至諸經文
字之異同則不勝枚舉，當別撰《校文》，非此篇所能詳也。

四　行款

　　《漢石經》碑無縱橫界格，每行字數，各經下同，甚有一經之碑，
表裡不同者。今約計之：則《易》行七十三字；《書》約七十三字；
《詩・小雅・采菽》以上七十二字，〈角弓〉以下七十字（碑之表裡疑
由此分）；《禮》七十三字；《春秋》七十字；《公羊傳》七十三字，自

宣公十二年以下七十一字;《論語》七十三字。

　　其每碑行數,以未見完碑,不能確知。但魏之立石經,宜全仿漢碑之式。《水經注》言石長八尺,廣四尺。魏碑之廣當漢尺(即劉歆銅斛尺當〇·二三一米)四尺二寸,與酈說相符。今以《漢石經》殘字擬之,每一尺四五分可容字十行,則每碑當可容四十行或三十九行也(魏碑容三十四行,漢碑無界格,字又較密,行數必較魏碑為多)。

　　書碑之式,各經不同,今所知者:《易》上下經卦文銜接,不空格,每卦之首,畫一卦象;〈十翼〉分章處空一格,加點識之;每篇題各占一行。《書》篇題占一行;《校記》分篇處空格加點。《詩》十五國風、二雅、三頌篇題各占一行;每章末旁注其一、其二等字,占一格,雖篇僅一章者亦注其一字;篇末章句下空格加點;每什後題之上亦空格加點,接書於章句之下;經末總計其字數;《校記》分篇處空格加點。《禮》篇題各占一行,曰「某某第幾」;分章處加點不空格。《春秋》每公篇題各占一行;分年處空格加點。《公羊傳》分年處空格加點,而冠以某年字;每年分事處加點而不空格。《論語》篇題各占一行;分章處空格加點;每篇計其章數;經末計其篇數及總字數;《校記》分篇處空格加點。

　　若依此寫定,則除《尚書》外,其餘諸經,皆可得其大要矣。

五　石數

　　其石數則各家所記不同:《西征記》曰:「太學堂前石碑四十枚,亦表裡隸書。」《洛陽記》曰:「碑凡四十六枚。」《洛陽伽藍記》曰:「復有石碑四十八枚,亦表裡隸書。」王靜安著《魏石經考》,先考漢之石經,以七經之字數排比之,從《洛陽記》之說,決為四十六碑。余以為《西征記》之四十,其下當有脫字,而八與六字形極相似,尤

易致誤。惟《洛陽記》於總數之外，並記其方位及存毀之數曰：「西行《尚書》《周易》《公羊傳》，十六碑存，十二碑毀；南行《禮記》，十五碑悉崩壞；東行《論語》，三碑（《後漢書・蔡邕傳》注引作二，顧炎武《石經考》據總數改作三）。二碑毀。」確與四十六枚之總數符合。是《洛陽記》所載較為可信也。

其石之排列，每經當自為起訖。今所見殘石之兩面有字者，表裡必同為一經。《後漢書・儒林傳序》引楊龍驤《洛陽記》載朱超石〈與兄書〉云：「石經碑高一丈許，廣四尺，駢羅相接。」其所謂駢羅相接者，當指每經自為起訖言。如《論語》三碑，書之者當起第一，訖第三，復轉至碑陰，起第三，訖第一。其式當如堵牆，非如唐清兩朝石經之式也。一九二三年冬，當《魏石經》出土後一年，余親至其地，調查真相。見《魏石經》碑趺之呈露土中者，正駢羅相接，南北行，意其地為講堂之西。時《漢石經》雖有發見，尚屬少數之小片，意必殘毀後雜於堂西魏石中者。近年漢石始大出，意其地當為堂之東側，或亦有駢羅相接之碑趺，可供吾人考證也。

又經碑之外，尚有一碑，北京大學研究所國學門及北平圖書館各藏一殘石，亦表裡隸書，一面字較大，而又一面則較小（以下稱大字者為「後記甲」，小字者為「後記乙」）。字句雖斷續不完，確為敘述刊立石經之事。其中兩見某年六月字，疑酈道元所謂光和六年者，即據此碑所紀之年月而言。《洛陽記》四十六枚之數，恐不數此碑也。

六　人名

據《後漢書・蔡邕傳》言奏求正定文字者，有蔡邕、堂谿典、楊賜、馬日磾、張馴、韓說、單颺等，而〈靈帝紀〉祇言召諸儒正五經文字。〈邕傳〉言邕自書丹，而《洛陽伽藍記》、《隋書・經籍志》遂

皆歸功於蔡邕。以如此巨大之事業，必非少數人所可從事者，邕雖擅書，亦不能以一人之力，書二十餘萬字。況光和元年，邕即以陳災變事獲罪徙朔方，明年，亡命江海，居吳會者積十二年。邕之參與此事，才三四年耳。余觀所出之七經字體，雖面貌相似，而工拙攸分。或人書一經，或一經又分數人，皆未可定。要之校理及書碑之役，必成於眾人之手，可斷言也。今據可以考見之人列舉如左。

校理人名表

姓名	字	籍	職官	出處
蔡邕	伯喈	陳留圉	議郎	後漢書本傳
堂谿典	伯並	潁川鄢陵	五官中郎將	公羊碑　後記甲碑　蔡邕傳
楊賜	伯獻	弘農華陰	光祿大夫	蔡邕傳
馬日磾	翁叔	扶風茂陵	諫議大夫	儀禮碑　蔡邕傳
張馴	子俊	濟陰定陶	議郎	本傳　蔡邕傳
韓說	叔儒	會稽山陰	議郎	蔡邕傳　盧植傳
單颺	武宣	山陽湖陸	太史令	蔡邕傳
盧植	子干	涿涿	議郎	本傳
楊彪	文光	弘農華陰	議郎	盧植傳
李巡		汝南汝陽	宦者	後記甲碑　呂強傳
劉寬	文饒	弘農華陰	光祿勳	後記甲碑
趙䶵			諫議大夫	公羊碑
劉弘	子高	南陽安眾	議郎	公羊碑
張彣			郎中	公羊碑
蘇陵			郎中	公羊碑
傅楨			郎中	公羊碑
左立			博士	論語碑
孫表			郎中	論語碑
張玹				後記甲碑

周達			司空兼集曹掾	後記甲碑
尹弘			司空屬	後記甲碑
孫進			郎中	後記乙碑
傅彌			舍人	後記乙碑
陳懿				後記乙碑
附刻工				
陳興			工	論語碑

　　以上二十五人中，惟陳興為石工，此外皆為校理或書碑之人矣。然博士十四人，惟《論語》尚存其名（《論語》不在五經傳士之列，而為傳經者所兼習），余皆不可知。

　　此稿成於一九三一年二月，為北京大學研究所國學門月講之稿。時新自洛陽歸來，得見《儀禮‧鄉飲酒》殘石拓本，故定《儀禮》為大戴本，而《尚書》之本尚付闕如也。嗣後又得見《尚書‧序》殘石拓本，於是七經之本皆可確定，因增訂潤色而成比篇。著者附記。

石經詞解[1]

一　起源

　　我國古代書籍，皆出於竹木之簡牘。聯繫各簡而編以絲繩或皮革，使成為冊（或作策），以便諷誦。是為書籍最初之制。孔子讀《易》，韋編三絕，即系皮革所編之冊也。從後代之以縑帛，又其後代之以紙[一]，但皆出於鈔寫，訛脫自所難免。故自漢以來，傳經者各有師說，章句頗有異同，各家之學，同時並立學官，致有十五博士（後漢無《慶氏禮》，為十四博士，說見後）。至後漢桓、靈之際，經籍去古久遠，文字多謬，諸博士試甲乙科，爭第高下，更相告言，至有行賂，定台漆書經字，以合其私文者。熹平四年，乃詔蔡邕等正定文字，刊於石碑，立於太學門外。於是諸儒晚學咸取正焉，觀視及摹寫者，車乘日千餘兩，填塞街陌[二]，此為刊刻石經之始。以其為漢熹平中立，故後世稱《漢石經》，或《熹平石經》（《後漢書‧靈帝紀》係於熹平四年，而《水經注‧谷水篇》言光和六年，或受詔在熹平，而刻成則光和年也）。其動機蓋以書經傳寫，蹐駁日多。又遭黨錮之禍，經師名儒，禁錮誅戮，放廢流亡，邪枉之徒，輕為奸利，私行金貨，竄改今文，勢非刊一定本不足以解此糾紛。時既不知有印刷術，則欲傳之久遠，固非刻石不為功。太學為博士傳經之所，故立於太學門外。自正定文字始，而書丹，而刻石，其事不能立就。假定《水經注》光和六年之說無誤，則歷時九年，以底於成，亦是意中事。為校正異

1　編者案：此文是《中國教育全書》石經條文。

同，整齊畫一，而興此巨大工程，不得不謂為學術界之盛事也。

二　後世之繼起

　　當熹平之立石經也，祗就立於學官之五經，各刻其一家之章句，而以諸家異同列為校記，刻於各經之後。此所謂諸家者，即學官所立之十四博士，皆今文也。其時古文經雖未得立，但其說已盛行，傳今文者多兼通古文，故至魏正始中，又刻古文經於石，以應學者之需求，與《熹平石經》並立於太學。古文不易識，則以篆隸二體列於古文之下以銓釋之，世謂之《三體石經》。又以正始中立，謂之《正始石經》。其實漢為今文經，魏為古文經耳。當三體之立也，後於熹平不過六十年，所立之地又同在太學，范曄南人，未嘗親至碑下，故所著《後漢書》〈儒林傳序〉誤以《熹平石經》為古文、篆、隸三體書法，致啟後世之聚訟。宋洪適著《隸釋》《隸續》，錄《一字石經》，其上有堂谿典馬日等姓名，固早已辨其謬矣。自是之後，唐有《開成石經》，後蜀有《廣政石經》，宋有《嘉祐石經》，清有《乾隆石經》，皆準熹平故事，踵而行之。惟《南宋石經》為高宗隨時習字所書，其語輔臣之言曰：「學寫字不如便寫經書，不惟可以學字，又得經書不忘。」故《玉海》所記，紹興十三年、十四年、十六年，先後頒發諸經寫本，據以刻石者，五經猶未完備，其動機蓋與歷代不同也。

三　歷代立石之概況

　　《熹平石經》之經數，向無確實記載。《後漢書》於〈靈帝紀〉〈儒林傳序〉及盧植呂強等傳稱為五經；於蔡邕張馴等傳稱為六經；《隋書‧經籍志》則稱為七經。宋洪適搜集拓本，著於《隸釋》《隸續》

者，有《尚書》《魯詩》《儀禮》《公羊傳》《論語》。近出殘石，於上
述諸經之外，有《易》及《春秋經》。合之得《易》《書》《詩》《儀禮》
《春秋》五經，《公羊》《論語》二傳。故知所謂五經者，不數二傳；所
謂六經者，合《公羊傳》於《春秋經》；所謂七經者，指五經二傳也。
除《論語》為專經者所兼習，不置博士外，其餘皆立於學官，博士之
所教授者也。立於學官之博士，《易》有施、孟、梁丘、京氏，《書》
有歐陽、大小夏侯，《詩》有齊、魯、韓，《禮》有大小戴，《春秋公羊》
有嚴顏。石經之五經，勢不能盡刻各家之章句，故每經以一家為主，
而列各家之異同於《校記》。今就出土之殘石，證明其立石所取之本，
則為《易》用梁丘氏，以最近所出《易校記》有孟、施、京氏字也。
《書》用歐陽，以新出殘石有《書序》，《隸釋》所錄〈盤庚〉分為三
篇，與《漢書‧藝文志》所載歐陽經三十二卷合也。《詩》用魯，以
《校記》中有齊言、韓言等字也。《禮》用大戴，以其篇次與賈公彥所
言之大戴本合也。《春秋公羊》用嚴氏，以《校記》中有顏氏言及顏氏
有無字也。《論語》用張侯《魯論》，以篇末記凡二十篇及〈堯曰篇〉
無〈不知命章〉，與《經典釋文》所記之〈魯論〉篇數及章句合。《校
記》中不見齊字、古字，而有盍、毛、包、周字，包周指傳〈張侯論〉
者也[三]。又《尚書》有〈序〉，則清代今文家所假設，今可據實物以
證明之者也。《正始石經》祗《尚書春秋》二經。每字直列三體，每三
體作一格。行得六十字，實則二十格為二十字也。惟《尚書》自〈咎
繇謨〉以前有不作三體直下式者，一格之內上列古文，其下並列篆隸
二體，作品字式，此為異耳。《開成石經》為《周易》《尚書》《毛詩》
《周禮》《儀禮》《禮記》《春秋左氏傳》《公羊傳》《穀梁傳》九經，益
以《孝經》《論語》《爾雅》為十二經。清賈漢復集十二經之字，補刻
《孟子》，附於其後。《廣政石經》為《周易》《尚書》《毛詩》《周禮》《儀
禮》《禮記》《春秋左氏傳》《論語》《孝經》《爾雅》十經，宋田況補

刻《春秋公羊》《穀梁》二傳，宣和中席貢又補刻《孟子》，合為十三經。歷代石經皆無注，此獨有注，故其石凡千數，歷時百有七年而成。《嘉祐石經》之經數，史無明文，參考王應麟《玉海》、周密《癸辛雜識》、李師聖《修復汴學石經記》及流傳拓本，則其目為《周易》《尚書》《毛詩》《周禮》《禮記》《春秋》《論語》《孝經》《孟子》九經。其字體為一行篆書，一行真書，故又謂之《二體石經》。宋高宗《御書石經》祗《周易》《尚書》《毛詩》《春秋左氏傳》《論語》《孟子》六經及〈禮記〉〈學記〉〈經解〉〈中庸〉〈儒行〉〈大學〉五篇。《論語》《孟子》為行書，餘為楷書。《乾隆石經》為《周易》《尚書》《毛詩》《周禮》《儀禮》《禮記》《春秋左氏傳》《公羊傳》《穀梁傳》《論語》《孝經》《爾雅》《孟子》十三經。歷代石經皆刻於長方形之碑，漢魏碑一行直下，如尋常刻碑之式。自唐以後，則每碑分為若干列，每列分為若干行。所以然者，漢魏時未有拓碑之法，其碑祗供人摹寫。唐以後既知傳拓，將拓本分列剪裁，即可裝成卷子本，取其便於應用也。又唐以後經碑，每碑自為起訖，先刻碑陽，轉入碑陰，以次及於第二碑。《漢石經》則一經自為起訖，今所見殘石，表裡之字必同屬一經。陸機《洛陽記》言：「石經……凡四十六碑：西行《尚書》《周易》《公羊傳》，十六碑存，十二碑毀；南行《禮記》十五碑，悉崩壞。東行《論語》三碑（本作二，顧炎武改作三是也），二碑毀。」[四]楊龍驤《洛陽記》載朱超石〈與兄書〉云：「石經……碑高一丈許，廣四尺，駢羅相接。」[五]所謂駢羅相接者，當系每一經之碑排列如堵牆。假定《論語》三碑駢羅相接，表裡當分六面，刻之者必由第一至第三之表，連續刻之，更轉而及於第三之裡，以訖第一之裡。故諸經每行字數，往往表裡不同。如《魯詩·小雅·采菽》以前七十二字，〈角弓〉以後則為七十字。《公羊傳》七十三字，自宣十二年以後則七十一字。是知《詩》之〈角弓〉，《公羊傳》之宣十二年，皆表裡攸分處也。《魏石經》雖一如

漢式，但表裡各為一經，今出殘石，一面為《尚書》，一面為《春秋》。
此漢魏與後世差異之點也。

四　原石之存佚

　　漢魏石經同立於太學，即《洛陽伽藍記》所稱之勸學里。故其後
變遷殘毀之經過，參稽史籍，二者完全相同。自晉室南遷，中原板
蕩，洛都文物，多被摧殘。北魏之初，馮熙常伯夫相繼為洛州刺史，
信奉佛法，營建寺塔。太學石經，亦為廢毀分用，大致頹落〔六〕。神龜
元年，崔光議修補而未果〔七〕。東魏武定四年，自洛陽徙鄴都，至河
陽，值岸崩，遂沒於水。其得至鄴者不盈大半〔八〕。北齊天保元年，尚
存五十二枚〔九〕。周大象元年，由鄴城遷洛陽〔一〇〕。隋開皇六年，又自
洛陽遷長安〔一一〕。其後營造之司，因用為柱礎。唐貞觀初，魏徵始收
聚之，十不存一〔一二〕。宋時，洛陽人家往往發地得殘石，漢經多而魏
經少。最近二三十年來，洛陽故城南朱圪垱村出漢魏殘石甚夥，漢之
七經，魏之二經皆備，魏經且有大半完整之碑。此為研究經學者最珍
貴之資料，抑亦空前之發見也。惟史載漢魏石經兩次遷徙，其終點且
在長安。而後世發見殘石皆在洛陽原址，鄴都、長安轉無所聞，是不
能無疑也。《唐石經》刻成後七十年，至天祐中，韓建築新城，棄之於
野。朱梁時，劉守長安，徇尹玉羽之請，輦之入城，置於故唐尚書省
之西隅。宋元祐二年，呂大忠命黎持遷於府學，雖經明嘉靖間地震略
有殘損，而大致尚在，即見在西安碑林中者是也。《蜀石經》刻於成
都，締造艱難，歷時最久，而其漸滅之跡，史傳無徵。曹學佺《蜀中
名勝記》云：「石經《禮記》數段流落在合州賓館中。」劉喜海《讀竹
汀日記札記》云：「聞乾隆四十年，制軍福康安修成都城，什邡令任思
仁（按《什邡縣誌》作任思正，字廣平，遵義人）得《孟蜀石經》數

十片於土中，字尚完好。當時據為己有，未肯留置學舍。任令，貴州人，罷官後，原石輦歸黔中。」〔一三〕近有人自貴陽買得《毛詩》殘石者，或即任氏之物。合州賓館之《禮記》，則存佚不可知矣。《北宋石經》原在汴學，元李師聖曾修復之，不知何時亡佚。今開封尚有數石，而剝蝕過半矣。《南宋石經》殘石，今杭縣尚有存者，但又較阮元輯《兩浙金石志》時少數石矣。《清石經》最為完整，經碑凡一百八十九石，合之記事之碑一石，共得一百九十石。今尚存北平清故國子監。

五　覆刻本及傳拓本之流傳

漢魏刻碑之時、未有傳拓之術，已如上述。但《隋書・經籍志》所載《一字石經》若干卷，《三字石經》若干卷，則為秘府相承傳拓之本。知拓石之法蓋始於石經，發明時期當在六朝，自後宋時發見漢魏殘石，傳拓之外，往往覆刻。今所知者，胡宗愈刻於成都西樓，洪適刻於會稽蓬萊閣，石熙明刻於越州。惟西樓本兼刻《魏石經》八百餘字，蓬萊閣本似僅刻《漢石經》，越州本則僅刻《漢石經》之一段。洪氏著《隸釋》《隸續》，並以漢魏兩刻收入之。今日能明了宋時發見殘字之原委者，賴有洪氏之書及其他宋人之記載耳。近年來洛陽所出殘石，惟魏石經《尚書》〈無逸〉〈君奭〉及《春秋》僖公、文公一碑，拓本流傳尚多，其餘皆為私人所藏，散在各家，拓本之搜集頗為不易也。《唐石經》在清乾嘉時，碑賈倚為衣食之資，近則傳拓者少矣。《蜀石經》拓本向惟內閣大庫中有之，自明訖清，零落殆盡，盧江劉氏集其殘餘拓本，影印流傳，足稱人間孤本也。《北宋石經》拓本，向傳吳門薄氏藏四大冊，山陽丁晏藏七經得三萬餘字。今薄氏本不知所在，丁氏本後亦歸盧江劉氏。《南宋石經》不聞有傳拓之者。《清石經》亦惟初拓本尚有流傳。新拓本則未之見也。

六　石經與教育之關係

　　熹平刊立石經之用意，為正誤訂訛，樹立準則，使學者有所取正。其後歷代之繼踵，亦同此意。是則在教育上之意義，固甚顯著。既收效於當時，亦冀以垂示於久遠。蓋六經為儒家學說之淵源，章句文字之異同，關乎思想之純駁，是故經學家對歷代石經，雖片言隻字，亦皆視為瑰寶。唐以後之石經與今本經籍差異者尚少，然顧炎武尚據《唐石經》以補萬曆北監本《儀禮》之脫文若干處〔一四〕，則漢魏石經之有裨經學更無論矣。今本《尚書》為晉梅賾所獻之偽古文，經清閻若璩之疏證，已成定案。《魏石經》之《尚書》是否為壁中書真古文，雖有待於考證，然其為梅本以前之古文，則固可信也。又如前舉漢十四博士及《熹平石經》採用之本，多半今皆不傳，僅就殘字所見，其篇章與今本即有異同。茲可得略述者：如《易》分上下經，而〈彖〉〈象〉不與〈卦辭〉〈爻辭〉相連，〈十翼〉中有〈繫辭〉〈文言〉〈說卦〉〈序卦〉，知《易》之篇數，當為上下經及〈十翼〉為十二篇。《詩》之篇章與毛或異，篇之異者：〈小雅〉則〈采芑〉〈車攻〉〈吉日〉〈白駒〉四篇相次，〈彤弓〉〈賓之初筵〉相次，〈大雅〉則〈旱麓〉〈靈台〉〈思齊〉〈皇矣〉四篇相次，〈生民〉〈既醉〉〈鳧鷖〉〈民勞〉四篇相次，〈桑柔〉〈瞻卬〉〈假樂〉三篇相次，〈韓奕〉〈公劉〉相次。章之異者：〈邶風・式微〉首次二章互倒，〈秦風・黃鳥〉次章為三章，〈小雅・楚茨〉四章為五章，〈都人士〉無首章。《儀禮・鄉飲酒》居第十篇。其篇第當如賈《疏》所列：〈士冠〉第一，〈士昏〉第二，〈士相見〉弟三，〈士喪〉第四，〈既夕〉第五，〈士虞〉第六，〈特牲〉第七，〈少牢〉第八，〈有司徹〉第九，〈鄉飲酒〉第十，〈鄉射〉第十一，〈燕〉第十二，〈大射〉第十三，〈聘〉第十四，〈公食〉第十五，〈覲〉第十六，〈喪服〉第十七。《春秋》閔公附莊公後，不提行，不書閔公字，當為十一篇。

《論語・堯曰篇》無〈不知命〉一章，凡二十篇。至《校記》中記諸家異同及文字之異於今本者，則更不勝枚舉。此皆占籍之僅存，有裨於學術者，豈宋刊元槧所可同日語哉！

〔一〕詳拙著《中國書籍制度之變遷》，見《圖書館學季刊》一卷二號。

〔二〕見《後漢書》蔡邕、呂強等傳及〈儒林傳序〉。

〔三〕詳拙著《從實驗上窺見漢石經之一斑》，見《蔡孑民先生紀念論文集》。

〔四〕見《後漢書・蔡邕傳》注引。

〔五〕見《後漢書・儒林傳序》注引。

〔六〕見《魏書・馮熙傳》。

〔七〕見《魏書・崔光傳》。

〔八〕見《隋書・經籍志》。

〔九〕見《北齊書・文宣帝紀》。

〔一〇〕見《周書・宣帝紀》。

〔一一〕見《隋書・劉焯傳》。

〔一二〕見《隋書・經籍志》。

〔一三〕見李慈銘《越縵堂日記》甲集。

〔一四〕見《日知錄》。

魏石經概述

　　魏立石經之事，雖不見於《魏志》，而《晉書·衛恆傳》及《魏書·江式傳》，皆有其記載。〈恆傳〉云：「魏初傳古文者，出於邯鄲淳。恆祖敬侯（覬）寫淳《尚書》，後以示淳而淳不別。至正始中，立《三字石經》，轉失淳法。」〈式傳〉云載式上表曰：「陳留邯鄲淳以《書》教諸皇子，又建《三字石經》於漢碑之西。」是魏《三字石經》為齊王芳正始中所立，信而有徵。以其每字具有古文、篆書、隸書三體，世謂之《三體石經》，又謂之《正始石經》。

　　《漢石經》之立，下距正始，不過六十餘午，中經董卓之亂，雖略有殘損，魏初已皆修補，且正始所立之二經，《漢石經》已皆有之，何須再立？此關於今文學與古文學問題，前於《漢石經概述》中已略及之。「自後漢以來，民間古文學漸盛，至與官學抗衡。逮魏初復立太學，暨於正始，古文諸經蓋已盡立於學官，此事史傳雖無明文，然可得而微證」（王國維說）。大學所有之《漢石經》皆今文，故刊古文經以補之。

　　其所補之經，為《尚書》《春秋》二部，亦表裡刻。表為《尚書》，裡為《春秋》，與《漢石經》之諸經自為表裡者，微有不同。據《漢書》〈藝文志〉及《說文敘》言，《書》與《春秋》皆有孔壁本，是即漢魏間傳據之古文。以此二經立諸太學，以應古文學家之要求，實當時必要之舉。其所以用三體者，以古文難識、列篆隸二體於其下，以為釋文，所謂「以今文讀之」是也。

　　舊說，魏初傳古文者，出於邯鄲淳，有謂石經即淳書者，胡三省已辟其謬。是猶《漢石經》之書丹，世皆歸美於蔡邕，同出一轍。其

實二經未必為同一人所書，即每字三體，亦未必出自一手，此可由現存字中體驗而知者也。

《漢石經》在宋時曾在洛陽出土，而《魏石經》則不聞有所發見。其惟一流傳者，則為洛陽蘇望摹刻故相王文康家之本，三體合計凡八百十九字。其後胡宗愈刻諸成都西樓者，蓋自蘇氏本出。今諸本悉已亡佚，僅存其字於《隸續》中，謂之《左傳遺字》。清臧氏琳著《經義雜記》，始從其中分出《尚書》殘字；孫氏星衍著《魏三體石經殘字考》，復以其中《春秋》殘字分係諸公；其後王氏國維著《魏石經考》，又詳加分析，辨為《尚書》〈大誥〉〈呂刑〉〈文侯之命〉六段，《春秋》桓公、莊公、宣公、襄公七段，《春秋左氏》桓公傳一段。於是九百年來久失其次之石經遺字，始能循圖復按，各通其讀，誠一快事。

一八九五年（清光緒二十一年）。洛陽故城龍虎灘出一殘石，存字一百有九（三體合計），為《周書》〈君奭篇〉殘字，是為《魏石經》之第一次發見。一九二二年冬，洛陽朱圪墰村又發現大碑半截，其碑陽為《周書》〈無逸〉〈君奭〉三十四行，碑陰為《春秋》僖公文公三十二行；同出者尚有一小石，一面為《周書·多士》，一面為《春秋》文公，存字二百三十。其先出之〈君奭〉殘字，正與大碑銜接。其後又歷十餘年，〈君奭〉之最下截，即大碑之左下角出土，上有第廿一三字，碑陰則為第八二字。字大二寸餘，刻工草率，蓋刻工記碑次第之符號，故其所在地，適當碑之最下層，陷入碑趺處。蓋每行行二十格，每格直書三體，距末格下約三寸處，畫一平行橫線，當係碑趺之高度。此線以下陷入碑趺，即有文字，亦不可得見。

《魏石經》之碑數，戴廷之《西征記》以為三十五碑，《洛陽伽藍記》以為二十五碑，自來記載亦無確數。此記數之石出土，初以為碑之都數必為二十八，而考其實際，不無疑竇。《尚書·君奭》以下共有二百二十八行，以每碑三十四行計，七碑固足以容之。而《春秋》自

僖公二十八年以上，並隱至僖五公篇題在內，共得二百五十四行，假定容以七碑，則必二碑為三十七行，五碑為三十六行，行款未免太密。且第六、第七兩碑皆有殘石存在，第七碑分明為三十二行，與第八碑相同，則所餘之二百二十二行，勢必平均以三十七行容納於六碑之中。但第六碑末行之後尚空一行，如為三十七行，則末行之後不可能留一行之餘地。凡此疑竇，實為記數石與二殘石之矛盾。過信記數石，則《春秋》最前五碑與以後各碑行款不能相應，若益一碑，則記數石即須推翻。此不能解決之問題，祇可留待將來解決矣。

《隸續》所錄洛陽蘇望摹刻之《石經遺字》，稱之曰《左傳遺字》。其中除《尚書》《春秋》二經外，確有左氏桓七年《傳》九字、桓十七年《傳》二十六字。因此，王國維著《魏石經考》，疑當時所刊《左傳》，實未得十之二三。此說殊嫌牽強。碑石之斷有直裂，有橫裂，大抵無定型，故所存之字亦參差錯落分占數行。此桓七年《傳》所存之字，為「君子曰善」四字，合各體計之則為九字；其十七年《傳》為「疆事也於是齊人疆來公曰」十一字，合各體計之則為二十六字。兩段文字皆是一行直下，亦無前後行之字闌入其間，石之斷成一窄行，決無是理，故知其非正式經文也。蓋《魏石經》不同於《漢石經》者有一特點，即除兩面經文外，往往有刻工試刻之字。意當時刻工對通行之隸書已有把握，而古文、小篆二體，非所素習，不能不以他石先行試刻。此事可以數事證之：一、試刻之文多為古、篆二體，或古文一體，罕見三體完具者；二、試刻之文不必為《書》與《春秋》，如「蠿六」一石，蠿字見《漢簡》虫部，注云「蠿，在則切，占《禮記》」，又有一石有《論語》篇首文，一石有〈急就篇〉首文，不得目為《禮記》《論語》〈急就篇〉皆立於太學也；三、此類試刻之單詞只句，大都不按每行六十字排列，隨宜書寫，如〈高宗肜日〉之「宗雊惟」為每行五字，《多方》之「之克開於民之」為參差不等之行款；四、刻於他石

者如〈禹貢〉篇首之三行，石作半月形，必非經碑，其刻於經碑之隱
蔽處者，如〈君奭〉僖公碑之下截陷入碑趺者，除刻記數之字外，尚
有不成文之殘字是也。此《左氏傳》兩段，三體具備，雜於二經之間，
毫無不同之處，故極易誤認為正式經文。所幸者，共排列方法不同於
正經，即不按每行六十字排列，猶可推知其為試刻之字，不過較〈禹
貢〉等石更為整齊耳。

　　正式經碑每行二十字，每字三體則為六十字。每三體直書於長方
形界格之內，是為三體直下式。又有書古文於上，而並列篆、隸二體
於其下，如品字形，每行三十七格，三體得百十一字，是為品字式。
品字式經文祇有〈堯典〉〈咎繇暮〉二篇，其餘尚無發見。或僅刻二碑
為止，亦末可知。品字式古文與直下式古文時有異同之處，如帝字古
文，品字式作 ，直下式作 ；其字古文，品字式作 ，直下式作
；予字古文，品字式作 ，同於篆文，直下式作 ；水字偏旁，品字
式作 ，直下式作 。可見所據之古文傳寫本各有不同，因而有此岐
異也。

　　此外尚有一事，不同於《漢石經》者，魏石於《春秋》一面，往
往有補綴痕，因高八尺廣四尺之碑材，難免不有小病，於是鑿去其有
病之處，而以小石補綴之，所補之石約占四字地位，亦無甚大者；半
截大碑《春秋》僖三十二年及文二年文中即各有一處，可證也。《漢石
經碑》尚未發見，或熹平選石較正始為嚴歟？

漢石經集存原序

　　儒家學說是擁護封建制度的，所以歷代的封建主——帝王，總是提出「宗經尊孔」的口號，提倡儒家學說，來鞏固自己的地盤。儒家學說載於六經，即《詩》《書》《禮》《樂》《易》《春秋》。因為孔子曾經刪《詩書》，定《禮樂》，作《春秋》，所以人們都把六經尊作孔子所手訂，奉為人人必讀之書。自漢以來，設太學，立五經（《樂》本無經）博士，須以發策決科。從此以後，無論怎麼改朝換代，沒有不以經義取士的。

　　漢朝博士的傳經，各依家法，章句互有異同，並且只憑口授，輾轉傳寫。年深月久，就不死發生流弊了。到東漢末年，「經籍去聖久遠，文字多謬，俗儒穿鑿，疑誤後學」；「諸博士試甲乙科，爭第高下，更相告言，至有行賂，定蘭台漆書經字，以合其私文者」。於是有正定文字，刻石太學之舉。「及碑始立，其觀視及摹寫者，車乘日千餘兩，填塞街陌。」凡是太學博士所傳之經，都以就碑校對以防止爭執，也就是版本的起源。因其是刻石，所以稱作石經；又因為是熹平四年開始刻的，所以後來又稱作《熹平石經》。

　　當時所刻的，有《詩》《書》《禮》《易》《春秋》五經，《公羊》《論語》二傳。依照東漢立於學官的五經博士，《詩》有魯、齊、韓三家；《書》有歐陽、大小夏侯三家；《禮》有大小戴二家；《易》有施、孟、梁丘、京四家；《春秋》祇公羊一家，而《公羊》有嚴、顏二家。合成十四博士。《論語》為專經者所兼習，不立博士。

　　宋時所發現者為《詩》《書》《禮》《公羊》《論語》，而不知有《易》與《春秋》。知有五經二傳如以上所述者，為一九二二年以後之事。蓋

一九二二年冬，洛陽朱圪壋村（漢太學故址）居民於無意中掘得《魏石經碑》，附近之人乃注意搜求。遍地皆有碎石，碎石中間有文字。有古、篆、隸三體者，有隸書一體者。初僅二三殘字，零落不成文，其後始見大石成篇段者，則《禮》《易》與《春秋》是也。宋黃伯思、洪適所錄《詩》《書》《禮》《公羊》《論語》五經，除《儀禮》字數較少，且多漫漶外，其餘多有大石。此次所出，在十餘年中陸續發現，七經文字皆備，而《禮》《易》《春秋》三經皆有大石，足補宋時之闕。一九三二年，余草〈從實驗上窺見漢石經之一斑〉一文時，以為殘石之出，方興未艾，整理之事，猶有期待。今又二十餘年矣，聞朱圪壋村已搜掘殆遍，不可能更有發現。為封建統治工具的六經的最初版本作一總結，此其時矣。爰將九百年來（自十二世紀至二十世紀）先後所發現之《漢石經》遺字，分別各經，依其篇章之可知者，匯錄成編，釐為若干卷。宋代原拓已不可得，舊傳宋拓兩種，僉認為會稽蓬萊閣或成都西樓之摹刻本者。今日以原石經文對勘，字體乖舛，不類當時所摹。無已，祇有就洪適《隸釋》《隸續》所錄經文，以新出各經字體及劉球《隸韻》所收諸字，參酌寫定。但行款為洪書所略，不能悉有依據。其新出各經，則以原拓本影印，依各經篇章次第排比，製為圖版，與說別行。其有未檢出屬於何經，及字數太少太殘，無從檢尋者，則附於圖版之末，以俟博雅之指正焉。

漢石經易用梁丘本證

　　漢靈帝時，議郎蔡邕以經籍去古久遠，文字多謬，俗儒穿鑿，疑誤後學，熹平四年，乃與五宮中郎將堂谿典、光祿大夫楊賜、諫議大夫馬日磾、議郎張馴、韓說、太史令單颺等奏，求正定六經文字。靈帝許之。邕乃自書丹於碑，使工鐫刻，立於太學門外。於是後儒晚學，咸取正焉。是時立於學官者：《易》有施、孟、梁丘、京氏；《書》，歐陽、大小夏侯；《詩》，齊、魯、韓；《禮》，大小戴；《春秋》，嚴、顏，凡十四博士。諸家章句，頗有異同，傳經者又各有其師說。刻石之事，本極繁重，若同時並刻十四家之經，似又為事理所不許。無已，則惟有每經以一家為主，而以他家異同列於各經之後，此可以測知者也。今各經多有校記發見，又多在經首數碑之背面。如《詩》有齊言、韓言等字，《春秋公羊傳》有顏氏言及顏氏有無等字，以是知《校記》必列於諸經之後，詩必用魯《詩》，《春秋》必用嚴氏也。

　　余曩著〈從實驗上窺見漢石經之一斑〉一文，中有經數、經本二節。其關於經數者，《後漢書》或言五經，或言六經，隋唐〈經籍志〉則言七經。宋時發見殘石，有《書》、《詩》、《禮》（《儀禮》）、《公羊》、《論語》五種。今所發見者，於五種之外，又有《易》《春秋》（經文）二種。知熹平所刻，實為《易》《書》《詩》《禮》《春秋》五經，《公羊》《論語》二傳。數經不數傳則稱五經，合《公羊》於《春秋》則稱六經，目二傳亦為經則稱七經。蓋隋唐以後，不論經傳，目之為經矣。其關於經本者，《春秋經》只《公羊》一家，而《公羊傳》有嚴顏二家（七經之中，恐惟《春秋經》無《校記》）。其有《校記》可證者，

《詩》為〈魯詩〉，《公羊》為嚴氏，已如上述。其餘諸經，皆從旁證
參互鉤稽而得者：《易》為京氏，《書》為歐陽，《禮》為大戴，《論語》
為《張侯論》，亦即《魯論》。當時考證，自以為毫無剩義，未始不躊
躇滿志。但旁證鉤稽，全憑推斷，其中如《書》之有序，惟歐陽有之，
《禮》之篇次合大戴，其說或仍不可易。《論語》之篇章與魯合，斷為
《魯論》亦可自信，而以《校記》中有盍、毛、包、周字，即斷為張禹
之《張侯論》（見余所著〈漢石經論語堯曰篇殘字跋〉），則仍為假定
之說也。至《易》之為京氏，則以《易》之殘石異文多與陸德明《經
典釋文》所引之京氏合（見余所著〈漢石經周易殘字跋〉）亦為假定之
說，較《論語》之為《張侯論》，證據尤為薄弱。前為蔡子民作紀念論
文時，論及經本，以《易》之殘字發見不多，舍此又別無他說，姑取
此以備吾一說，不敢謂之定本也。今直接證據發見，而前說果被推
翻，於此益見考證之難也。

　　近年洛陽出一《春秋》殘石，一面刻僖十三至三十三年《經》，一
面刻昭三至二十一年《經》，存六百五十一字。一九四二年春，李涵初
（培基）以拓本見寄，久而未至。今年春，復寄一本來，而縢以他經小
拓本二紙（余昔在洛陽拓漢魏石經，凡遇兩面存字者，必命工拓於一
紙之上，俾表裡之文不至分散。墓誌之有蓋者亦然。至今洛工尚多遵
用此法。此二小雖分拓二紙，但《易》與《春秋》錯雜拓於一紙，恐
為拓工之誤）。審之，一為《春秋》僖十六至二十五年及昭十二至十六
年文，存五十一字，即上述大石之下截。其一為《易》上經〈蒙〉至
〈比〉卦及《易》〈校記〉，存五十四字。《校記》雖僅二十餘字，而兩
見孟、施、京氏字，是可證《易》用梁丘，正可糾正前此之誤。不覺
為之狂喜，亟馳書詢以石之所在。他日當假歸，精拓數本，以廣流傳。

　　《易》之殘石，有原為一石，分裂歸諸兩家，其文仍相銜接，一面
刻下經〈家人〉至〈小過〉二十六卦，凡二十八行，一面刻〈下系〉〈文

言〉〈說卦〉，凡二十一行。其文與今本異者，多與《釋文》所引之京氏本合，余據以定為京氏《易》。如〈蹇〉卦「大蹇朋來」之朋作崩，〈復〉卦釋文朋來條注曰：「如字，京作崩。」〈困〉卦「於臲卼」作「於劓劊」，《釋文》於「劓劊困於赤紱」之劓劊條曰：「荀王肅本劓劊作臲卼，云不安兒，陸同，鄭云，劓劊當為倪仉，京作劓劊。案《說文》，劊，斷也。」而於臲卼條曰：「臲，《說文》作劓，薛同。卼，《說文》作，云不安也，薛又作杌，字同。」荀王肅本劓劊作臲卼，京作劓（按《說文》劓為之重文），劊，則於臲卼之臲卼；京亦當作劓劊矣。〈說卦〉「坎者水也」之坎作欿，〈坎〉卦《釋文》曰：「本亦作埳，京劉作欿，險也，陷也。」是皆與京本合者。嗣又於〈上系〉釋文見洗心條注曰：「京、荀、虞、董、張、蜀才作先。石經同。」陸德明所見之石經，當然為《熹平石經》，或即《隋書・經籍志》所稱秘府之相承傳拓本。石經所用之本，不外四家。此言與石經同者，四家中獨有京氏，則石經用京氏《易》，不得謂之毫無根據也。

　　顧考證之事，首重證據。若文獻不足，無由引證者，則亦徒費鉤稽，終無所獲也。陸德明《經典釋文序錄》曰：「永嘉之亂，施氏梁丘之《易》亡。」故《周易音義》中所引祗孟喜京房之說，而孟說僅十餘條。其《孟喜章句》十卷下注云：「無上經。《七錄》云：『又下經無〈旅〉至〈節〉，無〈上系〉。』」則《孟喜章句》十卷亦非完書。四家之中，亡佚太半，所可得見者祗京氏一家，故用京氏《易》說，根本不能成立。陸氏所稱與石經同者，必梁丘京氏二家之偶同，未可據以為石經用京氏之確證。猶有進者，余昔整理石經殘字，見有月既望一石，定為《周易》（手頭無拓本，僅就記憶所及者舉之，是〈歸妹〉抑〈中孚〉之文，亦復不審，皆待他日補之）。今本〈歸妹〉〈中孚〉，皆有月幾望句，《釋文》於〈歸妹〉下云，「幾荀作既」，於〈中孚〉下云：「幾，京作近，荀作既。」（荀爽傳費氏《易》，此作既，亦梁丘與費氏

偶合者）。石經不作近，可謂非京氏之反證矣。此皆昔日考證之疏，故詳辨之以糾前失。幸賴地不愛寶，出此一石以彌補缺憾。今而後諸經之本，皆可確定矣。

漢熹平石經周易殘字跋[1]

　　孫伯恒以景印漢《熹平三經》殘石墨本見貽，云洛陽新出土而轉徒至於上海者。石兩面刻：一面為《周易》〈家人〉迄〈歸妹〉十八卦，存二百八十六字；一面為〈文言〉〈說卦〉，存二百有五字。通計存字四百九十有一。此誠曠代之瑰寶矣。蓋宋人錄《熹平石經》，多至千七百餘字，獨未見《周易》，不意後八百年，更得此經數百字。吾輩眼福突過宋人，何其幸歟？

　　以今本校讀，每行七十三字。惟碑陽第五、第八、第十行各盈一字，第十二行盈二字。碑陰第一行絀二字，第二、第九行各絀一字，第三行絀四字，第五行盈一字，第十二行盈二字，第十五行盈五字。蓋經本有異同也。茲錄其存字之異文如下。

　　〈家人〉卦，終吝之吝作㗖。《釋文》於〈說卦〉「為吝」下云：「京作遴。」《說文》辵部遴下引《易》曰「以往遴」，而口部吝下引《易》則作「以往吝」（許君於《易》稱孟氏，而前後所引有異文。段玉裁云，「或兼稱他家，或孟《易》有或本，皆未可知」）。此不作遴而作，當是吝之或體。《廣韻》云，「吝，俗作㗖」，誤矣。

　　〈蹇〉卦之蹇皆作寋。按寋、謇、蹇三字，古多通用。漢《衡方碑》，「謇謇王臣」，用此爻辭，字作謇。《爾雅‧釋樂》「徒古磬謂之寋」。《釋文》云，「寋，本或作謇，字同；或作蹇，字非」。是蹇亦作寋矣。

　　〈益〉卦，利有攸往之有，作用。此經屢見「有攸往」，或「利有攸往」之文，他處或皆作用歟？

1　編者案：此文載《北大圖書部月刊》一卷二期（1929 年 12 月）。

〈困〉卦，「於臲卼」作「於劓劊」。《釋文》於〈九五〉爻辭「劓刖」下云，「劓，徐魚器反；刖，徐五刮反，又音月。荀王肅本『劓刖』作『臲卼』，云，『不安貌』。陸同。鄭云，『劓刖當為倪仉』。京作『劓劊』。案《說文》，『劊，斷也』。於〈上六〉爻辭臲卼下云：「臲，五結反；王肅妍喆反；《說文》作『槷』，牛列反；薛同。卼，五骨反，又音月；《說文》作『𡲢』，云，『𡲢，不安也』；薛又作『杌』，字同。」按「說文」劓為劓之重文。又出部：「𡲢，槷，不安也。《易》曰，『槷𡲢』。」段玉裁據《釋文》於〈上六〉臲卼下引《說文》劓、𡲢二字，以為此之所引，亦即〈困〉〈上六〉爻辭，而疑字與今本不同。又小徐於此條引「《易》曰劓𡲢，困於赤芾」。劓字與大徐異，而與陸氏合。「困於赤芾」則為〈困九五〉爻辭。段玉裁據《釋文》於〈九五〉劓刖下所引荀王劓刖作臲卼，鄭云「當作倪仉」之文，疑兩爻辭義同。按劓與臲，刖與卼，皆同紐同韻，本可互通。或此本兩爻同字，末可知也（錢玄同疑〈九五〉劓刖二字為衍文，而〈上六〉作劓刖。但此行字數確為七十三，似非衍文）。《說文》刀部：「劊，斷也」；「刖，絕也」；其義正同。古音劊，刖又同屬泰部，故劊可通刖也。

〈革〉卦，虎變之變作辯。按古音變屬寒部，辯屬真部，音近可通。故《釋文·易坤》由辯下云，「荀作變」。是二字可通之證也。

〈艮〉卦，趾作止。《釋文》云，「荀作止」。止、趾，蓋古今字也。

〈文言〉，美在其中，無其字。

〈說卦〉，生爻之爻作肴。漢《孔彪碑》，「《易》建八卦，撥肴繫辭」，與此本同。

又「故《易》六位而成章」。位作畫，章下多也字。《釋文》云，「本又作六畫」。

又向明而治之向作鄉。漢《曹全碑》兩用此文，字皆作鄉。蓋

鄉、向，古今字也。

又坤以藏之，坤作〦〦。《釋文》於〈坤〉卦云，「本又作，〦〦，〦〦今字也」。漢碑中凡乾坤字皆作〦〦，無作坤者，是漢魏間通行之字矣。其字象卦形之三偶，非借川字為之也（川字之首筆皆左挑、無作右旋者）。

又坎者水也之坎作欿。《釋文》於〈坎〉卦習坎下云，「京、劉作欿」。知此本坎字皆作欿矣（石經《魯詩》「坎坎伐輪兮」亦作欿）。

後漢博士十四人：《易》有施、孟、梁丘、京氏四家，《書》有歐陽、大小夏侯三家，《詩》有魯、齊、韓三家，《禮》有大小戴二家，《春秋公羊》有嚴、顏二家。《熹平石經》之例，以一家為主，而著他家異同於後。《隸釋》所錄《詩》有齊、韓《校記》，是以魯為主也。《公羊》有顏氏有無語，是以嚴為主也。《論語》有盍、毛、包、周語，余嚢據〈堯曰篇〉殘字考為《張侯論》，包、周皆習張侯章句，是亦以某氏本為主而著盍、毛、包、周之異同也。然則《周易》亦必於四家之中以一家為主。而此一家果誰氏乎？以此石證之，蓋用京氏本也。陸氏謂坎，京、劉作欿，又劓刖，京作劓劊。此本悉與京氏合，是用京氏本無疑矣。其碑末《校記》中，當著施、孟、梁丘之異同，如《詩》《公羊》《論語》之例，又可斷言也。

附　錢玄同讀漢石經周易殘字而論及今文易的篇數問題[2]

前幾天，在馬叔平先生那邊，看見漢石經《周易》殘字拓片兩張，一張是下經的〈家人〉至〈歸妹〉，一張是〈文言傳〉和〈說卦傳〉，係一石之兩面，兩張共有四百九十餘字。近幾年來，出土的《漢石經》殘石很多，裒集之者，有《漢熹平石經殘字集錄》及《補遺》

2　編者案：此文載《北大圖書部月刊》一卷二期（1929 年 12 月）。

和馬叔平先生的《集拓新出漢魏石經殘字》，但大都是零星小塊。像這
樣的大塊，一經之文字多至四百九十餘者，還是初次遇到。在宋洪景
伯（適）的《隸釋》和《隸續》中所載的以後，這又是一次大發現了。
更可喜者，竟是《周易》，這是宋代沒有發現過的。《周易》殘字，在
此次大發現以前，《集錄》中有四石，為上經的〈蒙〉、〈需〉、〈訟〉（這
三卦的殘字，又見馬先生的《集拓》中）、〈臨〉、〈觀〉、〈噬嗑〉、
〈賁〉、〈剝〉諸卦和〈文言〉〈序卦〉兩傳。四石合計，有五十一字。
今文《易》的篇數，本有問題；我對於這問題，蓄疑了好幾年，今讀
了《集錄》中的四石和這拓片的兩石，使我昭若發矇；歡忭之餘，遂
把鄙見寫在下面。

　　馬先生因為此殘字中坎字作㰟？證以《經典釋文》所云「坎，京
劉作㰟」，疑熹平刻石時系用京氏《易》；雖然只有一個字的證據，但
這一個字非常重要，我認為馬先生的意見是很對的。又，坤作巛；考
漢碑，都作巛，沒有作坤的，我以為漢時今文《易》必皆作巛。《經典
釋文》云，「坤，本又作巛，巛，今字也。」這本來沒有錯字。而盧召
弓（文弨）乃云，「以為今字，其謬顯然」，因從雅雨堂本改為「巛，
本又作坤，坤，今字也」。不知這是雅雨堂本所忘改，盧氏依之。現在
看來，「其謬顯然」。我疑心改巛為坤，或出於《漢書》〈藝文志〉所
謂「與古文同」的費氏《易》和龔定庵（自珍）所詫為「空前絕後，
跡過如埽，異哉異至於此」的中古文《易》。此等古文經，本是劉歆所
偽作，掇拾戰國時代破體小寫之文字，拼湊偏旁，號為古文，冒充東
周以前之文字，故其中盡有比西漢通行的文字（所謂隸書）還要不古
的。改較古之巛為較不古之坤，本無足奇。盧氏生於極端尊信此等偽
古字之世，故覺得必不可以巛為今字耳。

　　關於此殘字中與今本文字之異同，馬先生另有詳細的考證，不用
我來多費話。

　　我現在要說的，乃是今文《易》的篇數問題。

　　《漢書・藝文志》：「易經十二篇，施、孟、梁丘三家。」這句話，清中葉諸經師，除戴東原（震）以外，是沒有人對它懷疑的。但《論衡》〈正說篇〉云：「孝宣皇帝之時，河內女子發老屋，得逸《易》《禮》《尚書》各一篇，奏之。宣帝下示博士，然後《易》《禮》《尚書》各益一篇。」又《隋書・經籍志》云：「及秦焚書，《周易》獨以卜筮得存，唯失《說卦》三篇。後河內女子得之。」案《論衡》所云河內女子所得之逸經，惟逸《禮》為何篇，至今尚未考明。逸《書》，則東漢末之房宏（《尚書正義》卷一引）及（《隋書・經籍志》《經典釋文序錄》云是《太誓》。《太誓》之確為後得，非伏勝傳《書》時所有，今已成為定案。那麼，逸《易》是〈說卦〉以下三篇（說詳下），亦經《隋志》證明，亦當確定為後得，非田何傳《易》時所有了。「河內女子發老屋」與「魯恭王壞孔子宅」，雖同樣是不足信之談，然亦同樣可作為漢人造作偽經之證；故所謂「逸《易》《禮》《尚書》各一篇」者，實均為西漢人所偽作無疑也。

　　首疑〈說卦〉以下三篇者為戴東原（宋人雖有疑之者，但其立場與此下所說者不同，故不舉及）。其《周易補注目錄後語》云：「武帝時博士之業，《易》雖已十二篇，然昔儒相傳，〈說卦〉三篇與今文〈太誓〉同後出，〈說卦〉分之為〈序卦〉〈雜卦〉，故三篇詞指不類孔子之言。或經師所記孔門餘論，或別有所傳述，博士集而讀之，遂一歸孔子，謂之〈十翼〉矣。」這明明說〈說卦〉三篇是後出之文，不與〈彖〉〈象〉〈繫辭〉〈文言〉同時了。

　　及康長素（有為）撰《偽經考》，則云：「至〈說卦〉〈序卦〉〈雜卦〉三篇，《隋志》以為後得，蓋本《論衡》〈正說篇〉河內後得逸《易》之事。〈法言・問神篇〉，『《易》損其一也，雖豪知闕焉』，則西漢前《易》無〈說卦〉可知。揚雄王充嘗見西漢博士舊本，故知之。〈說卦〉

與孟京《卦氣圖》合，其出漢時偽託無疑。〈序卦〉膚淺，〈雜卦〉則言訓詁，此則歆所偽竄，並非河內所出。」（卷三上）康氏又辨《史記·孔子世家》「序〈彖〉〈系〉〈象〉〈說卦〉〈文言〉」一句中「〈說卦〉」二字為劉歆所竄入，云：「《隋志》之說出於《論衡》，此必王充曾見武宣前本也。〈說卦〉：『帝出乎震，齊乎巽，相見乎離，致役乎坤，說言乎兌，戰乎乾，勞乎坎，成言乎艮。』又曰：『震，東方也；離也者，南方之卦也；兌，正秋也；坎者，正北方之卦也。』與焦京《卦氣圖》合。蓋宣帝時說《易》者附之入經，田何丁寬之傳無之也。史遷不知焦京，必無之，此二字不知何時竄入。至〈序卦〉〈雜卦〉，所出尤後，《史記》不著，蓋出劉歆之所偽，故其辭閃爍隱約，於〈藝文志〉著〈序卦〉，於〈儒林傳〉不著，而以十篇二字總括其間。要之三篇非孔子經文。」（卷二。又卷五、卷十、卷十一及〈孔子改制考〉卷十，亦有關於此問題之駁辨，與此二條大意相同。）案康氏直斷〈說卦〉為焦京之徒所偽作，宣帝時說《易》者附之入經，可謂巨眼卓識。至以〈序卦〉和〈雜卦〉為劉歆所偽作，則未必然。我以為《論衡》所云「逸《易》一篇」和《隋志》所云「〈說卦〉三篇」，其內容實相同，蓋〈說卦〉與〈序卦〉〈雜卦〉，本合為一篇，故《隋志》雖云三篇，亦但舉〈說卦〉以賅〈序卦〉和〈雜卦〉也。戴東原云：「〈說卦〉分之為〈序卦〉〈雜卦〉。」嚴鐵橋（可均）云：「漢宣帝時，河內女子得〈說卦〉一篇，不數〈序卦〉〈雜卦〉者，統於〈說卦〉。」（《唐石經校文》卷一）其說甚是。故韓康伯注本，〈序卦〉和〈雜卦〉均附《說卦》卷內，直至《唐石經》還是這樣。康氏謂「〈序卦〉膚淺」，誠哉其膚淺也；然意義膚淺，不能作為劉歆偽造之證。劉歆造了許多偽經，固是事實，然其學實不膚淺；膚淺之評，惟彼焦京之徒，適足以當之耳。〈雜卦〉仍是說明卦義，與〈說卦〉〈序卦〉性質相同，與訓詁之方法根本有異；說它「言訓詁」，實在不對。即使言訓詁，亦不能

即斷為劉歆所作。劉歆以前言訓詁者多矣;《詩》之〈魯故〉〈齊後氏故〉〈韓故〉;《書》之大小夏侯〈解故〉等等,都是言訓詁的,《春秋傳》(所謂《公羊傳》)中言訓詁處亦甚多。

據上面所說,則《漢志》謂施、孟、梁丘三家之《易》為十二篇之說就發生了問題。蓋〈說卦〉三篇既是西漢人所偽作,則三家之《易》似不應有十二篇,因為三家同出於田何,田何所沒有的,似乎三家也不應該有。於是康氏以為田何所傳之《易》,但有經上下二篇,而〈彖〉和〈象〉都在經內,其言云:「此志(《漢書‧藝文志》)敘周王孫、服光、楊何、蔡公、韓嬰、王同諸《易》先師《傳》,皆二篇;《章句》,施、孟、梁丘氏,各二篇,然則《易》之〈卦辭〉〈爻辭〉〈彖辭〉〈象辭〉皆合。以下簡帙繁重,分為上下二篇。」(《偽經考》卷三上)又云:「〈彖象〉與〈卦辭〉〈爻辭〉相屬,分為上下二篇,乃孔子所作原本。」(同上,卷十;又見《孔子改制考》卷十)至於〈繫辭〉,康氏則云:「蓋〈繫辭〉有『子曰』,則非出孔子手筆,但為孔門弟子所作,商瞿之徒所傳授,故太史談不以為經而以為傳也。」(《偽經考》卷三上;又卷十與《改制考》卷十略同)《文言》,則康氏沒有提到它。我想,今本《周易》把〈彖傳〉〈象傳〉〈文言傳〉,都合在上下經之內,康氏既以〈彖傳〉和〈象傳〉合在上下經之內為原本《周易》之面目,想來他把〈文言傳〉也算在裡面了。那麼,康氏意中之三家《易》大概是這樣的:經,上下二篇(其內容與今本相同);傳,〈繫辭〉(或是一篇;或如今本那樣,分為上下二篇)。或如先師崔懷瑾(適)先生所說,他沒有把〈繫辭傳〉算在內(見下)。

康氏所說的三家《易》,其內容的排列和篇數的多少,均與《漢志》絕不相同。如果三家《易》的面目誠如康氏所言,則《漢志》決不能這樣的瞎造謠言。《漢志》本於劉歆《七略》,不可信的地方固然很多,但他造了好幾部偽古文經,說「這是你們沒有見過的古本」,那

樣說法，是可以矇得過人的；他又造了一部偽今文經——《春秋穀梁傳》，那也不會出什麼岔子，因為那時立於學官的《春秋傳》（《公羊傳》）和他偽造的《穀梁傳》，都沒有今文之稱，他只說：「你們讀的《公羊傳》之外，還有你們沒有見過的《穀梁傳》，與《公羊傳》或同或異。」但是，他只能在立於學官的書以外去造假書，決不能把立於學官，大家都看得見的書，來瞎造謠言，改變內容，增加篇數。假使他竟那樣辦，他的作偽不是立刻就敗露了嗎？劉歆不至於那麼的蠢吧。即使他真那麼蠢，竟想以一手掩盡天下人之目，瞎造那樣與事實全不相符的謠言，難道東漢的四家《易》博士（施、孟、梁丘、京）、人人都是頭等傻子，會齊心協力的遵守劉歆「《易經》十二篇」那樣一句謠言，反將遠有師承的《易經》上下二篇這樣一件實事拋棄了嗎？這不是情理上萬不會有的事嗎，還有〈卦辭〉〈爻辭〉是術數，〈彖傳〉〈象傳〉是玄理，兩者的思想和文章全不相同，而認為一個人所作，這也是極講不通的。

所以，崔師起而駁之云：「〈彖通〉解說〈卦辭〉，謂與〈卦辭〉共篇，猶似可通。〈大象〉與〈卦辭〉自明一義，已當分篇。〈小象〉全體用韻，原本必不與〈爻辭〉共篇。……是則大小〈象〉皆當各自為篇，則〈彖辭〉可知，而《易經》無從合為二篇矣。康氏又以〈繫辭〉……為孔門弟子所作……此說誠是也。但〈繫辭〉縱非孔子手筆，猶是弟子述孔子之言。……若〈卦辭〉〈爻辭〉〈彖辭〉〈象辭〉為孔子作，而〈繫辭傳〉二篇既不得入『《易經》二篇』之內，又不得與周王孫以下六家皆有《易傳》二篇，丁寬《易傳》八篇，同列班《志》之內，此亦事理所必不然者也。惟《文言》亦有「子曰」，則亦孔門弟子所作，亦當為傳，康氏不言，此由遺漏，姑不待辨。然則〈繫辭〉〈文言〉必當在十篇之內，《易經》不止二篇又明矣。」（《五經釋要》卷四）看了崔師這一段話，則康說之謬自顯然了。

　　崔師是信任《漢志》的，他認為《易經》十二篇這個數目，是與
三家《易》相合的。十二篇的演算法，則顏師古注曰：「上下經及〈十
翼〉，故十二篇。」上下經固無問題，所謂〈十翼〉者，《周易正義》
云：「……但數〈十翼〉，亦有多家。既文王《易經》本分為上下二篇，
則區域各別，〈彖象〉釋卦、亦當隨經而分。故一家數〈十翼〉云：上
〈彖〉一，下〈彖〉二，上〈象〉三，下〈象〉四，上〈繫〉五，下
〈繫〉六，〈文言〉七，〈說卦〉八，〈序卦〉九，〈雜卦〉十。鄭學之
徒並同此說。」據此所說，則十篇傳的分法自來並不一致。這所記的，
不過因為被鄭玄一派所採用，所以自魏晉以來就相沿不改罷了。究竟
三家《易》中的十篇傳是不是這樣分的，自然還是問題。

　　崔師則采康氏之說而略加改變，即屏〈說卦〉與〈雜卦〉於十篇
之外，而〈序卦〉則仍列入。其說云：「《班志》又曰『孔氏為之〈彖〉
〈象〉〈繫辭〉〈文言〉〈序卦〉之屬十篇』者何？曰：此所云十篇者……
案〈彖辭〉既上下分篇，則大小〈象〉亦當上下分篇。若是，則〈彖
辭〉上下各一扁，〈大象〉上下各一篇，〈小象〉上下各一篇，〈繫辭〉
上下各一篇，〈文言〉一篇，〈序卦〉一篇，適合十篇之數。王充謂河
內得『逸《易》』一篇，不言篇名；據班《志》，則知是〈序卦〉也。〈序
卦〉為河內所得，並〈彖象〉以下九篇稱十篇，係之施、孟、梁丘三
家，猶《尚書》二十八篇，並後得〈太誓〉稱二十九篇，屬之大小夏
侯二家也。……是則《釋文》並〈說卦〉〈雜卦〉計之，故合大小〈象〉
各一篇為〈十翼〉，班氏未見〈說卦〉〈雜卦〉、故分大小〈象〉各二篇
為十篇也。」（同上）崔師此說，驟視之，似若可通；然細按之，則殊
不然。（一）以所謂河內女子所得者為〈序卦〉，則與《隋志》不合。
《論衡》雖未說河內所得逸《易》為何篇，但《隋志》既有河內得〈說
卦〉三篇之說，則自當以《隋志》解論衡為是；猶《論衡》說河內得
逸《尚書》，亦未說為何篇，而《隋志》及《釋文》皆言河內得〈太

誓〉，則自當解此逸《尚書》為〈太誓〉也。（二）《隋志》明言河內得
〈說卦〉三篇，今屏除〈說卦〉和〈雜卦〉，殆用康氏之說，以〈說卦〉
為焦京之徒所作，〈雜卦〉為劉歆所作乎！然既以〈序卦〉為河內所
得，則已經承認它是西漢人所偽作了，〈序卦〉為西漢人所偽作而可以
係之三家，則說卦亦是西漢人所偽作，何以便不可系之三家呢？若是
因為只有〈序卦〉之名見於《漢志》，故惟有以〈序卦〉系之三家較為
有據，則我實不敢苟同。因為《漢志》本於《七略》，於〈說卦〉以下
三篇中獨提〈序卦〉而不及其他，則只有這篇〈序卦〉最有劉歆偽作
的嫌疑；以最有古文嫌疑者係之今文之三家，未免太不妥當了。（康氏
以〈序卦〉為劉歆偽作，其說我固不信；但崔師以〈序卦〉為可以係
之今文，乃以其名見於宣傳古文的《漢志》為證，較康氏之武斷，其
毛病更大。）

　　崔師又云：「《漢書・儒林傳》曰：『費直治《易》亡章句，徒以
〈彖〉〈象〉〈繫辭〉十篇、〈文言〉解說上下經。』文言二字在十篇二
字之下，似在十篇以外者，義不可解。《釋文》引作『徒以〈彖〉〈象〉
〈繫辭〉〈文言〉解說上下經』，無十篇二字，則今本〈儒林傳〉十篇二
字衍也。」其下說之云：「費氏止用〈彖〉〈象〉〈繫辭〉〈文言〉九篇
解說上下經。〈序卦〉似目錄之學，非釋經義，故不用以解經。〈說卦〉
雖說經義，費直不用以解經，班氏不列於此志者，其時與〈雜卦〉均
未附入也。」（同上）按費直是偽古文學，豈可引以證今文之三家
《易》？〈說卦〉和〈雜卦〉，無論是河內所得，或是劉歆偽作，沒有
到了《七略》和《漢志》的時候還未著錄之理。若說〈雜卦〉是劉歆
所偽作，則《七略》和《漢志》更應該趕緊著錄才是。除非說這兩篇
的出現還在班固以後，是東漢時人偽造的；但這是毫無證據的話。況
且，若是東漢時所偽造，則何時係入本經？係入今文經，則今文經皆
立於學官，不能隨便增竄；若有係入，則必有記載。係入古文經，則

古文經多為民間大師所傳授，若忽有增篇，一定也是有記載的。現在，東漢時係入的證據，完全沒有記載可憑；而西漢時係入的證據，則明明有《論衡》與《隋志》所記為憑。所以我個人相信〈說卦〉以下三篇系西漢中葉所偽作。出現之後，即係之三家《易》本經之後。《漢志》所云之十二篇，既不如康氏所說，篇數為劉歆所改易；也不如崔師所說，只有〈序卦〉而無〈說卦〉和〈雜卦〉，乃是〈說卦〉〈序卦〉〈雜卦〉三篇都在內的。惟這十篇傳究竟如何分法，則不可確知。或如《正義》所述之〈十翼〉那樣；或如崔師所云〈大象〉〈小象〉各分上下，而〈說卦〉三篇則如《論衡》所云，只算一篇；或者還有別種分法。要之都是瞎猜，現在不必去管它。

　　我的見解如此。所以我認為康氏過於武斷，且有誤以今本面目為三家《易》原本面目之謬；崔師過信《漢志》，致有誤據偽古文之失。他們所說，都不合於今文《易》之真相。

　　現在《漢石經》《周易》殘字居然發現了。看《集錄》中的上經諸卦和此拓片的下級諸卦，知道〈彖〉〈象〉的確不與〈卦辭〉、〈爻辭〉相聯合，康氏之說自然不能成立了。《集錄》中有〈序卦傳〉，而此拓片中又有〈文言傳〉和〈說卦傳〉，知道〈說卦〉和〈序卦〉都係入今文《易》中，崔師之說自然也應該修改了。熹平刻石是根據當時立於學官的今文經；東漢立於學官的今文經，其師承有自，都是根據西漢立於學官的今文經。所以《漢石經》的篇數，我們敢斷言，還是西漢中葉的面目。

　　現在總結幾句：我相信《論衡》和《隋志》的記載，戴東原和嚴鐵橋的解說，認為：西漢初年田何傳《易》時，只有上下經和〈彖〉〈象〉〈繫辭〉〈文言〉諸傳；西漢中葉（宣帝以後），加入漢人偽作的〈說卦〉〈序卦〉〈雜卦傳〉三篇。這是今文《易》的篇數之變遷，施、孟、梁丘、京，都是一樣。到了東漢立十四博士時還是不變。

　　《周易》雖然也有中古文和費氏這兩本偽古文經，但篇數和今文一樣，和已係入〈說卦〉三篇之今文一樣，因為這是劉歆們偽造的，那時的今文本中已有此三篇，則偽古文當然也跟著有了。正如《尚書》一樣：今文本中係入一篇偽〈太誓〉，則所謂孔壁之《尚書》古文經中也有那麼一篇偽〈太誓〉。此外倒沒有再加偽篇，像《書禮》那樣，多出那麼許多偽逸《書》、偽逸《禮》。

　　至於《周易》在孔子時，在孟子時，在荀子時，這〈說卦〉三篇固然不會有；但是否已經和田何時一樣，〈彖〉〈象〉〈繫辭〉〈文言〉，燦然懼備，那自然還大有研究。像宋之歐陽永叔（修）、葉水心（適）、清之崔東壁（述）諸人所論，都是這個問題，但不在本文討論範圍之內。本文的目的，專在研究漢代今文《易》的篇數之真相與變遷而已。

漢石經《魯詩》校文

〈國風・周南〉

三章

其一桃

公矦

采

　　右一石四行：首行為〈樛木篇〉題；次行為〈桃夭〉首章之末，次章之首；三行為〈兔罝〉次章「公矦好仇」之公矦二字；四行為〈芣苢〉三章「采采芣苢」第二句之第二采字。以今本《毛詩》計之，每行得七十二字（惟〈大雅〉以下每行七十字）。是此數篇之章句，魯殆與毛同也。

〈國風・召南〉

何斯

其謂之其三

我以不我以

楸墅有

　　右一石四行：首行為〈殷其靁〉之末章；次行為〈摽有梅〉三章之末；三行為〈江有汜〉之首章；四行為〈野有死麕〉之次章。每行七十二字。惟二行三行之間，僅得七十字，或〈魯詩〉有異也。

〈國風・邶〉

東	不卒胡	日
日有喧窹言不	暗暗其陰乢	報我
居爰處爰喪其馬	于林之下其三死	窹言
其一凱風自南	母氏聖善我無	子
	下上其	

　　右三石，自日月至〈雄雉〉凡六行。第一行為〈日月〉次章之首；第二行為〈日月〉第四章；第三行為〈終風〉第三章及第四章；第四行為〈擊鼓〉第三章及第四章；第五行為〈凱風〉首章之末及第二章；第六行為〈雄雉〉第二章。每行皆七十二字，章句殆與毛同。

〈國風・鄁〉

飛泄　貽伊阻　其二瞻

匏　則瀝淺則　鳴求其

谷風以陰　體德音莫

後其三

〈國風・鄁〉

毋逝我梁　二日蓄

及（？）爾顛覆既

微式微胡不　其二式微

　　右五石，自〈雌雉〉至〈式微〉，凡六行。第一行〈雄雉〉第一二三章；第二行〈匏有苦葉〉第一二章；第三行〈谷風〉首章；第四行〈谷風〉第三章；第五行〈谷風〉第五六章，第六行〈式微〉第二章及篇題。每行七十二字，祗第二三行之間七十一字。瀝，《毛詩》

作厲、《說文》水部，砅，履石渡水也，從水從石。《詩》曰深則砅，重文作濿，云砅或從厲。《爾雅・釋水》，深則厲。《釋文》厲本或作濿。陳喬樅云：考劉向《楚辭・九歎・離世》云，櫂舟杭以橫濿兮，王逸《章句》曰，濿，渡也，由帶以上為濿。又〈遠逝〉云，橫汨羅而下濿，子政叔師並用《魯詩》，字同作濿、則《爾雅》厲字，亦當從或本作濿為正。今有此石可為陳說作佐證矣。

漢熹平石經《論語·堯曰篇》殘字跋[1]

　　洛陽城東三十里朱家圪塲，近出魏正始石經，皆古文、篆、隸三體，又有隸書者數石，皆《漢熹平石經》也。其地為漢魏之太學，即《洛陽伽藍記》所謂勸學里者是也。

　　右二石先後出土，為《論語·堯曰篇》殘字，存字四行：第一行存繼絕世三字，第二行存「惠而不費勞而不怨」之費勞而三字，第三行存「斯不亦泰而不驕乎」之亦泰而三字，第四行存「謂之有司」之司字，司下著一圓點，又其下存半字。《隸釋》所錄〈堯曰篇〉殘字，即在此石之下方。據何晏《集解》本〈堯曰篇〉「謂之有司」下有「孔子曰不知命無以為君子也」一章，今此半寧既非孔字，又不類子字（朱子《集解》本無孔字），必非此章之文。惟《經典釋文》云，「《魯論》無此章，今從《古》」。依〈八佾〉〈陽貨〉等篇（見《隸釋》）計章之例，此半字當是凡字；凡字下所闕，當為二章二字，以此篇僅〈堯曰〉〈子張問〉二章也。

　　按《論語》有齊、魯、古三家：《魯論》二十篇；《齊論》多〈問王〉〈知道〉二篇，為二十二篇，其二十篇中章句多於《魯論》；《古論》分〈堯曰〉下章〈子張問〉以為一篇，凡二十一篇。《釋文》於此章下采魯古，不言《齊論》之有無。《玉函山房輯齊論語》，言：「《齊論語》，齊人所傳；董仲舒，廣川人，地屬齊，《漢書》本傳對策及所著《春秋繁露》多引《論語》，與魯古不同，而與王吉（吉傳《齊論》）

1　編者案：此文載北京大學《國學季刊》一卷三期（1923年）。

所引有合，確為《齊論語》。」又輯其對策所引「孔子曰不知命亡以為君子」句，云：「無作亡，無也字，又與《古》少異，是董用《齊論語》之確證。」質以「二十篇中章句多於《魯論》」之語，其說似當可信。漢石經《論語》所用何本，史無明文，今曰此石無〈不知命〉一章，又《隸釋》所錄校語有凡廿篇之文，與《魯論》篇數合；則石經用《魯論》本宜可確定。然《校語》中無魯古等字，而有盍、毛、包、周異同之說。按何晏《集解敘》曰：「安昌侯張禹，受《魯論》，兼講《齊》說，善者從之，號曰《張侯論》，為世所貴；包氏周氏章句出焉。」《漢書》〈禹傳〉亦言：「禹為《論語章句》……最後出而尊貴；由是學者多從張氏，餘家浸微。」蓋自《張侯論》出而《齊魯》不分，傳至東漢，盛行已久，而三家益微矣。《石經校語》既有盍、毛、包、周之說，盍毛今不可考，而包周所傳則皆《張侯論》章句。是石經所用之本為《張侯論》，殆無疑義。張氏以《魯論》為本，兼采《齊》說，擇善而從。此篇末無〈不知命〉一章者，必仍為《魯論》之舊也。且《張侯論》在東漢時疑亦有《魯論》之目；鄭玄之為《論語注》也，何晏《集解敘》謂「就《魯論》篇章考之《齊古》」，《隋志》謂「以《張侯論》為本參考《齊論》《古論》」，《釋文敘錄》則謂「就《魯論》張包周之篇章考之齊、古」。鄭氏所據，實為《張侯論》，而何陸並稱為《魯論》；是東漢之所謂《魯論》者，即《張侯論》矣。然則石經所用之本，雖謂之《魯論》，亦無不可。或以為《漢志魯安昌侯說》二十一篇，石經之本凡廿篇，篇數不相侔，疑其非是。然《隋志》言：「禹本授《魯論》，晚講《齊論》，後遂合而考之，刪其煩惑，除去齊論〈問王〉〈知道〉二篇，從《魯論》二十篇為定。」序述較詳，當必不誤。劉寶楠《論語正義》疑《漢志》「一」字誤衍；又以為經二十篇，說一篇，《志》連經言之，得有二十一篇。說亦近是，不得以此而疑之也。

今依今本《論語》寫定全文，用王昶《金石萃編》之例，以大字

寫共存字，而以小字錄其佚文。所以知篇首必提行者，以洪氏錄〈八佾〉〈陽貨〉等篇，其下不接書〈里仁〉〈微子〉等篇也。所以知行七十三字者，以洪氏錄《儀禮》〈大射儀〉六行七十三字也。惟第一、第三、第四等行多出一字，或文有不同，不足異也。其圓點介於篇末及凡若干章之間者，所以別計章之文於正文也。推之〈八佾〉〈陽貨〉等篇當亦如是。洪氏並不言及，賴此知之。

魏正始石經《尚書・多士》及《春秋》文公殘石跋

　　《尚書・多士》殘石，存十一行，行存三字至十六字，後闕二十三行。《春秋》文公存十行，行存三字至十五字，前闕二十二行，與〈無逸〉〈君奭〉及《春秋》僖公、文公一石，同時出土。亦表裡刻之，上下皆有闕損，故不能知每行之起訖。取以校今本〈多士〉中異同之字，「誕淫厥逸」，今本逸作佚。「惟天弗畀」，今本弗作不。而「罔顧於天顯民祇」罔字之下，「若茲大喪」大字之上，中間計十四字，今本則十五字。又「非我一人奉德不康寧」我字下，「不敢有後」後字上，中間計十六字，今本作十七字，均多一字。而「不敢有後」下，今本即接「無我怨」。此本則後字下有「王曰繇」三字，以下當更有三字（疑當是爾多士），乃合每行字數。今本佚六字。觀石本知「無我怨」以下乃王三呼多士而告之，意周且摯，今本佚之者非也。《春秋》文公自九年三月至十有二年正月，與今本無甚異同，惟「曹恭公」今本作「曹共公」，「盟于汝栗」今本作「女栗」耳。此石聞歸洛陽縣長，友人游洛，歸以墨本見贈，如獲重寶，書其後以識之。癸亥四月九日。

宋范祖禹書《古文孝經》石刻校釋[1]

　　《孝經》有今文古文二本。漢興，河間人顏芝之子貞所藏，長孫氏、江翁、后蒼、翼奉、張禹所傳者，今文本也。魯恭王壞孔子宅所得，昭帝時魯國三老所獻者，古文本也。今文舊傳有鄭氏《注》，亡於五代之亂。古文舊傳有孔安國傳，亡於梁亂，隋開皇間，王逸得之，因與王劭而轉示劉炫。炫因序其得喪，講於民間，漸聞朝廷。儒者皆云炫自作之，非孔舊本。今文凡十八章，古文則以〈庶人〉章分為二，〈曾子敢問〉章分為三，又多〈閨門〉一章，凡二十二章。唐開元七年三月，詔合群儒質定今古。右庶子劉知幾主古文，立十二驗以駁鄭。國子祭酒司馬貞主今文，摘〈閨門〉章文句凡鄙，〈庶人〉章割裂舊文，妄加子曰字及《注》中脫衣就功諸語，以駁孔。相爭不決。玄宗乃參會六家（韋昭、王肅、虞翻、劉劭、劉炫、陸澄）以為之注，經本今文，章凡十八。開元十年頒行天下。天寶二年五月，重注，亦頒天下。至天寶四載九月，以御注刻石於太學，今謂之《石台孝經》。至是今文行，而古文廢矣。宋時秘閣所藏《孝經》，有鄭氏（此鄭《注》疑即咸平中日本僧所獻）、明皇及古文三家。古文有經無傳，司馬光據以作《古文孝經指解》，范祖禹又作《古文孝經說》。至南宋，朱熹復刪定古文經為經一章，傳十四章，謂之《孝經刊誤》。元吳澄深讁朱子之分經傳，而不以專據古文為然，乃用古文、今文及《刊誤》本參校，今文古文有不同者，定從所長；所不從者，附注於下；《刊誤》本所塗之字，並刪去之。傳文章次，亦更定先後，分為經一章，傳十二章，

謂之《孝經定本》，亦稱《草廬孝經》。元董鼎之《孝經大義》，朱申之《孝經注解》，則皆述朱子之書。《古文孝經》傳本，略具於此矣。《知不足齋叢書》所收日本舊傳《古文孝經》及《古文孝經傳》，楊守敬觀海堂舊藏日本古抄本《古文孝經》二種（一白文、一《孔傳》本，今並藏故宮），皆不足據，不錄。

宋范祖禹書《古文孝經》，摩崖刻於四川大足縣北山，始著錄於宋王象之《輿地碑記目》（《滂喜齋叢書》本）卷四昌州條，而不著書人名氏。清朱彝尊《經義考》引之而以為已佚。清嘉慶間、武威張澍令斯邑，嘗遊北山，猶及見之、見所著《遊北山記》（《養素堂集》卷八）。而著錄石刻之書未有收集者。蓋自象之著錄以後，湮沒無聞者七百年矣。一九四五年四月，大足縣修志委員會陳習刪約遊大足，首至北山。山為唐末昌州刺史韋君靖所建之永昌寨、寨中多摩崖或石窟造像。自唐乾寧以後，歷五代宋初皆有增刻、知其地為歷來名勝之區。中有一窟，深不及三尺，高約丈餘，就崖石鑿一碑於其中，為宋《趙懿簡公神道碑》，范祖禹撰，蔡京書並篆額。碑兩旁石壁，則刻《古文孝經》，末署范祖禹敬書五字。字大三寸許，列於《神道碑》左右壁上各三十三行，行二十八字。雖漫漶百餘字，而大體完整，不禁為主驚喜讚歎。蓋《孝經》石刻，如唐玄宗之《石台孝經》及見存唐清兩代之石經、紹興府學之宋謝景初書《孝經》，杭州之宋高宗御書《孝經》等，皆為今文。古文《孝經》向惟北京國子監之明蔡毅中《集注》，為天啟三年監丞金維琪等所刻。不分章，小注雙行列於各句之下，末署「唐著作郎太子中舍人虞世南書」，或集虞字所成，今存北京歷史博物館。此刻署范祖禹書，可稱唯一最早之古文本。且范為擁護古文主人，著有《古文孝經說》，所據之本，當即其時秘閣所藏。此刻不亡，即秘閣本至今存在。其可寶貴，豈在敦煌新出之北魏和平二年寫本（見《東方雜誌》第四十卷第三號）之下耶？顧范為華陽人，距

大足六七百里，何以大書深刻於此山？趙懿簡名瞻，陝之盩厔人，既曰神道碑，當樹之墓道、瞻墓不應在大足，窟之上下前後，又無塚墓遺跡，皆不無疑問。意者此窟為范之門生故吏所鑿，以志其景仰之私，遂以趙瞻墓前范撰碑文復刻於此，又以其手寫或他處刻石之《孝經》撫勒其旁歟？顏魯公〈中興頌〉，蜀中有二本。《干祿字書》原刻毀於吳興墨妙亭，而蜀中存復刻本，《元祐黨人碑》廣西有二本，皆其例也。

宋陳振孫《直齋書錄解題》載司馬光《古文孝經指解》一卷，范祖禹《古文孝經說》亦為一卷。而《四庫》所收，則以范《說》合於《指解》。《通志堂經解》所收，則以司馬《指解》范《說》合於唐玄宗之今文《注》，謂之《孝經注解》，皆不知誰氏所合併者。今校此刻，自應以范校范，范《說》既無單行本。則惟有取《四庫》及通志堂之二合編本校之，而參之以朱子《刊誤》本，其餘自《刊誤》本出者，則無取焉。蔡氏《集注》晚出，且有脫字（「聿修厥德」之聿字，「民具爾瞻」之瞻字）、衍字（「然後能守其守宗廟」之守字）、誤字（「然後能保其壽祿」之壽字，「是以其孝不肅而成」之孝字），亦不足據。

古文二十二章，原無異說，而分章之處，則碑本與合編本（指《四庫》與通志堂本）小有出入。碑本第六章「此庶人之孝也」下，即接「故自天子」一段二十三字；又下接「曾子曰……」九字，通為一章。而合編本則「故自天子」一段別為第七章、而以「曾子曰」以下九字屬下章。朱子《刊誤》以「仲尼閒居」至「故自天子」一段止為經，而以「曾子曰」以下為傳，謂後人妄分以為六七章。並注云，「今文作六章，古文作七章」。是朱子所見之本與合編本同，而與碑本異也。碑本「先王見教之可以化民也」以下別為第八章，合編本及《刊誤》本則皆屬上為一章。故章數雖同，而分章小異也。碑本第三第四第五第八章首各有子曰二字，而合編本無之。碑本「昔者明王之以孝治天下

也」，合編本無之字。碑本「非聖人者無法」，合編本無人字。范《說》曰，「聖人者，法之所自出也，而非之，是無法」，是明有人字也。碑本「先之以博愛」「先之以敬讓」二以字，為通志堂本所無。證以「陳之以德義」。「導之以禮樂」「示之以好惡」等句，知通志堂本之誤奪也。碑本「然後能保其祿位」及「卜其宅兆而安厝之」，並與今文同。而合編本之經與說及《刊誤》本，祿位並作爵祿，厝作措。碑本「則天之明」「治家者不敢失於臣妾」。「恐辱先也」諸句，並與今文及《刊誤》本同。合編本則天作因天（《說》中亦作因）、失作佚，先作親。合編本「是何言與」下有「言之不通也」五字，碑本《刊誤》本及今文並無之（蔡《注》本亦無此句）。明胡纘《拾遺錄》嘗譏祖禹所說，以光注「言之不通也」句誤為經文。今范書此碑無此句，正可為祖禹辨誣矣。碑本「皆在於凶德」與《刊誤》本同，合編本皆字上有而字，同於今文，但《說》中亦無而字，可知碑本與《說》符合。碑本「而名立於後矣」，合編本《刊誤》本並作後世，與今文同。碑中孝悌之悌字凡四見。前二字作弟，與合編本同，後二字作悌，與今文同。惟《刊誤》本前一字作弟，後三字作悌。碑本「豈弟君子」不從心旁作愷悌，與古今文諸本異，而同於《詩・大雅・泂酌》原文。「德義可尊」，碑作遵，亦與古今文諸本異。至曡參、于於、灾災、梘桿、踴踊等字，或與諸本不同，則為古今字，不足異也。其有避諱字，則空格不書，如二十一行讓字，避英宗父諱，六十行匡字，避太祖諱，是也。五十行慎字（今石已漶舊拓本空格）避孝宗諱。祖禹卒於哲宗元符元年，下逮孝宗即位，相距六十五年，不應避諱。然因此益可證明為後人景仰祖禹而補刻者。且補刻之年代，當在孝宗以後。惟喪字凡三見，亦皆空格不書，不避死字而避喪字，似非偶然者。意者避其家諱之嫌名歟？司馬光父諱池，每與韓持國書，改持為秉，是其例也。碑中敬字凡二十餘，獨不避翼祖諱，亦可異也。碑本合編本同而《刊誤》本異

者，第一章「夫孝德之本」下有也字，第六章「因天之道」因作用，第十七章「宗廟致敬不忘親也」致作至。至今古文之異同，前賢考之者詳矣。宋黃震《日鈔》云，「孝經」一爾，特所傳微有不同」，其說可謂持平之論。然如今文「各以其職來祭」，古文作「來助祭」；「言思可道，行思可樂」二思字，古文作斯，則似較今文為長。今附錄碑文（拓本篇幅太大，不便影印），而以《四庫》通志堂二合編本所校異同識於各字之右方。凡碑本有而校本無者為⊙，碑本無而校本有者為○，字有異文者為‧‧，分章有異者為△，其碑文泐者代以□，以便觀覽。經文凡千八百一十五字（中有空格不書者六字），標題及書款九字，已泐者六十三字（據舊拓本）、都計存字千七百五十有五字。每章之首，以點間之，猶存《漢石經》之遺制，惟其點特大耳。

古文孝經‧仲尼閑□□子侍坐子曰曓先王有至德要道以順天下
□│用和睦上下無怨女□□乎
曾子避席曰曓不敏何足以知之子曰夫□│德之本教之所由生
□□吾語女身體髮膚受之父母不敢毀傷孝之□│□立身行道揚
名□□□以顯父母孝之終也夫孝始於事親中于事□│□于立身
大雅云無□□祖聿修厥德‧子曰愛親者不敢惡于人敬□│者不
敢慢于人愛敬□□事親而德教加于百姓刑于四海蓋天子之□│
南刑云│人有慶兆□賴之‧子曰在上不驕高而不危制節謹度滿
□│不溢高而不危所以□守貴滿而不溢所以長守富富貴不離其
身然後│□保其社稷而和其□人蓋諸侯之孝詩云戰戰兢兢如臨
深淵如履薄│□‧子曰非先王之□服不敢服非先王之法言不敢
道非先王之德行│□□行是故非法不□非道下行□無擇言身無
擇行言滿天下無□過│行滿天下無怨惡三者備矣然後能守其宗
廟蓋卿大夫之孝也詩云□│夜匪懈以事一人‧子曰資于事父以

事母而愛同資于事父以事君而｜敬同故母取其愛而君取其敬兼
之者父也故以孝事君則忠以敬事長｜則順忠順不失以事其上然
後能保其祿位而守其祭祀蓋士之孝也詩｜云夙與夜寐毋忝爾所
生。子曰因天之道因地之利謹身節用以養父｜母此庶人之孝也
故自天子己下至于庶人孝無終始而患不及者末之｜有也曾子曰
甚哉孝之大也‧子曰夫孝天之經地之義民之行天地之｜經而民
是則之則天之明因地之義以順天下是以其教不肅而成其政｜不
嚴而治‧子曰先王見教之可以化民也是故先之以博愛而民莫
遺｜其親陳之以德義而民興行先之以敬而民不爭導之以禮樂而
民和｜睦示之以好惡而民知禁詩云赫赫師尹民具爾瞻‧子曰昔
者明□之｜以孝治天下也不敢遺小國之臣而況于公侯伯子男乎
故得萬國之口｜心以事其先王治國者不敢侮于鰥寡而況於士民
乎故得百姓之□□｜以事其先君□家者不敢失于臣妾而況于妻
子乎故得人之懽心以事｜其親犬然故□則親安之祭則鬼享之是
以□□和平災害不生禍亂不｜作故明王之以孝治天下如此詩云
有覺德□四國順之‧曾子曰敢問｜聖人之德其無以加□□□子
曰天地之性□為貴人之行莫大于孝孝｜莫大於嚴父嚴父莫大于
配天則周公其人□昔者周公郊祀後稷以配｜天宗祀文王于明堂
口配上帝是以四海之□□以其職求助祭大聖人｜之德又何以加
于□□□□□之膝下以養□□曰嚴聖人因嚴以教敬｜因親以教
愛聖人之教不肅而成其政不嚴□治其所因者本也‧子曰｜父子
之道天□君臣之義父母生之續莫大焉君親臨之厚莫重焉‧子｜
曰不愛其親而愛他人者謂之悖德不敬其親而敬他人者謂之悖禮
以｜順則逆民無則焉不在于善皆在于凶德雖得之君子所不貴君
子則不｜然言斯可道行斯可樂德義叮遵作事可法容上可觀進退
可度以臨其｜民是以其民畏而愛之則而象之故能成其德教而行

子
曰

政令詩云淑人君｜子其儀不忒‧子曰孝子之事親居則致其敬養
則致其樂病則致其憂｜則致其哀祭則致其嚴五者備矣然後能事
親事親者居上不驕為下｜不亂在醜不爭居上而驕則亡為下而亂
則刑在醜而爭則兵此三者不｜除雖日用三牲之□猶為不孝也‧
子曰五刑□屬三千而罪莫大于不｜孝要君者無上非聖人者無法
非孝者無親此大亂之道業‧子曰教民｜親愛莫善于孝教民禮順
莫善于弟移風易俗莫善于樂安上治民莫善｜于禮禮者敬而已矣
故敬其父則子悅敬其兄則弟悅敬其君則臣悅敬｜一人而千萬人
悅所敬者寡而悅者眾此之謂要道‧子曰君子之教以｜孝也非家
至而日見之也教以孝所以敬天下之為人父者教以弟所以｜敬天
下之為人兄者教以臣所以敬天下之為人君者詩云豈弟君子民｜
之父母非至德其孰能順民如此其大者乎‧子曰昔者明王事父孝
故｜事天明事母孝故事地察長幼順故上下治天地明察神明彰矣
故雖天｜子必有尊也言有父也必有先也言有兄也宗廟致敬不忘
親也修身｜行恐辱先也宗廟致敬鬼神著矣孝悌之至通于神明于
光四海無所不｜通詩云自西自東自南自北無思不服‧子曰君子
之事親孝故忠可移｜于君事兄悌故順可移于長居家理故治可移
于官是故行成于內□名｜立于後矣‧子曰閨門之內具禮矣乎嚴
父嚴兄妻子臣妾猶百姓□役｜也‧曾子曰若夫慈愛恭敬安親揚
名疊聞命矣敢問從父之令可謂孝｜乎子曰是何言與是何言與昔
者天子有爭臣七人雖無道不失其天下｜諸侯有爭臣五人雖無道
不失其國大夫有爭臣三人雖無道不失其家｜士有爭友則身不離
于令名父有爭子則身不陷于不義故當不義則子｜不可以弗爭于
父臣不可以弗爭于君故當不義則爭之從父之令焉得｜為孝乎‧
子曰君子事上進思盡忠退思補過將順其美救其惡故上｜下能相
親詩云心乎愛矣遐不謂矣中心藏之何日忘之‧子曰孝子之｜親

哭不愆禮無容言不文服美不安聞樂不樂食旨不甘此哀戚之情｜
三日而食教民無以死傷生毀不滅性此聖人之政不過三年示民
有｜終為之棺椁衣衾而舉之陳其簠簋而哀戚之擗踊哭泣哀以送
之卜其｜宅兆而安厝之為之宗廟□鬼享之春秋祭祀以時思之生
事
愛敬死事｜哀戚生民之本盡矣生死之義備矣孝子之事親終矣范
祖禹敬書

　　余初校時，假大足縣修志委員會新拓本，以為除此外蓋無第二
本。以劉喜海搜錄蜀刻之勤，而所著《三巴金石目錄》（存古書局刊本）
猶未之及，遑論其他。不意是年冬遊成都，於市上得一本，較新拓多
出四十餘字，猶是百年前拓本，或即張澍所拓，亦未可知。蓋陸耀遹
《續金石萃編》所收之〈韋君靖碑〉，即為張所贈也。因據以重為寫
定。如第五十行「修身慎行」之慎字，明為空格，而新拓本已漫漶。
由此而證明碑為孝宗以後所補刻，豈不快哉？著者附識。
　　明趙崡《石墨鐫華》卷五，收宋〈樞密趙瞻碑〉云：「趙懿簡公
瞻，敝邑（盩厔）人，卒葬城南四里，塋地為耕者所侵殆盡。碑仆而
泐，僅有數十字可辨。觀其書法勁健，知書撰人必非沒沒者。惜先達
為敝邑誌，不收其文，遂無所考，為之一慨！」是明時原碑已泐，致
不知書撰人姓名。則余之假設為復刻，可由此證之矣。一九四八年八
月衡識。

晁公武刻《古文尚書》殘石跋

　　宋晁公武所刻《古文尚書》，附於《孟蜀石經》之後，其意殆仿魏正始故事而踵行之歟？漢熹平間，刻石經立於太學，悉為今文。其時古文學已盛行，故魏正始間又刻《古文尚書》《春秋》二經，與今文石經並立。孟昶之刻石經於成都也，始於廣政七年，以經注並刻，故文字增多倍蓰，石數愈千，歷時八年始成。至宋皇祐元年，田況補刻公穀二傳畢功。宣和間，席貢父補刻《孟子》。乾道中，晁公武刻所著《石經考異》時，又得《古文尚書》補刻之，與《考異》並附石經之後。其地在漢末所作禮殿之東南隅石經堂，堂為胡宗愈所建。可見兩宋人對此之重視。且如此巨製，縱經兵燹，亦下至片石無存。乃自晁公武張之後，闃然無聞，僅知明時有《禮記》數段在合州賓館，清乾隆間福康安修城時，有人於城址得殘石數十片而已。其摧毀之時代及其原因，何以毫無記載耶？抗日戰爭初期，余至成都，嘗以此促學術界注意。及成都遭受敵機空襲，疏散市民，拆除城垣缺口多處，以通行人，果得殘石若干片。惜皆歸私人所有，流傳不廣。余所得見者，有《毛詩》《儀禮》各二段，不知尚有他經否？此《古文尚書》〈禹貢〉〈多士〉各一段，聞亦其時所出。然則摧毀原因，或即以修築城垣之故。摧毀之時，或在元代也。

卷七

書籍制度

中國書籍制度變遷之研究[1]

　　書籍為介紹文化之工具，其制度變遷之歷史，應有研究之價值。惜年湮代遠，書闕有間，欲求完全而有系統之知識，實屬不易。所幸載籍之記錄，實物之流傳，雖屬東鱗西爪，尚可得其大較。吾之所謂制度，是指材質與形式而言，並不包括撰述或流傳方面。近人對此問題，已有不少之研究；並各有其貢獻。關於最古者有王靜安之《簡牘檢署考》，關於近代者有《書林清話》中之幾節。今採取兩家之說，益以後出之資料，更參加己見，草成此篇，以見書籍制度變遷程式。

一　材質及其興廢之時期

　　吾人言及書籍二字，一般人之觀念，必以為即今之線裝書。余所見故事畫中，即有不少例證。但此為現代已進化之制度，而非初有書籍時之制，且演進之過程依時代而各異。凡事物之創造，必先粗製濫造，而後逐漸改進，以臻於巧妙。紙為二世紀初期之產物，以之寫錄書籍，更在其後。在未用紙以前，先用縑帛，縑帛以前又先用竹木。

　　竹木始於何時，今不可考，或自有書契以來即用竹木，亦未可知。縑帛之用，卻亦不晚，《墨子・明鬼篇》曰，「故書之竹帛，傳遺

1　編者案：此系在北京大學史學會的講演詞，載《圖書館學季刊》一卷二號（1926年6月）。今據改正本印出。
　　又案王國維於一九二六午八月十五日致函馬衡先生云：「……在《圖書館學季刊》中得讀大著〈書籍制度考〉，甚佩甚佩！弟尚見敦煌所出唐末人寫經，有線裝葉子本，與西洋書裝訂式相同。其法先訂後寫，苟裝線脫去，則書之次序，全不可尋。《墨莊漫錄》所記縫繢法，即謂此種裝訂，非後來之線裝書也。」可資補充，故附錄之。

後世子孫」。《韓非子・安危篇》亦曰，「先上寄理於竹帛」。皆以竹與帛並舉。可見周代雖用竹木，已知兼用縑帛矣。《漢書・藝文志》撮錄群書，或以篇計，或以卷計。以篇計者為竹木，以卷計者為縑帛。卷之數不如篇多，又可見西漢時代縑帛雖已流行，而其用尚不如竹木之廣。《後漢書・儒林傳》言：「及董卓移都之際（190年），吏民擾亂，自辟雍、東觀、蘭台、石室、宣明、鴻都諸藏，典策文章，競共剖散。其縑帛圖書，大則連為帷蓋，小酒制為縢囊。」當東漢末年，縑帛為用之廣，已可想見。但〈陽球傳〉載靈帝時（180年頃），球奏罷鴻都文學，曾言樂松江覽等徵進明時，有「鳥篆盈簡」、「筆不點牘」之語。〈荀悅傳〉記悅作《漢紀》時（獻帝建安初，當200年）獻帝詔尚書給筆札。當時所用猶皆竹木。意應制之作，以及官府文書，各有定制，不能隨意變更，故仍用竹木。其餘或已趨於便易，多用縑帛矣。官府文書之用竹木，不但漢末如此，直至南北朝之時，尚有一部分沿用者。然則竹木之命運，亦不為短矣。

　　至紙之創造家雖為蔡倫，而紙之名，則猶因於縑帛。據《後漢書・蔡倫傳》言：「自古書契，多編以竹簡，其用縑帛者謂之紙。縑貴而簡重，並不便於人，倫酒造意用樹膚麻頭及敝布魚網以為紙。元興元年（105年）奏上之，帝善其能，自是莫不從用焉，故天下咸稱蔡侯紙。」然則紙為縑帛之名，蔡倫所造者，並未錫以新名，猶是因縑帛之舊稱。故蔡倫以前所謂紙者，皆指縑帛而言，如《意林》引應劭《風俗通》言：「光武車駕徙都洛陽，載素簡紙經凡二千兩（同輛）。」《後漢書・賈逵傳》言：「（章帝）令逵自選《公羊》嚴顏諸生高才者二十人，教以《左氏》，與簡紙經傳各一通。」其時皆在蔡倫以前，所謂紙者，並非蔡侯紙也。但至蔡倫以後，紙之名遂為樹膚麻頭等所造者所專有矣。

　　依〈蔡倫傳〉所言，似造紙之動機，乃感到縑與簡之不便，欲以

之為代用品。但初造之時，不甚通行，惟家貧或不能用縑帛者用之。《北堂書鈔》（卷一〇四）引崔瑗《與葛元甫書》曰：「今遺送《許子》十卷，貧不及素，但以紙耳。」可知當時素貴紙賤，用紙者為不敬。魏晉之際，猶用縑帛，至南北朝時，始通行用紙。《隋書・經籍志》曰：「魏秘書郎鄭默始制《中經》，秘書監荀勗又因《中經》更著《新簿》，分為四部，總括群書。……大凡四部合二萬九千九百四十五卷，但錄題及言，盛以縹囊，書用湘素。」又曰：「其中原則戰爭相尋，干戈是務，文教之盛，苻姚而已。宋武入關，收其圖籍，府藏所有，才四千卷，赤軸青紙，文字古拙。」又曰：「及平陳以後，經籍漸備，檢其所得，多太建時書，紙墨不精，書亦拙劣。」《北堂書鈔》（卷一〇四）引王隱《晉書》曰：「陳壽卒，詔河南尹華淡下洛陽令張泓遺吏齎紙筆，就壽門下寫取《三國志》。」張懷瓘《二王等書錄》曰：「桓玄愛重二王，不能釋手，乃選縑素又紙書正行之尤美者，各為一帙，常置左右。」據以上記載書籍之事參互考證，晉時紙與縑帛兼用，至紙之完全代替縑帛，或在南北朝之時矣。竹帛紙三種材質興廢之時期，雖不敢確定其起訖界限，然行用時期，可大略得結論如下：

（一）　**竹木**　自有書契以來迄於三、四世紀。
（二）　**縑帛**　自前四、五世紀迄於五、六世紀。
（三）　**紙**　自二世紀迄於今日。

二　形式及其裝置之法

材質既不同，故形式亦因之改變。縑帛之性柔，可以卷舒，藏之則卷，用之則舒，此之謂卷軸。紙之性質，與縑帛相近，行用初期，又在縑帛之卷軸盛行時代，故裝置形式，與縑帛無異，仍是卷軸。但

性質雖相近，而略有不同，縑帛為完全柔性，紙則於柔性之中含有堅致性質。其後感覺卷舒不便時，因堅致之特性而獲得改良之道，即由卷舒之卷軸，一變而為折疊之葉子。葉子形式經多次之改變，又可分若干種，今對卷軸而言，可稱之為冊葉。至竹木之用乃原始之制度，其形式係用竹木削成狹長之片，書字於其上。其名謂之簡，以若干簡編連之則謂之冊（或寫作策），總稱之則謂之簡冊。今依時代先後，就簡冊（竹木）、卷軸（縑帛與紙）、冊葉（紙）等形式，分節說明之。

甲　簡冊

簡冊二字之意既如上述，今更引賈公彥、孔穎達之言以證之。《儀禮・聘禮》疏：「簡謂據一片而言，策是編連之稱。」又〈既夕禮〉疏：「編連為策，不編為簡。」〈春秋左傳序〉疏：「單執一札謂之為簡，連編諸簡乃名為策。」以上諸策字，皆冊之通假字。《說文》曰：「冊，符命也。諸侯進受於王也。象其札一長一短，中有二編之形。」甲骨及金義冊多作𠕋、𠕋等形，皆象編簡之形。故簡冊二字，可包括一切竹木製之書籍。若分析言，名目亦甚多，其字大半屬於形聲一類，竹製者从竹，木製者从木或片，如牘、札、牒、椠、版、簿、籍等皆然。由文字上推測，亦可窺見簡冊之制度。

簡冊之長短，亦可略言之。有長二尺四寸者，有長一尺二寸者，有長八寸者。賈公彥《儀禮・聘禮》疏引鄭作〈論語序〉云：「《易》《詩》《書》《禮》《樂》《春秋》，策皆二尺四寸（原文作尺二寸，今依阮元《校勘記》訂正）；《孝經》謙半之；《論語》八寸策者，三分居一，又謙焉。」孔穎達《左傳序疏》亦曰：「鄭玄注〈論語序〉以〈鉤命決〉云，『《春秋》二尺四寸書之，《孝經》一尺二十書之』，故知六經之策皆稱長二尺四寸。」《通典》（卷五四）封禪使許敬宗等奏亦引《孝經》〈鉤命決〉曰：「六經冊長二尺四寸，《孝經》冊長尺二寸。」

荀勖〈穆天子傳序〉曰：「以臣勖前所考定古尺度，其簡長二尺四寸。」
凡此所言，皆周時寫六經、紀、傳及國史之簡，是用二十四之分數。
及至漢代，其制又略有變更，據王靜安所考：有長二尺者，有長一尺
五寸者，有長一尺者，有長五寸者，皆二十之分數。敦煌所山漢木簡
之屬於書籍類者，如〈急就篇〉一尺五寸，而《相馬經》、醫方等皆長
一尺，元康三年曆書長一尺五寸，而其餘神爵三年、永光五年、永興
元年等曆書又皆長一尺。此為秦以前與漢以後簡冊長短不同之點。

　　每簡所容字數之多少亦無定，據《漢書・藝文志》：「劉向以中古
文（《尚書》）校歐陽、大小夏侯三家經文，〈酒誥〉脫簡一。〈召誥〉
脫簡二。率簡二十五字者，脫亦二十五字，簡二十二字者，脫亦
二十二字。」《儀禮・聘禮》疏：「鄭注《尚書》三十字一簡之文，服
虔注《左氏》云，『古文篆書，一簡八字』。」荀勖〈穆天子傳序〉曰：
「一簡四十字。」是則容字之數，有四十字者，有三十字者，有二十五
字者，有二十二字者，有八字者。意者容字多者，或為長二尺四寸之
簡，《左傳》八字，或即同於《論語》用八寸簡歟。然同是二尺四寸之
簡，最多者能容四十字，最少者祇容二十二字，可見字數之多少，是
無定也。敦煌所出〈急就篇〉，以一章為一簡，每章六十三字。有面背
分作三行寫，每行二十一字者；有分作兩行寫，一行三十二字，一行
三十一字者。字書寫法固應整齊畫一，據《漢書・藝文志》：「漢興，
閭里書師，合〈倉頡〉〈爰歷〉〈博學〉三篇，斷六十字以為一章，凡
五十五章，並為〈倉頡篇〉。」字書為諷誦之書，故編輯時即有一定字
數，如樂歌之分章，與其他書籍不同也。

　　編簡為冊之法，據《說文》說，「中有二編」。據蔡邕〈獨斷〉言：
「策，簡也……其制長二尺，短者半之。其次一長一短，兩編下附。」
古文冊字作𠕋、𠕋諸形，可以考見二編、兩編之說，乃以繩橫貫諸
簡，上下各一道，使諸簡排比成冊。西北科學考查團所得居延諸簡，

以年代久遠，多為斷簡殘編。但其中有二冊，一為《兵器簿》，共七十七簡；一為給喪假之文書，共三簡。上下兩編皆為麻線編成。《兵器簿》之兩編且於右側連貫，正如象形字之。此由西北乾燥。其編尚未腐朽也。至編之之物，有用皮者，有用絲者。《史記・孔子世家》云：「孔子晚而喜《易》，讀《易》，韋編三絕。」韋為熟皮，以熟皮為縷以編簡，謂之韋編，此為以皮編者。《太平御覽》（卷六〇六）引劉向《別錄》曰：「《孫子》書以殺青簡，編以縹絲繩。」荀勖《穆天子傳序》曰：「皆竹簡，素絲編。」《南史・王僧虔傳》曰：「楚王塚書，青絲編。」此為以各種色絲編成者。居廷簡則以麻線編成，又為歷來記載所不及。可見普通書籍不必定用韋編絲編也。治竹木之法，古籍中亦略可考見，《論衡・量知篇》曰：「夫竹生於山，木長於林，未知所入。截竹為筒，破以為牒，加筆墨之跡，乃成文字。大者為經，小者為傳、記。斷木為槧，析之為版，力加刮削，乃成奏牘。」《風俗通》引劉向《別錄》曰：「殺青者，直治竹作簡書之耳。新竹有汁，善朽蠹，凡作簡者，皆於火中炙乾之。陳楚間謂之汗，汗者，去其汁也。吳越曰殺，殺亦治也。」可見治竹較治木為煩也。書籍之編簡為冊，簡之多寡，當視其文之長短而定，文長者一冊或數十簡，如《兵器簿》然。皮藏之時，由卷尾卷至卷首，而於其中別插一簡，標其名目。此又由《兵器簿》實驗而得者也。簡冊之字，據葉煥彬所考，一為刀刻，一為漆書，而王靜安所考，書刀用以削牘，而非用以刻字，雖殷周之書亦非盡用刀刻。兩說雖各有理由，而余以王說為長。《考工記》，「築氏為削」。鄭《注》云，「今之書刀」。《釋名・釋兵》云，「書刀，給書簡札有所刊削之刀也」。所謂刊削者，謂有謬誤，則以刀削去之也。《史記・孔子世家》曰：「至於《春秋》，筆則筆，削則削，子夏之徒，不能贊一辭。」顏師古《漢書・禮樂志》注云：「削者，謂有所刪去，以刀削簡牘也；筆者，謂有所增益，以筆就而書之。」蓋古人以刀與筆

並稱，與所謂筆削者本是一意，非謂以刀刻字也。至寫字所用之材，最初以漆書，其後利用石墨。因為照進化程式言，應先用天然材料，而後有比較進步之人工製造材料。漆為木汁，無待於發明，文字最初用漆書，應為合理之事實。漆之燥濕不易調節，故又改用石墨，亦即石炭，俗謂之煤。顧微《廣州記》曰：「懷化郡掘塹得石墨甚多，精好可寫書。」戴廷之《西征記》曰：「石墨山北五十里，山多墨，可以書。是皆天然之墨，今稱燃料曰煤，蓋即墨字也。又其後以松燒煙，加膠製墨，則出自人工製造矣。」但《後漢書・杜林傳》所載「漆書古文《尚書》一卷」，及《後漢書・儒林傳》所言「賄改蘭台漆書經字」，恐已非真漆書。蓋後漢時人造書墨已盛行，不應尚用漆書，或此為粗傳古本，非漢時所書也。

乙　卷軸

卷軸之制，今所可考見者，皆為隋唐以後之記載。其時已完全用紙，不知縑帛之制如何。敦煌所出六朝卷子亦為紙者，形式與隋唐時相同。故今日所可考者，只限於紙之卷軸。然由紙以推測縑帛，或亦無甚區別也。卷軸皆橫行，高約一尺，長短無定制，簡冊編為一篇者，則卷軸寫作一卷。今之書籍雖改作冊葉，而猶稱為卷者，乃沿卷軸之舊名也。縑帛之篇幅本是仄而長，以之為長軸，可以無接縫，《初學記》（卷二一）謂「古者以縑帛，依書長短，隨時截之」是也。紙之篇幅不如帛長，則以數紙連為一幅。其接縫之處，以膠黏連之。如有鈐印或署名者，則謂之印縫，或曰押縫，或曰款縫。敦煌所出卷軸，雖至斷爛，而黏連之處未有脫落者，不知其裝潢之法如何也。梁徐陵《玉臺新詠序》曰：「五色花，河北膠東之紙。」謂以五色紙連成一幅，今日本奈良正倉院藏唐寫卷子本《王子安集》，即為五色，知徐文非鋪張也。古紙厚於今紙，單層之紙，即可裝治成軸，不似今之手卷，必

以紙數層裝背之。古時抄書，必以墨畫直格，唐時謂之邊準，宋時謂之解行。宋程大昌《演繁露》（卷七）引《李義山集新書序》（卷七）曰：「治紙工率一幅以墨為邊準（原注：今俗呼解行也），用十六行式（原注，言一幅解為墨邊十六行也），率一行不過十一字。」而宋趙彥衛《雲麓漫鈔》（卷三）曰：「釋氏寫經一行以十七字為準，故國朝試童行誦經，計其紙數，以十七字為行，二十五行為一紙。」據程氏趙氏所說，行數字數各有定式，今所見唐以前之卷子本，似不盡相符，惟釋氏寫經則以每行十七字為準耳。

　　縑帛或紙之橫幅可以卷舒者，謂之卷，或謂之卷子。卷心之軸，兩端露出於卷外如車軸者，謂之軸。軸之材，或用琉璃，或用牙，或用玟瑁，或用珊瑚，或用金，或用紫檀，或用柟檀，或用漆。其牙與琉璃之色，或紅，或紺，或白，或青，或綠。《隋書・經籍志》曰：「煬帝即位，秘閣之書，限寫五十副本，分為三品：上品紅琉璃軸，中品紺琉璃軸，下品漆軸。」《唐六典》注（卷九）記集賢院四庫書曰：「其經庫書鈿白牙軸，黃帶，紅牙籤；史庫書鈿青牙軸，縹帶，綠牙籤；子庫書雕紫檀軸，紫帶，碧牙籤；集庫書綠牙軸，朱帶，白牙籤，以為分別。」唐武平一《徐氏法書記》曰：「先後（則天）閱法書數軸，將拓以賜藩邸；時見宮人出六十餘函於億歲殿曝之，多裝以鏤牙軸，紫羅褾，云是太宗時所裝。其中有故青綾褾玟瑁軸者，云是梁朝舊跡。」唐張懷瓘《二王等書錄》記宋明帝所裝之二王法書，有珊瑚軸者二十四卷，金軸者二十四卷，玟瑁軸者五十卷，檀軸者五百三十七卷。記梁武帝所裝者凡七百六十七卷，並珊瑚軸。記唐太宗所裝者凡一百二十八卷，並金縷雜寶裝軸。然則古書之裝軸，有種種材料，可謂窮奢極侈矣。但余疑軸之制不盡通體一律，或卷心用木，而兩端以雜質飾之。觀唐張彥遠《法書要錄》（卷十）《右軍書記》中記褚河南監裝之卷，率多紫檀軸首，白檀身，可證也。

　　縑帛或紙之一端既捲入軸內，而他端則以其他材料黏連之，裏於卷外，以為防護，今俗稱包首，古謂之褾。褾字之本義，為領袖之緣飾，此裝於卷端，故亦謂之褾。褾首系絲織品以縛之，其名謂之帶。梁徐陵〈玉臺新詠序〉所謂「散此縚繩」，即指此也。褾有用紫羅者，武平一、張彥遠記唐太宗裝軸用紫羅褾是也。有用錦者，竇臮《述書賦》所謂「鸞舞錦褾」，張懷瓘《二王等書錄》記張芝張昶書「用斾檀軸錦褾」，是也。有特織者，徐浩《古跡記》記路琦家所得羲之書，「其褾是碧地織成，標頭一行，闊一寸，黃色織成」是也。有用紙者，武平一記安樂公主取二王書，「去牙軸紙褾，易以漆軸黃麻紙褾」，是也。其帶則有分色者，有用織成者，唐四庫書分黃、褾、紫、朱四色（見上），分色者也。張懷瓘記梁武帝裝二王書以織成帶，張彥遠記唐太宗命褚河南監裝之二王書，亦以織成帶，用織成者也。

　　卷之外有袟，《說文》（七），「袟，書衣也，褻，袟或从衣」。此乃防卷軸摩擦易損，故為物以裏之，又或因一書卷軸繁多，易致散失或紊亂，故為物以束之。卷軸在內，袟在外，如人之衣服，故謂之書衣。但無論如何裏束，其兩端則仍露於外也。《御覽》（卷六〇七）引《中經簿》曰：「盛書有縑褻，青縑褻，布褻，絹褻。」《後漢書》〈楊厚傳〉：「（厚祖父）春卿自殺，臨命，戒其子統曰。『吾綈褻中有先祖所傳《秘記》，為漢家用，爾其修之』。」張懷瓘《二王等書錄》記唐太宗裝二王書卷，用織成袟，而梁《昭明太子集》（卷一）《詠書褻詩》曰：「擢影兔園池，抽莖淇水側……幸雜湘囊用，聊因班女織。」似書褻雖用縑、布、絹、錦等為之，而仍以竹為裡也。《鳴沙石室秘錄》記敦煌所出卷子，其外皆以細織竹簾包之。日本正倉院藏唐代雜物，有經袟，皆以細竹為緯，各色絹絲為經，以織成之，四周有錦緣，一端有帶。其一並織成「依天平十四年歲在壬午（七四二年，當唐天寶元年）春二月十四日，天下諸國每塔安置《金字金光明最勝王經》」等

字，殆即所謂織成帙也。今卷軸之制度，尚因書畫而保存，而帙之制度，則已久廢矣。共每帙所包之卷軸，數亦不等，多以卷軸之大小多寡定之，其最普通者為每帙十卷。晉葛洪《西京雜記序》曰：「（劉）歆欲撰漢書，編錄漢事，未得締構而亡。故書無宗本，止《雜記》而已。失前後之次，無事類之辨，後好事者以意次第之，始甲終癸為帙，帙十卷，合為百卷。」此後漢之以十卷為帙也。梁《昭明太子集》前有劉孝綽《序》曰：「謹為一帙十卷，第目如次。」《隋志》有「《周易》一帙十卷，盧氏注」。此六朝之以十卷為帙也。唐陸德明《經典釋文序》曰：「合為三帙三十卷，號曰《經典釋文》。」魏徵〈群書治要序〉曰：「凡為五帙，合五十卷。」此唐之以十卷為帙也。宋李清照〈金石錄後序〉曰：「裝卷初就，芸藏縹帶，束十卷為一帙。」此宋之以十卷為帙也。然此殆於卷軸繁多者，勻分之為若干帙。梁阮孝緒著《七錄》，每錄分若干部，每部分若干種，而又總計其帙數與卷數。其一部中之種數多者，無由確知其分帙之卷數。而一部僅一種者，共帙數卷數，則顯而易見，如《子兵錄》陰陽部一種一帙，錄外之《聲緯》一帙，皆為一卷。《子兵錄》農部一種一帙，則為三卷。錄外之《文字集略》一帙，二卷，《序錄》一帙，則為四卷。錄外之《古今世代錄》一帙，則為七卷。錄外之《雜文》一帙，則為十卷。錄外之〈高隱傳〉一帙十卷，《序例》一卷，則為十一卷。錄外之《序錄》二帙一十一卷，則以十一卷分置二帙，必五卷或六卷為一帙矣。若然，則無論卷軸之多寡，皆有帙以防護之，而卷軸多者，分帙亦無標準也。

　　卷軸以帙裹束，置於架上，每患不易檢尋，故行籤以為標識。《唐六典》注謂集賢院四庫書用牙籤，以紅、綠、碧、白分經、史、子、集。唐韓愈〈送諸葛覺往隨州讀書詩〉亦曰：「鄴侯家多書，插架三萬軸，一一懸牙籤，新如手未觸。」皆言籤之材質，為象牙所製。但余以為普通書簽，未必皆用牙，必有用木或紙或帛者。此種書籤，既為便

於檢尋而設，則其上當記其書名及卷數，此又可推測而知者也。

丙　冊葉

　　卷子之長幅，一端有褾，如欲檢閱後幅，非將全卷展開不可。手
續既極繁重，時間又不經濟，故不得不謀改革之法。紙之篇幅本不如
縑帛之長，當時因欲因襲縑帛之形式，不能不將各紙粘連，以就卷子
之制度。今既感覺不便，祇有使之不連，解為散葉之一法。此種散
葉，便謂之葉子。宋歐陽修《歸田錄》（卷二）曰：「唐人藏書皆作卷
軸，其後有葉子。其制似今策子，凡文字有備檢用者，卷軸難數卷
舒，故以葉子寫之，如吳彩鸞《唐韻》，李郃《彩選》之類是也。」程
大昌《演繁露》（卷十五）曰：「古書不以簡策，縑帛皆為卷軸，至唐
始為葉子。」是葉子即未經粘連之散葉，對卷子而言，便稱葉子，俗又
寫作頁。散葉既為便於檢閱而設，則裝置之法，自應變卷舒為折疊。
此種折疊之制，仍因襲編連眾簡之稱，謂之為冊。故唐宋以後之冊
子，即指冊葉而言，非復簡冊之冊。《演繁露》（卷七）曰：「近者太學
課試，嘗出『文武之道布在方冊』賦，試者皆謂冊為今之書冊。不知
今之書冊，乃唐世葉子，古未有是也。」可見宋時簡冊久廢，冊之一
字，久為紙葉書籍之定名矣。今稱故葉謂之葉，積葉謂之冊，總稱折
疊之制，則謂之冊葉。

　　在卷子解散為葉子之時，先有旋風葉，而後有散葉，宋張邦基
《墨莊漫錄》（卷三）曰：「裴鉶《傳奇》載成都古仙人吳彩鸞，善書小
字，嘗書《唐韻》鬻之……。世間所傳《唐韻》，猶有口旋風葉，字畫
清勁，人家往往有之。」所謂旋風葉者，謂以卷軸之長幅，變卷舒以為
折疊，自首至尾，可以循環翻檢，今俗稱經折式，唐宋之時謂之旋風
葉。釋教經典至今猶有作此式者。

　　自冊葉之式發明，而後有刊版印刷之法。蓋卷軸為長幅，無從割

裂，自有葉子而後，每葉有一定字數，由一葉以至於十葉百葉，自為
篇幅，而遞相銜接，以一葉為一版，而編次其數。積行而成葉，積葉
而成冊，積冊而成部，而後書籍之制日臻於進化，至今日而未變。其
裝訂之法，最初以每葉反折之，黏其版心之背，使兩旁之餘幅向外，
不用線釘，謂之蝴蝶裝。謂攤書之時，中有黏著，兩旁各半葉，如蝴
蝶之有兩翼也。其外則以紙或帛為護葉，裏於書背，而亦黏其中縫，
今俗謂之裏背裝，以別於線裝之護葉上下各半葉也，宋時初改冊葉，
多為蝴蝶裝，書版之左上角，往往於闌外則書之篇題一小行，為便於
翻檢而設。今之裝法，既以版心向外，而刻書者猶於此處刻字，殊可
笑也。蝴蝶裝所以有版心者，一以志書版之名目卷第，使印刷或裝釘
時不致紊亂，一以留粘貼之餘地，使讀者不致礙目。故書名之在二三
字以上者，往往摘取其一二字以著之，絕無意義可言也。其庋置之
法，乃以書背向上，書口向下，排比植立。不似線裝之墊置者。何以
知之，以北平圖書館藏原裝宋本《歐陽文集》《冊府元龜》等書，其書
根上皆寫書名卷第，自書背至書口，一行直下，而書口餘幅之邊際，
皆曾受摩擦也。其分卷之法，不必以一卷為一冊。有一冊之中容數卷
者，則以異色之紙或帛，粘貼於每卷首葉之書口，以為識別，如兩文
字典之標 AB 等字母之法，為其便於檢尋也。北平圖書館藏《文苑英
華》為宋景定元年（1260年）裝背，共每卷首葉即有黃帛標識，可以
為證。此種裝式，至元初猶存，不知廢於何時也。

　　蝴蝶裝之書葉皆單層，紙薄者尤易使正面與正面黏著，致翻檢時
多見紙背，故其後以書葉正折之，使書版兩旁之餘幅皆向書背，而版
心之書名卷第皆向書口，於檢尋更覺便利，於是版心遂有書口之稱。
其實蝴蝶裝時並不以為書口也。葉既正折，則兩旁餘幅轉而向後，可
以鑽釘，故以紙捻釘之。仍加護葉，以裏背法裝之。其後復以裏背不
便於裁切書背，乃改護葉為上下各一葉，而以線釘其書背，即今所謂

線裝也。線裝之書，固較蝴蝶裝易於檢尋，然其弊則書口往往易裂。今書買裝舊書最喜襯紙，一襯紙而書口必不能保，此尤可恨也。改蝴蝶裝為線裝，不過略變其裝置之法，於版片初無區別。且蝴蝶裝之版心，至線裝時而更著其效用。惟圖畫之書，利於反折，若改線裝，則判而為二，如阮元仿宋刻繪圖《列女傳》，原書為蝴蝶裝，仿刻則為線裝，閱者即感其不便矣。

一九四七年秋，故宮博物院收得唐王仁昫《刊謬補缺切韻》一卷，為海內佚書。其裝潢雖為卷子，而內涵散葉二十四葉。蓋以兩紙裱成一葉，故兩面有字。其裝為卷子也，則以第一紙表於卷內。自第二葉起，僅以葉之一端黏著卷上，以次錯疊，如魚鱗然。卷之則成卷軸，不見散葉之跡。宋濂《跋》稱其「裝潢之精，出自宣和內匠」，是猶北宋原裝也。其後雖有「洪武三拾壹年肆月初玖日重裝」字樣，意必修整原裝，未更形式也。元王惲《玉堂嘉話》（卷二）「吳彩鸞《龍鱗楷韻》，柳誠懸題……，其冊共五十四頁，鱗次相積，皆留紙縫，天寶八年制。」與此卷形式相同，蓋即龍鱗裝也。

冊葉之有函，亦如卷軸之有帙，所以防護之也。現在的制度有二種：一種是以硬紙為裡，而外糊以布帛，函其四面，而露其兩端，其名謂之帙，俗謂之函，其制即由卷軸之帙蛻變而來，不過故軟為硬耳。一種是以木板兩塊，上下夾之，其名亦謂之帙，俗又謂之夾板。函之口為牙或骨之籤二以鍵之，遂因牙籤之舊名。板之兩端橫貫兩帶以束之，遂因帶之舊名。其實並與卷軸異制矣。此兩種制度；以言防護，則板不如函，然函是糊成，易生蠹，不適於卑濕之地，故南方多用夾板。

以上所說古今書籍之材質及形式之變遷，皆根據已往之記載，更證以遺留之實物，考其大略如是。罣漏之處，恐不能免。尚希望當世博雅之士，補其闕遺，正其謬誤，則幸甚矣。

記漢居延筆[1]

　　我國古代之筆之保存於世者，曩推日本奈良正倉院所藏之唐筆為最早，此外無聞焉。不意今竟有更早於此者。爰就研究所得，盡先發表，以介紹於世之留心古代文化者。

　　一九三一年一月，西北科學考察團於舊蒙古額濟納土爾扈特旗之穆兜倍而近（即破城子）地方（其地在索果淖爾之南，額濟納河西岸，當東經一百至一百一度，北緯四十一至四十二度之間），發現漢代木簡，其中雜有一筆，完好如故。今記其形制如下。

　　筆管以木為之，析而為四，納筆頭於其本，而纏之以枲，塗之以漆，以固其筆頭；其首則以銳頂之木冒之。如此，則四分之木，上下相束而成一圓管。筆管長〇・二〇九米，冒首長〇・〇〇九米，筆頭（露於管外者）長〇・〇一四米，通長〇・二三二米，圓徑：本，〇・〇〇六五米，末，〇・〇〇五米。冒首下端圓徑與末同。管本纏枲兩束：第一束（近筆頭之處）寬〇・〇〇三米，第二束寬〇・〇〇二米。兩束之間相距〇・〇〇二米。筆管黃褐色；纏枲黃白色；漆作黑色；筆毫為墨所掩作黑色，而其鋒則呈白色。此實物之狀態也。

　　按索果淖爾即古之居延海，漢屬張掖郡，後漢屬張掖居延屬國。額濟納河即古之羌谷水，亦即弱水。穆兜倍而近之地，據木簡所記，在當時為甲渠侯，為居延都尉所屬侯官之一。復就所存木簡中之時代考之，大抵自宣帝以訖光武帝。若以最後之時代定之，此筆亦當為東漢初年之物，為西元第一世紀，距今且千八百餘年矣。羽毛竹木之

1　編者案：此文原載北京大學《國學季刊》三卷一號（1932 年 3 月），是西北科學考察團短篇論文之一，又載《西北文物展覽會特刊》（1936 年，南京）。

質，歷千八百年而不朽，非沙磧之地，蓋不克保存也。今定其名曰「漢居延筆」。

自來器物，必利用天然之材，而後事半功倍。筆管皆圓形，盧其中以納毫，宜於用竹。而此以木者，蓋西北少竹，材不易得，木則隨地有之。徵之簡牘，亦木多而竹少，可以知其故矣。崔豹《古今注》言蒙恬造筆曰，「以柘木為管」。《晉書·五行志》曰：「晉惠帝時謠曰，『荊筆楊板行詔書』。」是古有以木為筆管者矣。惟析而為四，而又冒其首，不知是何取義耳。

其筆頭之制法，則《齊民要術》載魏韋誕〈筆方〉言之最詳，惜多誤字，致文義晦澀。其言曰：「作筆當以鐵梳梳兔毫及羊青毛，去其穢毛，使不髯茹（以上據《御覽》卷六〇五所引訂）。訖，各別之。皆用梳掌痛拍整齊，毫鋒端本各作扁極，令均調平好。用衣羊青毛，縮羊青毛（疑有脫誤），去羊毫頭二分許，然後合扁卷令極圓。訖，痛頡之（頡義未詳）。以所整羊毛中或用衣中心（疑有脫誤）。名曰筆柱，或曰墨池、承墨（《御覽》引作『羊青為心，名曰筆柱，或曰墨池』）。復用毫青衣羊青毛外（疑有脫誤）、如作柱法。使中心齊，亦使平均，痛頡，內管中，寧隨毛長者使深，寧小不大。筆之大要也。」宋蘇易簡《文房四譜》載王羲之《筆經》，亦詳言其制法，其言曰：「采毫竟，以紙裹石灰汁，微火上煮令薄沸，所以去其膩也。先用人發杪數十莖，雜青羊毛並兔毛（原注云，『凡兔毛長而勁者曰毫，短而弱者曰毳』），惟令齊平。以麻紙裹柱根令治（原注云，『用以麻紙者，欲其體實，得水不脹』）。次取上毫薄薄布柱上，令柱不見，然後安之。」（《初學記》廿一紙部引「探毫竟，以麻紙裹柱根，次取上毫薄薄布令柱不見，然後安之」二十四字）又晉崔豹《古今注·問答釋義篇》曰：「牛亨問曰：自古有書契以來，便應有筆。世稱蒙恬造筆何也？（答曰：自蒙恬始造，即秦筆耳（《御覽》卷六〇五引造作作，無即字）。

以枯木（《御覽》及馬縞《中華古今注》並作柘木）為管，鹿毛為柱，
羊毛為被，所謂蒼毫（《御覽》作鹿毫）、非兔毫竹管也。」

　　據以上之所述，是筆頭之中心謂之柱，其外謂之被。柱用兔毫或
鹿毫，被則獨用羊毫。羊毫弱而兔毫鹿毫較強。以強輔弱，而後適
用。晉王隱《筆銘》曰：「豈其作筆，必兔之毫，調利難禿，亦有鹿
毛。」（《類聚》卷五八引）所謂調利難禿者，即取其強也。然則作柱
者必以此二者為主要之材矣。此居延筆之柱已禿，不辨其為鹿為兔。
而毫端呈白色者，必羊毫之被也。

　　其納筆頭於管也，必固之以漆。管外之纏束，或以麻，或以絲，
而塗漆於其上。漢蔡邕《筆賦》言，「削文竹以為管，加漆絲之纏束」。
晉傅玄《筆賦》言，「纏以素枲，納以玄漆」。成公綏《棄故筆賦》言，
「加膠漆之綢繆，結三束而五重」。（以上並見《類聚》卷五八）此筆
納柱於管中，是否用漆，無由得見，證以納以玄漆之文，似當有之。
其纏之之物似麻而非絲，即傅玄之所謂枲，《說文》，「枲，麻也」。所
謂三束五重者，當指每筆三束，而每束五重。今此筆祇二束，而每束
不止五重，斯為異耳。素枲之上，猶存殘漆，是殆防纏束之不固也。

　　筆之敝也，敝其筆頭，管固無恙也。故古人之於敝筆，易筆頭而
不易管，如今之鋼筆然。唐張彥遠《法書要錄》載何延之《蘭亭記》
曰：「智永即右軍第五子徽之之後，與兄孝賓俱舍家入道，俗號永禪
師。常居永欣寺閣上臨書，所退筆頭，置之大竹簏。簏受一石餘，而
五簏皆滿。」觀於此筆，既析其管，又纏以枲，與今制不同，而與唐人
之說合，知唐以前人之易柱不易管，猶是漢以來相承舊法也。

　　筆制之長短，載籍罕有述之者。《方言》載揚雄〈答劉歆書〉云：
「故天下上計孝廉及內郡衛率會者，雄常把三寸弱翰，齎油素四尺，以
問其異語。歸即以鉛摘次之於槧。」此言三寸者也。王充《論衡・效力
篇》云：「智能滿胸之人，宜在王闕。須三寸之舌，一尺之筆，然後自

動。」此言一尺者也。漢之三寸，祇當今尺二寸二分弱，頗不便於把持，意者揚雄採錄方言，隨時隨地寫之，故懷小筆及油素，為其便於取攜，歸而錄之於槧，非常制也。王充所言一尺之筆，乃常人所用者。王羲之《筆經》言，「毛杪合鋒，令長九分，管修二握」（《文房四譜》引），亦與一尺之數相近。此筆通長〇・二三二米，以余所定劉歆銅斛尺準之，每尺當〇・二三一米，則正與王充之說合矣。

　　日本正倉院之筆，號稱天平筆。《東瀛珠光》第二一六圖所載天平寶物筆，其管上有墨書「文治元年八月二十八日開眼法皇用之天平筆」云云。據其說明所記，則後白河法皇啟敕封庫，取天平勝寶時，菩提僧正用以開眼之筆墨，親為佛像開眼（吾俗謂之開光），見諸史籍。是墨書雖為文治元年所書，而筆仍是天平筆也。考天平當我國唐玄宗開元十七年至天寶八年，為西元七二九至七四九年。天平勝寶當玄宗天寶八年至肅宗至德元年，為西元七四九至七五六年。文治元年當南宋孝宗淳熙十二年，為西元一一八五年。天平時代為我國文物輸入日本繁盛之時。正倉院所藏古物，多為唐制，故天平筆之製作，與王羲之《筆經》所記類多相合。《筆經》是否為晉時作品，雖不敢必，而非唐以後人所作，則可斷言也。《筆經》言：「先用人髮杪數十莖，雜青羊毛並兔毛，惟令齊平。以麻紙裹柱根令治。次取上毫薄薄布柱上，令柱不見，然後安之。」此天平筆被毫已脫，惟存其柱，柱根有物裹之，約占筆頭之長五分之三，疑即麻紙也。今奈良有仿製之天平筆，卸而驗之，則柱以羊毫為之，柱根裹麻紙數十重，紙之體積幾倍於柱毫，故柱短而根粗，頗不相稱。更以鹿毫薄薄布於其外。設去其鹿毫，則與二一六圖完全相同。是知天平筆之制法，即本於《筆經》也。夫筆柱所以受墨，何以裹之以紙，且原注中又有「欲其體實得水不脹」之解，曩頗疑其非是，今見天平筆，始知確有此制矣。

　　漢居延筆制法不裹紙，柱雖短而根不粗，與今制略同。疑與韋誕

《筆方》所述者同法，而非王羲之《筆經》之法也。今人見天平筆以為近古者，睹此可以廢然反矣。

漢永光二年文書考釋[1]

永光二年三月王（壬）戌朔己卯甲渠土（士）吏強以私印（第一簡）

行侯事敢言之侯長鄭敨（赦）夊（父）堅之不牽死关（癸）巳（第二簡）

予敨寧（寧）敢言之（第三簡）

令（令）丈（史）充（第一簡背）

古之簡冊，以竹木為之，單獨者謂之簡，編連者謂之冊。《春秋左傳序》疏所謂「單執一札謂之為簡，連編諸簡乃名為策」，是也。冊、策，二字古通。冊為象形字，甲骨文及金文皆作䇛、䇛、䇛、䇛等形。《說文》所謂「象其箚一長一短，中有二編之形」也。余曩著《中國書籍制度變遷之研究》僅據載籍為言，今見此編，始得一實證矣。惟載籍所記編連之物，或曰韋編（《史記·孔子世家》），或曰縹絲繩（劉向《別錄》），或曰素絲編（〈穆天子傳序〉），或曰青絲編（《南史·王僧虔傳》），未有言以麻繩編連者。此冊為尋常簿書，非書籍之比，故用麻耳。以劉歆銅斛尺（依故宮博物院藏銅斛仿製，比米〇·二三一）準之，簡長一尺。《論衡·謝短篇》曰，「漢事未載於經，名為尺籍短書，比於小道」，謂此制也。永光二年為元帝即位之七年（前42年），距今一千九百七十三年矣。

此冊為甲渠侯長上其長官之文書。甲渠者，居延都尉所屬侯官之一。士吏，令史，皆官名。強，充，皆人名。士吏者，主士卒之吏。

1　編者案：此冊見《居延漢簡甲編》二五五三。

《史記・絳侯世家》所謂軍士吏壁門士吏（漢書脫吏字）是也。其位當在侯長下，故侯長有故，士吏得攝行侯事也。合史者，主書之官，故署名於簡背，猶今之主稿人然。敢言之者，下白上之辭，《論衡・謝短篇》。「郡言事二府曰敢言之」，是也。以私印行侯事者，侯長喪父，出於倉卒，士吏依例攝行侯事。非侯長之職，故不得以官印行之也。予寧者，漢時成語，猶今言給喪假也。《漢書・哀帝紀》詔書有博士弟子父母死予寧三年之語。顏師古《注》曰：寧謂處家持喪服。蓋漢制，仕者不為父母行服三年，其予寧者，不過自卒至葬後三十六日。己卯為三月十八日，癸巳為閏三月二日，強以十八日攝侯事，則鄭堅之之死當在是日。逾十五日始予寧，不知何說也。赦字從亦，與《說文》或體同。父字從又從丿，同於篆書。合史二字近於章草。壬士二字，下畫特長，為隸書所習見。蓋西漢文字變化，故一篇之中兼有篆隸草也。

漢兵物簿記略[1]

　・廣地南部言永元五年六月官兵釜磑月言簿

承五月餘官弩二張箭八十八發釜一口磑二合

今餘官弩二張箭八十八發釜一口磑二合

赤弩一張力四石木關

陷堅羊頭銅鏃箭卅八發

故釜一口有錮口呼長五寸

磑・合上蓋缺二所各大如口

　・右破胡兵物

　・赤弩一張力四石五木破切繫往往絕

盲矢銅鏃箭五十發

磑一合敝盡不任用

右澗上隧兵物

　・凡弩二張箭八十八發釜一口磑二合毋入出

永元五年六月壬辰朔一日壬辰廣地南部

侯長信叩頭死罪敢言之謹移六月見官兵物

月言簿一編叩頭死罪敢言之

　・廣地南部言永元五年七月見官兵釜磑月言簿

承六月餘官弩二張箭八十八發釜一口磑二合

今餘官弩二張箭八十八發釜一口磑二合

　・赤弩一張力四石木關

1　編者案：此冊印入《居延漢簡甲編》一。又案以上兩文載《考古通訊》一九五七
　　年一期，題《居延漢簡考釋兩種》。

陷堅羊頭銅鏃箭卅八發

故釜一口有錮口呼長五寸

磑・合上蓋缺二所各大如口

　・右破胡隊兵物

　・赤弩一張力四石五木破切繁往往絕

盲矢銅鏃箭五十發

磑一合敝盡不任用

　・右澗上繁兵物

　・凡弩二張箭八十八發釜一口磑二合冊出入

永元五年七月壬戌朔二日癸亥廣地南部

侯長叩頭死罪敢言之謹移七月見官兵釜磑

月言簿一編叩頭死罪敢言之

　・廣地南部言永元六年七月見官兵釜磑月言簿

承六月餘官弩二張箭八十八發釜一口磑二合

　・赤弩一張力四石木關

陷堅羊頭銅鏃箭卅八發

故釜一口鍉有錮口呼長五寸

磑一合上蓋缺二所各大如口

　・右破胡隊

赤弩一張力四石五木破切往往絕

盲矢銅鏃箭五十發

磑一合敝盡不任用

　・右澗上隊

　・凡弩二張箭八十八發釜一口磑二合冊出入

永元六年七月丙辰朔二日丁巳廣地

南部侯長叩頭死罪敢言之謹移七月見官兵

釜礒月言簿一編叩頭死罪敢言之

・廣地南部言永元七年正月盡三月見官兵釜礒四時簿

承六年十二月餘官弩二張箭八十八發釜一口礒二合

・赤弩一張力四石木關

陷堅羊頭銅鏃箭卅八發

故釜一口有錮口呼長五寸

礒一合上蓋缺二所各大如口

・右破胡隊

赤弩一張力四石五木破切繫往往絕

盲矢銅鏃箭五十八發

礒一合敝盡不任用

・右潤上隊

永元七年三月壬午朔一日壬午廣地南

部侯長叩頭死罪敢言之謹移正月盡三月見

官兵釜礒四時簿一編叩頭死罪敢言之

・廣地南部言永元七年四月盡六月見官兵釜礒四時簿

承三月餘弩二張箭八十八發釜一口礒二合

・赤弩一張力四石木關

陷堅羊頭銅鏃箭卅八發

故釜一口有錮口呼長五寸

礒一合上蓋缺二所各大如口

・右破胡隊

・赤弩一張力四石五木破切繫往往絕

盲矢銅鏃箭五十發

礒一合敝盡不任用

・右潤上繁

永元七年六月辛亥朔二日壬子廣地南部侯

長叩頭死罪敢言之謹移四月盡六月見官兵釜

礎四時簿一編叩頭死罪敢言之

居廷都尉九年十二月廿七日廿八日謹詣府封完

入南書二封永元十年正月五日蚤食時時狐受孫昌

　　右漢永元五年至七年《兵物簿》，凡七十七簡為一編，出土時裹作一卷。其入南書云云一簡，即捲入編中。以如此之巨冊，經千八百年而其編不絕，自汲郡竹書以後，蓋絕無僅有者也。

　　前十六簡為五年六月月言簿，次十六簡為同年七月月言簿，又其次十五簡為六年七月月言簿，又其次間一無字之簡，又其次十四簡為七年正月至三月四時簿，又其次十四簡為同年四月至六月四時簿，又其次為無字之簡一。所謂月言簿者，月報也；四時簿者，季報也。月言與四時各自為編，而又聯屬之，於此可以考見漢時簿書之程式矣。

　　其字為章草，頗難辨認，侯名姑定為南部。羊下一字與叩頭之頭同，蓋羊頭也。《方言》九云：「凡箭三鐮者謂之羊頭。」今遺物中有矢，其鏃正為三鐮，可以證之。盲矢即《墨子・備穴篇》之矢，蓋短矢也。《方言》云：「其三鐮長尺六者謂之飛䖟。」遺物中之矢，即此。呼即𦥑字，《說文》，「𦥑，裂也」，謂釜口裂長五寸也。入南書一簡，乃受害時之簿，猶今時收發簿也。細審此簡與此簿無涉，不知何以闌入此編也。

　　西北科學考察團於一九三〇年在寧夏額濟納河東岸兩漢烽隧遺址中，得竹木簡牘一萬餘枚，是中國考古學上的重要發現。一九三一年夏天，馬衡、劉復兩先生開始整理研究，我也參加了這一工作。現在整理藏書，找到馬師兩篇漢簡考釋的文字，因抄寄中國科學院考古研究所。按馬師後一篇考釋，箭若干發原稿作若干枚，後改若干發，而

勞榦《居延漢簡考釋》釋文之部卷三簿錄中器物類作枚，我以為馬師根據漢簡原物而作釋文，較勞榦根據照片者尤為可靠，所以仍以作發字為正。赤弩勞作具弩，澗上隊勞作河上隊，勞的釋文是不正確的。「缺二所」後，「各大如□」，□字勞作疎，與照片不合，且不可通，仍應存疑，作「□」。繳字即繳字，勞誤作繫。按《孟子・告子篇》曰，「思援弓繳而射之」，焦循《正義》曰，「繳為生絲縷之名，可用以繫弓弋鳥」，所以此字當釋為繳。「切繫往往絕」，切字有時書體與故相似。此冊所附郵書一枚，左行「廿八日起詣府」，起字勞作謹，恐亦非是也。一九五六年十月二十八日傅振倫記。

卷八
序跋雜文

談刻印[1]

　　余常聞之人曰，「某人善刻印，今之金石家也」，一般人以為刻印即是研究金石。其實金石二字，豈是指一支鐵筆（刻字刀）與幾方印石之謂？依此解釋，未免淺之乎視金石學矣。蓋金石者，乃指金文及碑版而言。金文者，商周以來銅器之文字；碑版者，秦漢以來刻石之文字也。治史學者每患文獻之不足，乃於書籍之外搜尋其他史料。金石文字為當時人所記載，所謂直接史料，其可信之成分遠勝於輾轉傳寫之書籍。研究此項直接史料，始得謂之金石學。印為古代用為憑信之物，或刻於銅，或刻於玉，或刻地名官名，或刻私人姓名，當然為史料重要部分，而在金石學範圍之內。刻印家欲知印之源流沿革，形式、文字之變遷，應先研究古印，自屬當然之事。即以文字源流而言，不但古印應研究，即一切金石文字，也在研究之列。故金石家不必為刻印家，而刻印家必出於金石家，此所以刻印家往往被稱為金石家也。人有難之者曰：「文字隨時代而應用，一切文字皆當用現代的。何以刻印不用現代通行文字，而用已經廢止之篆書，」此事從來尚少有人懷疑，但理由亦不難解答，蓋印既是用為憑信之物，自應防人作偽。凡人之簽名畫押，無論古今中外，皆各有其一定形式，他人幾乎難以辨認。印之所以利用廢止之篆文，其用意亦同於簽押。故自漢至於現代，不論官印私印，皆沿用篆文而不改。其意蓋正欲利用其不現代化，除用者自身外，莫能辨其真偽也。今既欲談刻印，不能不先談古印。

　　古印之起源，約當春秋戰國之世。《周禮》雖有璽節之說，但其書

1　編者案：此文載《說文月刊》四卷合列本（1944 年）。

絕非周公所作。春秋時始有璽書，至戰國時而盛行，衛宏《漢舊儀》
所稱「秦以前民皆為方寸璽」也。當時只謂之璽，尚無印之名稱。此
可謂為印璽之第一時期。秦始皇並兼天下，同一文字，印之制度亦成
為方寸之定式。歷兩漢、魏、晉以至南北朝，大致相同。此可謂之第
二時期。在此兩時期中，公私文書皆用竹木之簡牘，簡牘之上，覆之
以檢，題署受書人於檢上，又以繩約束之，封之以泥，鈐之以印，如
今之火漆封信者然。簡牘狹長，故只適用方寸之印（晉以後紙雖盛行，
但公文仍多用簡）。隋唐以後，簡牘完全廢止，公私文書一律用紙。紙
之篇幅較為寬大，方寸之印不甚適用，始改為大印。但其大之限度亦
不過二寸餘，且不論官階之尊卑，皆同一式，一直沿用至於元代，此
可謂之第三時期。明清兩朝之印又稍大，並以官階為大小之等級，最
大者可至四寸，一律用寬邊，此可謂之第四時期。以上所述皆為官
印。至於私印，從第一時期以來，皆用姓名印，至唐李泌始有軒堂印
（泌有「端居室」一印），宋賈似道始有閒章（似道有「賢者而後樂此」
一印）。其實第一時期之敬上、敬事、明上、千秋、正行無私等，第二
時期之日利、大吉、利行、大幸、長幸（幸字從犬從羊，前人誤釋年
字）等，亦皆為閒章，但皆千篇一律，非如後世之個人專用者耳。茲
將各時期之沿革變遷分述如下。

　　一、名稱　第一時期，不論尊卑貴賤，皆稱為璽，已如上述。璽
字或從金作鉨，或從土作壐，或僅作爾字。秦並天下以後，惟天子稱
璽，普通官私印則皆稱印。唐武后以璽音類死，改稱為寶，故其後璽
又或為寶。漢丞相、將軍、御史大夫、二千石印皆曰章，蓋以此等官
職皆可直接奏事，印為封檢所用，用之於章奏，故即變文曰章（古代
檢署之文，皆並印文讀之，《漢書‧王莽傳》曰：「梓潼人哀章作銅匱，
為兩檢署，其一曰『天帝行璽金匱圖』，其一署曰『赤帝行璽某傳予黃
帝金策書』。某者，高皇帝名也。」天帝行璽、赤帝行璽，蓋皆封泥之

文）有連稱印章者，為官名字少，欲配合五字。《漢書・郊祀志》：「漢改曆，以正月為歲首，而色尚黃，官更印章以五字，因為太初元年。」張晏《漢書・武帝紀》注曰，「漢據土德，土數五，故用五，謂印文也。若丞相曰『丞相之印章』，諸卿及守相印文不足五字者，以『之』足之」，即其證也。第三時期印有稱記或朱記者，猶今時之稱鈐印也。以其朱色，故又稱朱記也。第四時期方者稱印，長方者稱關防。大抵因事添設之官或臨時差遣者，則發關防。其卑微之官，印不由朝廷頒發者，則稱鈐記或戳記。以上皆為官印，名稱皆見於印文。但自第二時期以後，印仍為普通稱謂也。至私印又或稱為圖書或圖章，蓋宋代以後，用於收藏圖書者，其文即曰某某之圖書。一般人不明此原因，以為圖書即私印之代名詞，沿習成風，是猶用之章奏者即稱為章也。圖章二字，則又以圖書與印章湊合而成者也。總之，在第三時期中，必有人誤會印為官印之專稱，私人不敢僭越，遂別造一名詞以稱私印耳。

　　二、形制　第一、第二時期之印，既以封簡牘，又應繫綬佩之於身，故尺寸只限於方寸，而其上必有鈕，鈕中有孔，用以貫綬。印之本身，高不過二分左右，連鈕計之亦不過半寸餘。官印面積多為方寸，第一時期官印亦有小於方寸者，至秦始整齊畫一而一律為方寸。但亦有長方者，恰當方寸印之半，其名謂之「半通」，或「半章」。揚子《法言》十二曰，「五兩之綸，半通之銅」。仲長統《昌言・損益篇》曰，「身無半通青綸之命」。李賢注引《十三州志》曰，「有秩嗇夫得假半章印」。今封泥中常見此等印文，多為鄉官，蓋卑微之職所用也。私印最大者亦不過方寸，而普通尺寸約當官印十之六七。第一時期私印較小，約三四分，甚有小至二分者。且形式複雜，甚多例外。第二時期雖較畫一，但普通形式之外，尚有子母印及穿帶印。以小印函於大印之內，謂之子母印。無鈕而兩面刻字，中有扁孔以穿革帶者，謂

之穿帶印。大抵母印刻姓名，子印刻姓字，穿帶印則姓名姓字分刻兩面，或兩面皆名而一面名上著臣字而不著姓。第三時期之印，方二寸餘，尊卑一律，已如上述，但嚴格言之，並不正方，縱蓋略贏於橫。印大則不能佩，故隋唐雖有金紫、銀青（金銀指印，紫青指綬）之官號，事實上已非指所佩印綬而言。印鈕之制，亦與第一、二時期不同（詳後）。第四時期之印或關防等，皆細字寬邊，大小隨官階而異，其鈕略同於第三時期。

三、**鈕式**　衛宏《漢舊儀》述印鈕之制甚詳，但只有橐駝、龜鈕、鼻鈕三種。今所見有文飾者，橐駝、龜鈕之外，尚有其他動物如鹿鈕、蛇鈕等。無文飾者，除鼻鈕之外，尚有壇鈕、瓦鈕、覆斗鈕、橛鈕等。壇者，祭祀之壇也，天壇、地壇、社稷壇等，築土為之，分為階層，上層小而下層大。印鈕之形象之，故稱壇鈕，其形如壇。瓦鈕者，形狀如覆瓦。覆斗者，形如覆斗。鼻鈕者，形如鼻，略如瓦鈕而較小。橛鈕者，形上設扁柄，可以兩指夾之。第一時期印式雖繁，但鈕形尚不複雜，多為壇鈕。其餘皆屬第二時期。惟橛鈕為第三時期所專有，因其時印大，又無佩綬作用，故適用橛鈕也。然第一時期有狹長之印，亦皆用橛鈕，他種印未之見也。第四時期之印更大而重，橛鈕尚嫌太小，故又加長其柄，改扁為圓，以便把握。所以俗語稱服官為「抓印把子」也。私印多為鼻鈕，亦有用龜鈕者，則為有官階而合於定制者，非平民之制也。

四、**文字與章法**　許慎《說文解字》序曰：「諸侯力政，不統於王……分為七國……言語異聲，文字異形。」今所見第一時期之璽，文字詭奇，多不易識，與戰國時其他文字如錢幣及銅器、陶器、兵器之字皆自相似，且可相通。從前搜集古印之人因其不易識，往往摒而不錄，故早期之印譜鮮見第一時期之印。潘氏《看篆樓印譜》已見收錄，蓋其時阮元等正搜集古器，研究金文。至晚清咸豐、同治之時，研究

金文之風氣大開，陶器古璽文字亦大事搜集，故晚出之印譜多有古璽。但一般人稱為秦印，其實非盡秦國之物。第二時期之文字，字體在篆隸之間，即《說文序》所謂摹印或繆篆也。就文字以分時代，大體亦不難辨別。大抵秦與西漢字體最正，後漢、魏、晉文字，則不盡合於六書，故馬援有正郡國印章之議。南北朝小學不講，楷書尚多別體，何況篆書？故印文離奇，不能繩以六書者，皆南北朝之物也。第三、第四時期之文字，有屈曲盤回，使筆劃填滿以求勻稱者，謂之九疊文，僅官印中有之耳。其文字排列之法，第一、第二時期大抵分作兩行。漢太初印尚五字，則分作三行，末行往往一字，如□□將軍章、偏將軍印章等，章字必獨佔一行，雖「□□□千人」人字筆劃較少，亦為一行。「蠻夷」印字多者亦分作三行。私印姓名兩字或三字者，必作兩行，複姓雙名兩字占一行（第二時期後期，雙名多有分行寫者），其雙名而有印字者，姓與印字為一行，雙名獨佔一行，蓋回文讀也。亦有姓名二字之外，加之印、私印、信印、印信等字者。第一時期之三字姓名有並列者，複姓之下往往著二小畫以識之。第三、四時期私印，大致與第二時期同。

　　五、材質與刻鑄　印之材質，第一時期最為複雜。衛宏《漢舊儀》曰：「秦以前民皆佩綬，以金、玉、銀、銅、犀、象為方寸璽，各服所好。」今所流傳之先秦官私璽，確如衛說，但仍以銅質為多。第二時期者，據衛宏所載，銅質之外，有金銀二種。諸侯王、列侯、飛丞相、大將軍、御史大夫、匈奴單于皆金印，御史二千石銀印，餘皆銅質。以今所見實物證之，亦不盡符合。大抵銅質塗金塗銀，即稱金印銀印，其以金銀鑄者，千百中之一耳。此時期之私印，銅之外亦有用玉者，其他材質，則不多見也。第三、四時期官印用銅，私印初亦用銅，自元王冕用花乳石刻私印，於是第四時期私印遂盛行用石矣。銅印多撥蠟所鑄，文字亦同時鑄成，亦有出自鐫刻者。然武職皆臨時封

拜，則就鑄成之印，鑿刻官名以授與之，昔人謂之鑿文。刻文先書而後刻，簡有筆意可尋，鑿文成於倉卒，多不先書，即書亦極草率，故多傾斜之勢，此刻與鑿之別也。玉印有琢者，有刻者，犀角象牙，則皆刻文矣。

　　六、陰陽文之別　顧大韶《炳燭齋隨筆》曰：「凡物之凸起者謂之牡，謂之陽，凹陷者謂之牝，謂之陰。惟今之言章者，則以凹陷者為陽文，凸起者為陰文，蓋古來之傳說固然。古人之印章以印泥，故凸起處其印文反凹，而凹陷處其印文反凸，蓋從其所印言之，非從其所刻言之也。」其言甚是。可見明代之稱陰陽文，正與所刻相反，尚是古來傳說。今則一般人只就所刻之陰陽稱之，不知古說矣。自今以後，不復有封泥之制，吾人為免於混淆起見，不妨就紙上之顏色區別，稱為朱文白文，較為明顯易解。第一時期之印，朱文白文皆有之，惟官印白多於朱，私印則朱多於白。第二時期官印盡為白文，私印雖亦多白文，但間有朱文者，亦有一印之中朱白相間者。第三、第四時期官印盡屬朱文，私印則不拘朱白。其用於圖書者則多用朱文，以其不掩字也。

　　七、施用之方法　第一、第二時期，印以封檢，其法已見上述。《漢舊儀》稱天子六璽皆以武都紫泥封。《東觀記》謂鄧訓好以青泥封書，其故吏舉國過趙國易陽，載青泥一補遺之。《續漢書・百官志》載守宮令所主有封泥，皆指封書之泥。其實即是地下之黏土，或更加以膠質，亦未可知。武都易陽所產，或尤為適用也。平時搓作小團，臨用時以水濕透，黏於檢上，以印鈐之，印文即現於泥上。《後漢書》〈隗囂傳〉言王元說囂，請以一丸泥東封函谷關，言封函谷關如封書之易耳。余曾見一銅印，文曰「雙弟印」，印面三字，分作三層，不可印紙，此正用以封泥者也。以前一般人未見封泥，不明此制。自晚清時始有發見，簡牘已朽而泥獨存，當時人尚有疑為鑄印之土范者。吳式

芬陳介祺始著《封泥考略》，余亦曾就北京大學所藏，編為《封泥存真》
（商務印書館出版）。十餘年前，西北科學考查察在寧夏額濟納河附近
發見兩漢木簡，簡有封泥附著簡上者，更可互相印證。至第三時期，
以紙代簡，泥不適用，乃改用水調朱，塗於印面以印於紙上，故又稱
浮水印。亦有用蜜調朱者，又謂之蜜印。所以必用紅色之故，當緣字
以墨書，紅色蓋於其上，不至掩字。塗朱總難勻稱，故印文常有粗
細。至第三時期中，始改用油艾調治，因古有封泥之名，即稱為印
泥，亦稱印色。

　　古印之沿革變遷既已明瞭，方可進而言刻印。

　　近數十年來，刻印家往往祗講刀法。能知用刀，即自以為盡刻印
之能事。不知印之所以為印，重在印文。一印之中，少或二三字，多
或十餘字，字體之抉擇，行款之分配，章法之佈置，在未寫出以前，
先得成竹於胸中，然後落墨奏刀，乃不失為理想中之印。周亮工《因
樹屋書影》曰：「古人如顏魯公輩，自書碑，間自鐫之，故神采不失。
今之能為書，多不能自鐫。自書自鐫者，獨印章一道耳。然其人多不
善書，落墨已誤，安望其佳？予在江南，見其人能行楷，能篆籀者，
所為印多妙，不能者類不可觀。執此求之，百不一爽也。」周曾選輯明
以來諸家刻印為《賴古堂印譜》，去取至為精審。又作《印人傳》，深
知各作家之工力，故所言確有心得，非泛泛批評語也。蓋刀法者，所
以傳其所書之文，使其神采不失。唐李邕書碑，多書黃仙鶴、伏靈
芝、元省己刻、昔人有謂為邕之託名者。要之，書家恐俗家不諳筆
法，不能傳神耳。印之與碑，其理正同。且其設計之難，有甚於碑
者，故必自書自鐫，而後能躊躇滿志。若徒逞刀法，不講書法，其不
自知者，非陋即妄。知而故作狡獪者，是為欺人也。往見一刻印家，
摹擬近代人書畫，亦有似處。至於刻印，則不知六書為何物。案頭置
《增篆康熙字典》一部，翻閱幾爛，而印文仍多謬誤。徒恃其運斤之

力，以攻方寸之石，劍拔弩張，猙獰可怖、毫無美感可言。彼則沾沾自喜曰，「此漢鑿印之遺法也」，一何可笑至此。此蓋代表陋而妄者也。漢印中之鑿印，有刀法而無筆法，有橫豎而無轉折，為當時之「急就章」。作者偶一效之，原無不可，不能專以此名家也。

刻印古無專書，有之，自元吾丘衍《學古編》始。編首列《三十五舉》，前半隻言寫篆書，後半始言刻印。次列《合用文集品目》，亦皆言篆書之取材；且第七、八兩則，兼及隸書。可見刻印必自寫篆隸始，吾丘氏固未常專授人以刀法也。刀法為一種技術，今謂之手藝。習之數月，可臻嫻熟。研究篆體，學習篆書，則關於學術，古謂之小學，今謂之文字學，窮年累月，不能盡其奧藏，其難易豈可同日語哉？此所以刻印為研究文字學者之餘事，不必成為專家，北海魯公何嘗以刻碑名耶？篆印等於書碑，自書自鐫者固佳，即或不然，使熟諳我之篆法者鐫之，亦無不可。楊沂孫善篆書，而不聞能刻印。余嘗見一印，沂孫篆而他人刻之，是即等於沂孫所作主印也。《學古編》之後；有桂馥之《續三十五舉》，聚前人之說，而略舉己意，以補其闕，較吾丘之書尤為完備。後又有姚晏之《再續三十五舉》，黃子高之《續三十五舉》，於寫篆刻印之法，各有發揮，幾無剩義。學者於此數書留心研究，庶幾不入岐途矣。

《說文解字》為研究文字學者唯一必讀之書，即研究甲骨文金文，亦舍此別無途徑。許氏於小學廢絕之際，憤「巧說邪辭」之「變亂常行」，乃遵修舊文而作此書，厥功偉矣。但其時隸書盛行已久，其中積非成是，相沿不覺者，仍所不免。幸今日古器日出不窮，足資訂正者亦復不少。如有字從月，非字旁畫上出而下垂，皆與金文不合。蓋有當從肉，非當作。許氏次非於飛下，而曰「从飛下翅」，是明當作非，為傳寫者摹誤。況漢碑中隸書猶如此作，絕無似今楷書者，可證也。惟有字次於月下，而「从月又聲」、則不得不謂為許氏之誤也。學問所

以求真，既明其非，則當從其是，不必如漢學家之篤守師說也。《說文》未收之字，見於漢印者正復不少。蓋摹印、繆篆，本自為體，其體在篆隸之間。隸書所有之字，皆可入印。周亮工曰：「劉為漢姓，六書中竟無劉字。僕名亮，每為僕作印者多作諒，予甚以為不然。若劉，若亮，安得謂之俗字？」其言甚是。但亦有普通之字，《說文》遺漏而見於金石文字者，如銘字見漢碑額，又見於鸁羌鐘，免字見《三體石經》，又見免簠、免簋等器。知許氏所遺者當不少也。此外又有本為俗字，若易以正字，反為不合者，如佘姓本為余姓所改，余字本有二音，從余之荼入虞韻，讀如塗，入麻韻者則讀為池牙切，而減其一畫。余字本有蛇音，後與余氏區分，則改其字為从入从示。今漢印中从余之徐，即有寫作入下未者。又閆本閻姓，後亦分立，因改省寫之閆，以示區別。又如昶字、杰字為名字中習見之字，昶字从日从永，為會意字，杰字从木从火，不知何以讀為杰。凡此等字，皆應名從主人，依隸楷所从偏旁，而以繆篆之體寫之。但以之寫作小篆或古文，終嫌未安。往見吳昌碩刻印有一▨字，係仿先秦古鉩彌者，其字則采自禮器碑碑側。漢隸从虍之字往往書作兩，與雨頭無別，在漢印中常見。此又變作田，成為皿上二田，則為別體。若為好奇而寫作繆篆，尚無不可。今吳氏寫作古文，則不無好奇之過。尤可笑者，樂山城內有一人家，榜其門曰某廬，亦效其體書之，則為貽誤後學矣。學者可不慎諸？

　　文字之取材，吾丘氏於《學古編》中列《合用文集品目》，分為八則。在今日視之，已多不適用。蓋材料日出不窮，如積薪之後來居上。況印刷之術今勝於古，尤不可同日而語。新出材料當經常參考、臨寫，並宜多讀古璽印譜。但此類譜錄，流傳較稀，其原因為製譜不易，作譜者每次所鈐拓，多或數十部，少或數部，較之金文拓本尤難搜集。無已，則求其採錄最富而曾經影印者，則有商務印書館出版之

《十鐘山房印舉》。是書為濰縣陳介祺所輯，選擇既精，搜羅又富，當時號為《萬印樓印譜》。鈐拓雖多，亦祇百部。訖其身後，猶未裝訂。二十年前，始由陳氏後人裝成傳布，商務印書館取以影印。印譜之中，此為集大成者矣。手此一編，無煩他求。惟其中皆第二時期之印，先秦古璽，尚付如。苟欲上窺第一時期之製作，非於晚出諸譜中求之不可。但購求不易，又不免望洋興嘆。有正書局曾印行《匐齋藏印》共四集，為劉鶚遺物後歸端方者。此書編次蕪雜，前後復出者甚多。鈐拓既不精，印刷亦復窳劣。中收古璽為數不多，尚可窺見一斑。此外與印譜相輔而行者，則有封泥拓本。有影印本傳世者，則有吳式芬陳介祺之《封泥考略》，王國維等之《齊魯封泥集存》，周明泰之《續封泥考略》《再續封泥考略》及余所輯之《封泥存真》。此類封泥，印文多屬西漢，字體章法，尤足取法也。

　　明以來刻印家，周亮工《印人傳》及葉銘《續印人傳》言之詳矣。然其沿革變遷，亦有其歷史因果。當宋元之際，印章壹以新奇相矜，鼎彝壺爵之制，遷就對偶之文，水月、木石、花鳥之象，蓋不遺餘巧也（趙孟〈印史序〉語）。趙孟遂剙為圓朱文，文字一以小篆為宗，一洗新奇纖巧俗惡之弊。至明文氏父子（文徵明、文彭），刻印卓然成家，與書畫並立於藝術之林，成為文人治學之餘事。文徵明作品不多，文彭則作品雖多，而流傳亦少。今之贗品充斥，等於宋徽宗之畫鷹，趙孟頫之畫馬，千百中不能見一真跡。所可得見者，惟其本人書畫之押尾印耳（書畫亦多贗品）。其後何震梁千秋等皆宗文氏，世稱文何。直至清初，流風未泯。其中惟程邃崛起於文何之後，而稍變其法。黃易稱文何為南宗，程邃為北宗，蓋有故也。自丁敬出而獨樹一幟，由元明以上溯秦漢，集印學之大成，遂成浙派。黃易、蔣仁、奚岡、陳鴻壽、陳豫鐘、趙之琛等，皆其最著者，但亦各得其一體。鄧石如善各體書，其作篆用漢碑額法，因以碑額入印，又別開蹊境，是

為皖派，繼之者則有吳讓之。於是有目浙派為南宗，而皖派為北宗者矣。趙之謙匯合浙皖二派而自成一家，並鎔冶錢幣、詔版、鏡銘及碑版之文以入印，故能奇趣橫生，不為漢印所囿，此其所長也。其後研究古文字學者如陳介祺、潘祖蔭、吳大澂等，訪求先秦遺文，不遺餘力，鼎彝之外，兼及兵器、陶器、古璽之屬。於是璽文乃大出，與六國錢幣、兵器、陶器之文，多可相通。吳昌碩曾入吳大澂幕，又與楊沂孫同時。楊寫小篆，大澂寫金文，而昌碩寫石鼓文。其時明安國所藏宋拓石鼓十本未出，號稱宋拓者，只有天一閣范氏藏本，而又久佚，所傳惟阮元及張燕昌之復刻本耳。吳氏又惑於趙宦光草篆之說，思欲以偏師制勝，雖寫石鼓而與石鼓不似。吾友某君嘗調之曰：「君所寫者，乃實行寫石鼓文耳。」吳氏亦笑而自承。其刻印亦取偏師，正如其字。且於刻成之後，椎鑿邊緣，以殘破為古拙。程瑤田曰：「今之業是者，務趨於工致以媚人。或以為非，則又矯枉而過正。自以為秦漢鑄鑿之遺，而不知其所遵守者，乃土花侵蝕壞爛之剩餘。豈知藐姑射之神人，固肌膚若冰雪、綽約如處子者乎？」可見貌為古拙，自昔已然，不自吳氏始也。獨怪吳氏之後，作印者什九皆效其體，甚至學校亦以之教授生徒，一若非殘破則不古，且不得謂之印者，是亟宜糾正者也。

　　茲為之結論曰：印章既為古制，又為憑信之物，所用文字，又為廢止二千年之篆書，則作一印宜如何慎重，豈可標新立異，率爾操觚？況收藏印多用於古書籍及書畫，尤不可以惡劣之印汙損名跡。此責應由刻印家負之，固無疑也。故刻印家有其應具備之道德，有其應充實之學識，亦有其應遵守之規律在。一、篆文須字字有來歷，不可鄉壁虛造不可知之書，圓朱文尤以此為重要之條件。惟人名、地名，遇後起字為《說文》所無者，宜以繆篆寫之，所謂名從主人也。二、近來古璽日多，用印及刻印者，多喜仿效，宜視其文字恰合者應之。

否則寧拒其請求，免貽不識字之譏。三、刀以傳其所書之文，故印章首重篆文，次重刀法，不可徒逞刀法，而轉失筆意。刻印家苟能遵守此簡單規律，則道德學識自寓於其中。而非陋即妄之弊，狡獪欺人之風，或多少可以矯正之歟？

中華文化思想叢書 A0100067

老北大講義　中國金石學概論

作　　　者	馬衡
發 行 人	林慶彰
總 經 理	梁錦興
總 編 輯	張晏瑞
編 輯 所	萬卷樓圖書股份有限公司
	臺北市羅斯福路二段 41 號 6 樓之 3
	電話 (02)23216565
	傳真 (02)23218698

出　　　版　昌明文化有限公司

桃園市龜山區中原街 32 號

電話 (02)23216565

發　　　行　萬卷樓圖書股份有限公司

臺北市羅斯福路二段 41 號 6 樓之 3

電話 (02)23216565

傳真 (02)23218698

電郵 SERVICE@WANJUAN.COM.TW

ISBN 978-986-496-585-4

2021 年 7 月初版

定價：新臺幣 460 元

如何購買本書：

1. 劃撥購書，請透過以下郵政劃撥帳號：

　帳號：15624015

　戶名：萬卷樓圖書股份有限公司

2. 轉帳購書，請透過以下帳戶

　合作金庫銀行 古亭分行

　戶名：萬卷樓圖書股份有限公司

　帳號：0877717092596

3. 網路購書，請透過萬卷樓網站

　網址 WWW.WANJUAN.COM.TW

大量購書，請直接聯繫我們，將有專人為

您服務。客服：(02)23216565 分機 610

如有缺頁、破損或裝訂錯誤，請寄回更換

版權所有·翻印必究

Copyright©2021 by WanJuanLou Books

CO., Ltd. All Rights Reserved　**Printed in**

Taiwan

國家圖書館出版品預行編目資料

老北大講義：中國金石學概論 / 馬衡著. --

初版. -- 桃園市：昌明文化有限公司出版；

臺北市：萬卷樓圖書股份有限公司發行,

2021.07

　面；　公分. -- (中華文化思想叢書；

A0100067)

ISBN 978-986-496-585-4(平裝)

1.金石學 2.中國

791　　　　　　　　　　　　　110002865

本著作物經廈門墨客知識產權代理有限公司代理，由時代文藝出版社有限公司授權
萬卷樓圖書股份有限公司（臺灣）出版、發行中文繁體字版版權。